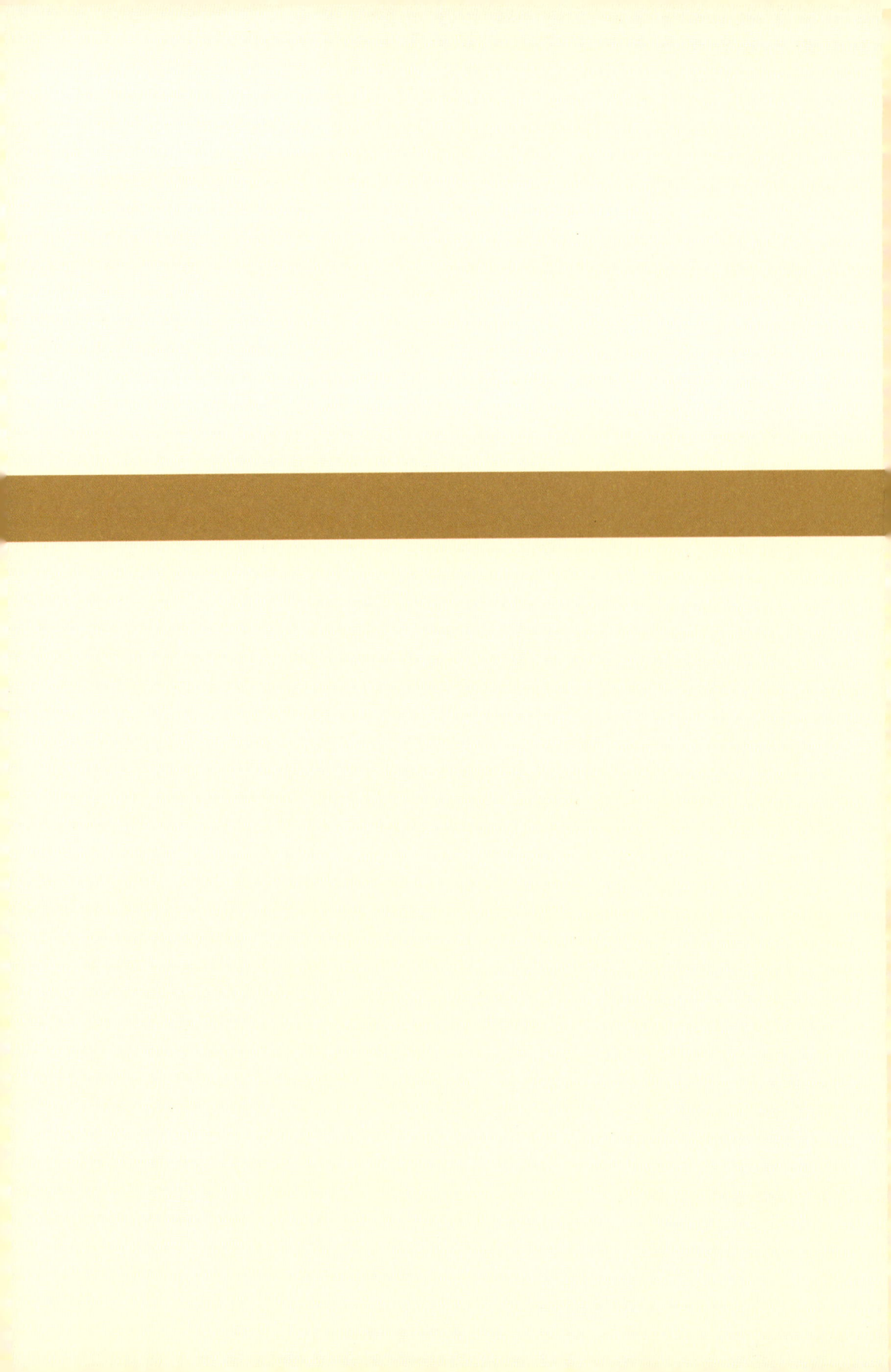

A RESEARCH ON

麦迪逊
政治理论研究

JAMES MADISON'S

POLITICAL THEORY

张国栋 著

社会科学文献出版社
SOCIAL SCIENCES ACADEMIC PRESS (CHINA)

目 录
Contents

导　论

詹姆斯·麦迪逊（James Madison，1751－1836），美国的"宪法之父"和第四任总统，是美国政治制度的主要设计者。如加利·威尔士所言，麦迪逊"作为建立宪法框架的人和宪法保卫者他是独一无二的——詹姆斯·威尔逊排第二，但还是被麦迪逊甩出了老远的距离"[①]。也正如迈克尔·桑德尔所言，"我们［美国］的制度与实践是理论的体现"[②]，而美国的政治制度又是当今世界上最重要的制度之一。因此，麦迪逊的政治理论可以被认为是当今世界上最有影响、最重要的政治理论之一。

这一理论值得深入研究。本书旨在深入彻底地研究麦迪逊的政治理论。

一　对麦迪逊政治理论的三种解释

对麦迪逊的政治理论，主要有进步主义、多元主义和共和主义这三种不同的解释。以下分析将指出，这三种已有的解释各有可取之处，但也都存在严重的不足。为了更好地理解麦迪逊的政治理论，有必要进行一种更完备的、综合性的、以制度为中心的研究。

[①] 〔美〕加利·威尔士：《美国宪法之父：詹姆斯·麦迪逊传》，刘红、冉红英译，安徽教育出版社，2006，第176页。

[②] 〔美〕迈克尔·桑德尔：《民主的不满：美国在寻求一种公共哲学》，曾纪茂译，刘训练校，江苏人民出版社，2008，前言第1页。

进步主义的解释

查尔斯·A. 比尔德是美国进步主义时代极有影响力的学者。他认为政治制度与政治实践是经济利益的体现，而经济利益在麦迪逊等人建立美国宪法的过程中发挥了主要的作用。他相信，宪法实际上是一部经济文献，主要目的是保护有资产者的财产权利，免于广大人民的侵害。

比尔德认为，他对美国宪法的这种经济解释，与宪法的主要建立者麦迪逊的看法是一致的。他赞扬麦迪逊等人合著的《联邦党人文集》，认为它的解释"在现有的对于政治的经济解释中，可说是最优秀的见解"[①]。并且，在《联邦党人文集》中，他尤其推崇麦迪逊所著的第十篇。

比尔德指出，分析麦迪逊所著《联邦党人文集》的第十篇，可以看到，"一切政府的首要任务就是经济任务"[②]。比尔德得出结论，麦迪逊等人的"主要思想就是要从根基上，也就是在政府各部门的政治权力的来源上，分散侵犯的力量"，此外"还赋予司法以特殊的地位，借以抗衡麦迪逊所谓的'利益一致的压倒的多数'"[③]。新政治制度的基础就在于保障财产权利，防范多数人的侵犯。

比尔德得到的结论是，基于财产的阶级和集团的分立，是美国政治的基础："政治和宪法必然是这些互相倾轧的利益集团的一种反映"[④]。

具体而言，比尔德认为，宪法主要是这两个利益集团斗争的产物：一个是"所有的商人、贷款者、证券持有人、制造家、航业家、资本家、金融家及其职业上的关系者"，另一个利益集团是"全体或大部分没有奴隶的农民和债务人"[⑤]。前者促成新的宪法和政治制度的建立，是为了更好地保护自己的财产权利，而后者反对变革旧的政治制度，也是为了保护自己

---

① 〔美〕查尔斯·A. 比尔德：《美国宪法的经济观》，何希齐译，商务印书馆，1984，第108页。
② 〔美〕查尔斯·A. 比尔德：《美国宪法的经济观》，何希齐译，商务印书馆，1984，第110页。
③ 〔美〕查尔斯·A. 比尔德：《美国宪法的经济观》，何希齐译，商务印书馆，1984，第113页。
④ 〔美〕查尔斯·A. 比尔德：《美国宪法的经济观》，何希齐译，商务印书馆，1984，第21页。
⑤ 〔美〕查尔斯·A. 比尔德：《美国宪法的经济观》，何希齐译，商务印书馆，1984，第22页。

的经济利益。斗争的结果，是权势更盛的前者获胜。这部新的宪法，这部
比尔德生活于其下的宪法，是权势集团强加给广大人民的。①

　　比尔德的结论是基于对历史资料的分析得出来的。后来的学者们对资料
做了更大范围的研究，发现比尔德的结论无法成立。② 结论无法成立之外，
比尔德的政治动机也得到了揭示。阿代尔认为，"查尔斯·比尔德1913年
出版的《美国宪法的经济观》，是'进步主义运动'的左翼学术气候下的
产物。宪法的一些特征让二十世纪最初二十年的美国左翼人士非常痛苦，
而这部著作很有技巧地选择性处理了这些特征"③。扎克特也认为，"比尔
德对建国的看法，显然服务于二十世纪早期进步主义运动的政治议程"④。

　　比尔德使《联邦党人文集》第十篇广为人知。⑤ 但是在今天，没有严

---

①　〔美〕查尔斯·A. 比尔德：《美国宪法的经济观》，何希齐译，商务印书馆，1984，第
　　172页。

②　证明比尔德结论错误的文献，参见 Michael P. Zuckert, "'The Federalist' at 200-What's It to
　　Us?" *Constitutional Commentary*, Volume 7, Issue 1 (1990), p.98, note.5. 尤其参见弗瑞斯
　　特·麦克唐纳《查尔斯·奥斯汀·比尔德小传》，张超译，载〔美〕查尔斯·比尔德
　　《共和对话录》，杨日旭译，东方出版社，2008，第324~353页。

③　Douglass G. Adair, "The Tenth Federalist Revisited," *The William and Mary Quarterly*, Third
　　Series, Vol. 8, No. 1, (1951), p.58.

④　Michael P. Zuckert, "'The Federalist' at 200-What's It to Us?" *Constitutional Commentary*,
　　Volume 7, Issue 1 (1990), p.98. 比尔德对麦迪逊这篇论文的选择性的解释，主要是出于
　　政治上的而非学术上的兴趣。当时比尔德是美国进步主义运动的一个重要成员，而进步
　　主义是对美国工业资本主义的发展的一种反应。参见李剑鸣《大转折的年代：美国进步
　　主义运动研究》，天津教育出版社，1992。社会和经济的发展需要政治和理论的进步，比
　　尔德将美国宪法视为阻碍进步主义运动的重要绊脚石，解释麦迪逊的这篇论文是为了揭
　　露宪法偏袒富人的阶级本质，以此诋毁那部宪法的合法性，从而为接下来的政治经济改
　　革铺平道路。见 Douglass G. Adair, "The Tenth Federalist Revisited," *The William and Mary
　　Quarterly*, Third Series, Vol. 8, No. 1, (1951), p.48.

⑤　虽然麦迪逊所著《联邦党人文集》第十篇的理论成就和政治重要性在今天看来十分明显，
　　但是在19世纪完全不受重视。道格拉斯·阿代尔的考证表明，在19世纪，不仅《联邦党
　　人文集》的编者忽视第十篇，而且研究美国宪法形成的历史学家对它也略过不提，甚至麦
　　迪逊的传记作者对它也毫不重视。同时，敏锐深刻的托克维尔，虽然引用《联邦党人文集》
　　很多，但第十篇不在其中。参见 Douglass G. Adair, "The Tenth Federalist Revisited," *The
　　William and Mary Quarterly*, Third Series, Vol. 8, No. 1, (1951), pp.50-53. 甚至麦迪逊自
　　己，虽然曾任美国总统，并且自约翰·昆西·亚当斯以来一直被尊称为"美国宪法之
　　父"，但在19世纪也曾饱受轻蔑。参见威尔士《美国宪法之父：詹姆斯·麦迪逊传》，刘
　　红、冉红英译，叶桂林校，安徽教育出版社，2006。可以说，比尔德是这一经典文本的
　　重要发掘者。在确立这篇论文的经典地位方面，没有谁比查尔斯·比尔德的影响更大，
　　比尔德影响深远的著作，《美国宪法的经济观》，不仅使麦迪逊这篇论文在宪法解释中取
　　得了特殊重要的地位，而且给这篇论文的解释投下了长久不散的阴影。参见〔美〕查尔
　　斯·A. 比尔德《美国宪法的经济观》，何希齐译，商务印书馆，1989。　　　（转下页注）

肃的学者会认为比尔德对美国宪法的解释和对麦迪逊的解释是正确的。①尽管如此，比尔德的这一洞见仍然极具价值，深刻影响了对麦迪逊的第二种主要解释即多元主义解释的形成：在分析政治理论、政治行动与政治制度的关系时，必须将社会中的利益集团及其经济利益纳入考虑。

多元主义的解释

进步主义解释的不足，导致了多元主义解释的产生。在20世纪五六十年代，第二种对麦迪逊的重要解释，也就是多元主义的解释兴起了。罗伯特·达尔在《民主理论的前言》这部多元主义的奠基著作中，通过对麦迪逊这篇论文的解释发展了他的多元主义理论。②

达尔认为，麦迪逊式的政体不是一种民主政体，而是一种多头统治的政体。他最终认为，虽然麦迪逊式的政体有很大的不民主的成分，但却是"一套在大范围内实行民主不可或缺的政治制度"③。这种政体，既不是人民统治的字面意义上的民主制，也不是少数人压迫多数人的寡头制，④ 而

（接上页注⑤）Gordon S. Wood, *The American Revolution：A History*, New York：Random House, 2002, p.175；Douglass G. Adair, "The Tenth Federalist Revisited," *The William and Mary Quarterly*, Third Series, Vol. 8, No. 1, (1951), p.48；Michael P. Zuckert, "'The Federalist' at 200-What's It to Us?" *Constitutional Commentary*, Volume 7, Issue 1 (1990), pp.97-107.

① Lance Banning, "The Hamiltonian Madison：A Reconsideration," *The Virginia Magazine of History and Biography*, Vol. 92, No. 1 (1984), p. 12, note. 14.

② 罗伯特·达尔使多元主义理论广为人知，而麦迪逊因其对达尔的影响被认为是"美国政治科学中的多元主义之父"。John Zvesper, "The Madisonian Systems," *The Western Political Quarterly*, Vol. 37, No. 2 (1984), p.236.

③ 〔美〕罗伯特·A. 达尔：《民主及其批评者》，曹海军、佟德志译，吉林人民出版社，2006，第301页。

④ 达尔修正了比尔德的解释。对比尔德来说，麦迪逊站在少数人一边反对多数的人民，而麦迪逊式的政治体制是统治集团强加给人民的，是不民主的。但是对达尔来说，"大多数美国人似乎已经接受了麦迪逊式政治体制的合法性"，因而可以认为是相当民主的。达尔在此是针对20世纪五六十年代国内外的如潮批评，为美国政治制度的民主性辩护。但是达尔也不能不承认一个明显的事实：在麦迪逊的理论中，有明显的贬低、防范人民的成分，这种理论显然，并不完全是民主的，"我们要称之为'麦迪逊式'的民主理论是这样一种努力，它旨在成功地在多数人的权力和少数人的权力之间，以及所有成年公民的政治平等和限制其主权的需要之间，达成某种妥协"。参见〔美〕罗伯特·A. 达尔《民主理论的前言》，顾昕、朱丹译，三联书店、牛津大学出版社，1999，第1~2页。达尔淡化了比尔德对麦迪逊的批评。在达尔的解释中，麦迪逊不再被看成一个居心险恶的为了自身及其统治集团的伙伴而反对民主的人，而被看成一个用心良苦的居中调和者。

是指，人们结成数量众多的利益集团，争取使自己的利益在政府决策中被给予足够的考虑。① 也就是说，达尔认为，虽然麦迪逊错误地估计了多数人暴政的可能性，为防范这种可能而设计了不民主的政治制度，但麦迪逊对美国这样一个大共和国之中的人们将分化为各种较小的利益集团的估计是正确的，而他所设计的这种政治制度很好地适应了这种社会背景。

达尔的这种多元主义理论与比尔德理论存在相同的方面。首先，都强调政治的社会经济背景，认为人们参与政治是为了争取自己的经济利益。其次，都强调政治活动的主要形式是经济利益集团为了追逐自身的利益而努力去影响政府。

这种理论与比尔德的理论也存在不同的方面。首先，比尔德认为政治是两个利益集团的斗争，而这种理论认为政治是许多利益集团的斗争，其中没有哪个能取得压倒性优势，因此在整个体系中每个利益集团的利益都有可能得到照顾。其次，比尔德认为美国的政治制度和宪法是优势利益集团或阶级的利益的体现，而这种理论认为这种政治制度和宪法是在一个大型共和国实现民主所必需的。它不民主的特征首先并非来自居心叵测的利益集团，而是来自人力无法改变的历史和环境。

达尔之后，马丁·戴蒙德沿着这条路线，进一步将麦迪逊解释为一个多元主义者。② 他认为，宪法和《联邦党人文集》的作者们的首要意图，既不像比尔德所认为的那样是保障权势集团的财产权，也不像达尔所认为的那样，是要在多数人要求的平等权利和少数人要求的保护不平等的财产之间进行妥协，而是要通过弥补民主政体的弊病来建立一个更好的民主政体。也就是说，他认为麦迪逊等人的首要着眼点，并不是社会的和经济的，而是政治的。戴蒙德认为，存在关于好和坏的确切知识，建国者们的

---

① 〔美〕罗伯特·A. 达尔：《民主及其批评者》，曹海军、佟德志译，吉林人民出版社，2006，第318页。

② 〔美〕罗伯特·A. 达尔：《民主理论的前言》，顾昕、朱丹译，三联书店、牛津大学出版社，1999；Martin Diamond，"Democracy and the Federalist: A Reconsideration of the Framers' Intent," *The American Political Science Review*，Vol. 53，No. 1（1959），pp. 52-68. 〔美〕马丁·戴蒙德：《联邦党人》，载〔美〕施特劳斯、〔美〕克罗波西《政治哲学史》，李天然等译，河北人民出版社，1993；关于戴蒙德的影响，参见 Alan Gibson，"The Commercial Republic & the Pluralist Critique of Marxism: An Analysis of Martin Diamond's Interpretation of 'Federalist' 10"，*Polity*，Vol. 25，No. 4（1993），pp. 497-528。

行为是由这种确切的知识，而不是由利益或激情所驱动的。[1] 他们认识到，以民主政体为前提，少数压迫多数的问题是不存在的——否则它就变成寡头政体了。戴蒙德分析《联邦党人文集》第十篇指出，民主政体的问题是"派系"，特别是少产和无产的多数结成的派系，这样的派系会去掠夺少数人的财产。[2] 因此，与比尔德所设想的相反，美国的政治制度并不是阶级斗争的产物，而是用以防止阶级斗争的。派系斗争无法消除，可行的手段是用利益集团的斗争来防止阶级斗争。只有在一个大型的、商业社会中，这样一个四分五裂的小利益集团进行竞争的政治局面才可能形成。因此，戴蒙德认为，与比尔德和达尔认为的相反，经济问题并不是麦迪逊思考和行动的起点，而是他思考的终点。麦迪逊是为了解决民主政体的弊端这个政治问题，而在逻辑上选择了商业大共和国这个社会和经济的方案。戴蒙德和达尔对麦迪逊的解读殊途同归，达尔的结论是，在这样一个多元的、小的利益集团互相冲突的社会的基础上，只可能有这种民主权利广泛，但是政治参与有限的多头政体。戴蒙德的结论是，为了使一个避免了致命党争的民主政体能够存在，必须创造这样一个广大的、商业性的、人们主要关心的是自己的狭窄利益的多元社会。他们共同认为，这样的政治制度和这样的社会是相辅相成的，并且在这个历史阶段是没有更好替代品的。[3]

共和主义的解释

多元主义的解释之后，第三种解释，也就是共和主义的解释兴起。如迈克尔·扎克特所总结的，主导着近期这些共和主义研究的主题，与当代政治生活是平行的。也正如桑德尔明确承认的，复兴当代共和主义的愿望

---

[1] Martin Diamond, "Democracy and the Federalist: A Reconsideration of the Framers' Intent," *American Political Science Review*, Vol. 53, No. 1 (1959), p. 56.

[2] Martin Diamond, "Democracy and the Federalist: A Reconsideration of the Framers' Intent," *American Political Science Review*, Vol. 53, No. 1 (1959), p. 64.

[3] 达尔认为多头政体不够民主，一直努力推进民主的发展。但是他对此极为谨慎，而且最终提出的实际上是一个目前不可能实现的乌托邦方案。参见〔美〕罗伯特·A. 达尔《民主及其批评者》，曹海军、佟德志译，吉林人民出版社，2006，第 444、458、479~481页。达尔在多年以后对自己最初对麦迪逊的看法有了修正，参见 Robert A. Dahl, "James Madison: Republican or Democrat?" *Perspectives on Politics*, Vol. 3, No. 3 (2005), pp. 439-448。

是出于对当代政治生活的不满。①

　　共和主义者批评多元主义者对麦迪逊的解释。凯斯·森斯坦认为，"多元主义的观点把现存的财富分配、现存的背景资格和现存的偏好当作外源的变量。所有这一切形成了多元主义斗争的一种前政治的背景。制度的目标是保证各种输入准确地反映在立法中；制度因此就是用来集合公民偏好的一种手段"②。森斯坦论证说，这种制度对不良偏好和不平等权力放任自流，把法律看成交易而非论证的产物，不重视政治参与，而且偏好的精确集合由于循环等问题是不可能完成的，"总的来说，它们表明多元主义是一种完全没有吸引力的政治观念"③。因此，共和主义作为一种对多元主义的替代方案被提了出来。④ 如果说多元主义强调的是美国政治制度及其建立者与古代不同的创新之处的话，那么可以说共和主义强调的是美国政治制度及其建立者接续古代的相同之处。共和主义最重要的特征，也是古代共和国生活中最重要的特征，正是德性。桑德尔认为：

　　　　尽管开国先贤修正了古典共和主义的观念，但宪法制定者在两个重要方面坚持了共和主义的理想。首先，他们仍然相信有德者应该统治，而且政府应该以超越私人利益总和之上的共同善为目标。第二，他们没有放弃共和政治塑造公民的志向，没有放弃培育特定类型的公民与政府利害相关这一概念。⑤

　　桑德尔更仔细地分析《联邦党人文集》第十篇，提出：

---

①　Michael P. Zuckert, "‘The Federalist’ at 200-What's It to Us?" *Constitutional Commentary*, Volume 7, Issue 1 (1990), pp. 97~107.〔美〕迈克尔·桑德尔：《民主的不满：美国在寻求一种公共哲学》，曾纪茂译，刘训练校，江苏人民出版社，2008，"前言"，第 2 页。

②　〔美〕凯斯·森斯坦：《超越共和主义复兴》，应奇译，载应奇、刘训练编《公民共和主义》，东方出版社，2006，第 278 页。

③　〔美〕凯斯·森斯坦：《超越共和主义复兴》，应奇译，载应奇、刘训练编《公民共和主义》，东方出版社，2006，第 279~281 页。

④　〔美〕凯斯·森斯坦：《超越共和主义复兴》，应奇译，载应奇、刘训练编《公民共和主义》，东方出版社，2006，第 282~296 页。

⑤　〔美〕迈克尔·桑德尔：《民主的不满：美国在寻求一种公共哲学》，曾纪茂译，刘训练校，江苏人民出版社，2008，第 153~154 页。

（有德性者统治）这一目标把麦迪逊与现今借用他名字的利益团体多元主义区别开来。在麦迪逊看来，允许利益团体进入体制的理由并不是要让利益团体来统治，而是要解除利益团体的力量，让利益团体打成平手，这样无私的政治家才可能不受利益团体的妨碍地实行统治。凭借建立幅员广阔的共和国，容纳"多种党派和利益"的理由不是为了更接近人民的一致，而是为了增大这些不同的利益相互抵消的可能性，这就让明智的政治家能够摆脱这些利益。[①]

因此，在政治行动、政治理论和政治制度等几个方面，共和主义者们都修正了传统的看法。与比尔德所相信的不同，美国建国者们并不是只关心自己所属利益集团狭隘利益的人，他们的行动受到过德性生活这一共和主义理想的驱使。与达尔所认为的不同，麦迪逊并非着眼于社会中的利益集团及其利益，希望提供多数人和少数人在财产问题上的妥协，而是希望无私政治家们的公正统治能在不受利益集团干扰的情况下进行。多元主义理论认为政治就是利益集团追逐各自利益的活动，而麦迪逊认为政治中应该排除利益集团的活动。也与戴蒙德所认为的相反，麦迪逊克服民主政体缺陷的方案，并不是建立一个大型的多元商业社会，而是建立一种由具有德性的政治家统治的政治制度。

三种解释互不兼容

这三种解释都试图深入麦迪逊理论文本的内部，探究麦迪逊建立政治制度背后的深层想法。这三种互相矛盾、难以兼容的解释为理解麦迪逊的政治理论投下了经久不散的阴影，需要加以批判性的考察。三者的主要论点以及相互关系可以简要总结如下。

（1）进步主义的解释：麦迪逊本人建立政治制度这一政治行动背后受追求经济利益的动机支配，而且麦迪逊本人也相信追求经济利益是人政治行动背后的主要动机。

---

① 〔美〕迈克尔·桑德尔：《民主的不满：美国在寻求一种公共哲学》，曾纪茂译，刘训练校，江苏人民出版社，2008，第154页。

（2）多元主义的解释：接受了进步主义解释中的后半部分，同样认为麦迪逊相信追求经济私利将是个人的主要行为动机，但是拒绝认为麦迪逊自己的行动主要受这一动机的支配。因为事实上很难看出麦迪逊通过建立宪法会得到很大的经济利益，而且麦迪逊在一生中也并没有表现出对经济利益的明显渴望。多元主义的解释相信，麦迪逊的政治行动主要是受内在知识的支配。达尔认为，麦迪逊相信，美国这样一个分化为各种较小的利益集团的大共和国，只能采取美国宪法所规定的那种政治制度，而且麦迪逊的看法是正确的。戴蒙德认为，麦迪逊为了应对民主政体中的毁灭性的党争问题而构思了美国宪法所确立的政治制度，而这种政治制度又应该匹配一个利益分化的大型商业社会。

（3）共和主义的解释：多元主义的解释中缺乏对目的的考虑。一个人拥有知识，但如何使用这些知识是一个超越这些知识本身的问题，并不能根据知识本身回答。共和主义的解释者们认为多元主义的解释缺乏吸引力。他们将麦迪逊解释为一个传统的共和主义者，认为政府应该以超越私人利益总和之上的共同善为目标。而政治行动者之所以追求公共善而非私人利益，是因为他们身上拥有德性。他们强调麦迪逊和乔治·华盛顿等人的政治行动背后的德性的支配性作用。这种解释的问题在于将麦迪逊视为与现代人极为不同的"古代人"，并使麦迪逊的政治理论在今天带上了乌托邦的色彩。

显然，对麦迪逊的政治理论的已有的这三种主流解释，是互相冲突无法兼容的。

二　麦迪逊以制度为中心的政治理论

回顾以上三种现有的主流解释，可以看到，它们的共同之处是都强调人的内在因素对人的政治实践的影响。比尔德经济解释的含义是，人的行动主要受经济利益的驱动。达尔的多元主义同样强调了影响人的政治行动的经济因素。戴蒙德强调人的行动受知识的影响。共和主义者们强调德性对人的政治行动的影响。他们的洞见都有道理，但也都不够全面。我们看到，人的政治行动无可否认地受到利益、知识和德性这三种因素的共同影响。但是在这些内在因素之外，还有其他外在因素也影响着人的政治行动。当代新制度主义理论已经指出，制度会影响人的政治实践。事实上，正如鲍·罗斯坦在《政治科学新手册》中所说的，"政治制度的建立和运行是古典政治理论的中心内容"①。麦迪逊的政治理论，首先关注的也是旧政治制度的改善和新政治制度的建立。正如图 0-1 所示的，麦迪逊的政治理论，是通过政治制度这一外部因素的中介而影响着我们当今世界的政治实践的。

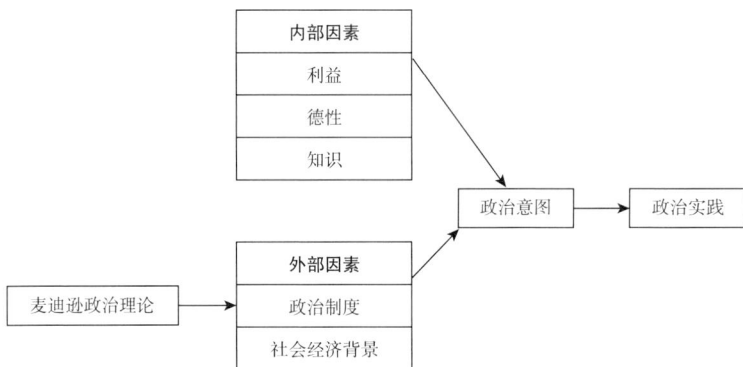

图 0-1　影响政治实践的因素

麦迪逊被称为"美国宪法之父"，被认为是美国建国者之一，与其他人一起建立了美国的基本政治制度。麦迪逊将他的任务视为对邦联的完善，他为此而研究了古代共和国的兴衰利弊和美国当时邦联的利弊，并采取行动建立一个新的政治制度。他这么做，是为了美国宪法以之开头的美国"人民"的利益，也就是为了美国社会的利益，所以他的政治理论将社会背景纳入了考虑。无论如何，麦迪逊关注的首先是政治制度，他采取的是以政治制度为中心的视角。正如众所周知但常常被忽视的，麦迪逊写作《联邦党人文集》第十篇，其首要目的，如果不是唯一目的的话，是希望能建立一种新的政治制度，而不是为了利益、知识或德性。这三种对麦迪逊理论的主要解释，都错置了中心。

① 〔瑞典〕鲍·罗斯坦：《政治制度：综述》，载〔美〕罗伯特·古丁、〔德〕汉斯-迪特尔·克林格曼主编《政治科学新手册》，钟开斌、王洛忠、任丙强等译，彭宗超、尹宏毅、崔之元校，三联书店，2006，第 205 页。

因此，为了更好地理解麦迪逊的政治理论，有必要采取一种以制度为中心的视角。而且，与"旧制度主义"只关心形式上的、纸面上的制度不同，新制度主义这一当代政治科学的分支为我们提供了审视制度的更充分视角，使我们在考察麦迪逊对静态的正式制度尤其是成文宪法的思考之外，也可以考察麦迪逊对制度的其他方面的思考，包括麦迪逊对宪法所未提及的政党这种非正式政治制度、对影响政治制度的运转的舆论，以及美国政治制度的可变性等主题的思考。也就是说，我们可以超越对麦迪逊政治理论的互相冲突的进步主义、多元主义和共和主义的解释，而进行一种更综合性研究，从而达到对麦迪逊的政治理论的更全面的把握。

三 麦迪逊的复合共和制政治理论

麦迪逊的政治理论的中心问题，是如何为美国建立一种新的政治制度。麦迪逊思考这一问题，形成了自己的解决方案。麦迪逊将自己的解决方案称为"复合共和制国家"，其含义是它是由两级政府上的分立三权复合而成的。[①] 文森特·奥斯特罗姆据此将《联邦党人文集》的政治理论称为"复合共和制的政治理论"[②]。这一命名，对以制度为中心的麦迪逊政治理论，是十分准确而全面的概括，因此为本书所采用。不过，奥斯特罗姆在其《复合共和制的政治理论》一书中，主要是从联邦主义视角解释《联邦党人文集》的。在其解释中，他既不区分汉密尔顿和麦迪逊的思想，也不涉及麦迪逊在《联邦党人文集》之外的论述，因此只是处理了麦迪逊政治理论的一个有限方面。[③] 而本书致力于全面地研究麦迪逊的复合共和制

[①] Alexander Hamilton, James Madison and John Jay, *The Federalist Papers*, edited with an Introduction and Notes by Lawrence Goldman, New York: Oxford University Press, 2008, p. 258.

[②] 〔美〕文森特·奥斯特罗姆:《复合共和制的政治理论》，毛寿龙译，上海三联书店，1999。

[③] 奥斯特罗姆对麦迪逊联邦主义理论的解释，由于只关注《联邦党人文集》而受到限制（奥斯特罗姆并非研究政治思想史，因此只关注《联邦党人文集》是完全正当的）。本书研究了更丰富的材料，将在第三章和第四章论证，麦迪逊的联邦主义理论经历了巨大的根本转变，他在《联邦党人文集》中的相关论述只是他联邦主义理论整体的一个部分。

政治理论。

三次划分和两次合成

麦迪逊所设计的这种复合共和制政治制度，是通过三次划分和两次合成而确立的。

第一，划分政府和人民的界限。宪法通过《权利法案》明确地规定人民所拥有的权利以及政府权力的界限，并明确地规定联邦政府所拥有的总的有限权力。第二，纵向划分政府，将政府划分为州和联邦两级。第三，横向划分两级政府，将政府横向划分为立法、行政和司法三权或三个部门。

这三次划分生成的要素，又通过两次合成而联系了起来。

第一，政府和人民在被划分开之后，又通过选举联系了起来。立法者和首席执行官都由人民定期选举。第二，两级政府的三权被划分开之后，又通过互相制衡这种关系联系在一起。

思想渊源

与这种制度的复合性相对应，麦迪逊的复合共和制政治理论也是由不同要素复合组成的。它的主体包含着四个要素，即三权分立、联邦主义、代议制大共和国以及关于《权利法案》的理论。这四个要素有不同的来源。代议制大共和国的理论，是在吸收西欧君主国特别是英国所使用的代议制的基础上，对古代民主政府的实践加以改造而形成的。分权理论也源于西欧君主制政治制度，是洛克和孟德斯鸠对英国的政治实践加以提炼和改造而形成的。而联邦主义，也是理论家们包括麦迪逊自己，在研究了古今联邦制度包括美国的邦联制度的经验教训的情况下，总结提炼而成的。最后，麦迪逊关于《权利法案》的理论，受惠于君主制英国的政治实践。①

---

① 〔美〕杰克·N. 雷克夫：《宪法的原始含义：美国制宪中的政治与理念》，王晔、柏亚琴等译，江苏人民出版社，2008，第285页。

　　因此，美国的政治制度并不仅仅是费城制宪会议上的政治斗争的副产品，而是整个世界历史的产物。如图 0-2 所示，美国政治制度的诸种要素，包括民主因素、共和因素、联邦因素、代议制因素和三权分立因素，分别来自古代和现代许多国家的政治实践。它并不仅仅是美国建国者们的思想创造，也不仅仅是现代思想家们的理论结晶，而是凝结了人类历史中大规模广泛政治实践的经验。

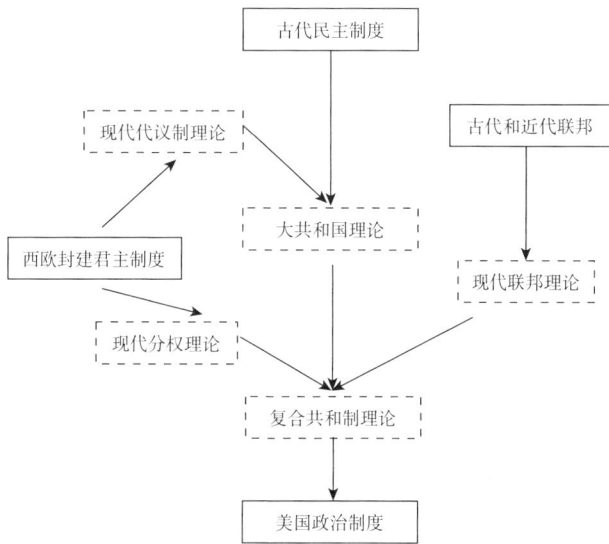

图 0-2　美国复合共和制政治制度的历史渊源

　　但是，我们并不能根据以上的示意图，得出结论认为，广泛的古今政治实践可以直接导致麦迪逊复合共和制政治理论的形成。事实上，在麦迪逊复合共和制政治理论形成的 18 世纪末期，尽管人类已经积累了广泛而深厚的政治实践的经验，但是复合共和制的政治理论并没有立刻被提出。这说明，在历史经验和政治理论之间存在着难以逾越的困难。麦迪逊是经由政治理论家们（特别是孟德斯鸠和休谟）和多种政治思潮（特别是古典共和主义、现代自由主义和启蒙运动）的帮助才克服这些困难的。麦迪逊复合共和制政治理论的直接渊源是这些政治理论家与政治思潮，而古今人类的大规模广泛历史经验只能被认为是麦迪逊政治理论的间接渊源。研究麦迪逊政治理论的渊源并非无关紧要，因为麦迪逊在其关键推理的每一步都极大地借助了这些资源。

在分析麦迪逊复合共和制政治理论的要素及其来源的同时，还需要说明麦迪逊是出于何种目的、以何种方式将这些要素组织起来的。以上正是本书前三章所要探讨的问题。使本书所要进行的对麦迪逊政治理论的这一研究复杂化的是，麦迪逊的复合共和制政治理论并没有保持不变，而是经历了三个阶段的剧烈变迁。麦迪逊复合共和制政治理论中的这一发展，将在本书的第四章和第五章加以讨论。

四　麦迪逊政治理论发展的三个阶段

麦迪逊的政治理论在形成之后经历了剧烈的变迁。本书将麦迪逊政治理论的发展划分为三个阶段。这三个阶段分别以 1790 年和 1800 年为界限。

第一阶段

1790 年之前，是麦迪逊政治理论发展的第一阶段。在这一阶段，麦迪逊政治活动的中心是为美国建立一种新的政治制度。麦迪逊的这一行为在今天容易被误解。因为美国的政府在建立之后经历了巨大的变迁，而美国的宪法在建立之后保持了稳定，由此导致的是美国的政府和宪法不再能被视为是等同的。政府与宪法在今天的这种分离，是麦迪逊所不知的。对麦迪逊来说，建立美国宪法，就等于是建立美国政府。美国宪法的全部条款（不含修正案），都被用来确立美国新政府的结构与权力。对麦迪逊来说，建立一种新政治制度，既是建立一部宪法，也是建立一个新政府，并且这两者不能割裂开来理解。

对麦迪逊来说，建立一种新政治制度，不仅仅是建立一部稳定的、长期保持不变的静态宪法，而且也是建立一个一旦形成就立刻会行动起来的能动的动态政府。政府的动态运行是内在于麦迪逊政治理论之中的，而这一动态政府不可避免的运动和变迁，也给麦迪逊的政治理论带来了内在的可变性，并促使麦迪逊的政治理论从第一个阶段发展到第二个阶段。

第二阶段

　　麦迪逊复合共和制政治理论的第二个发展阶段，从 1790 年之后开始。麦迪逊复合共和制政治理论从第一阶段到第二阶段的变化，首先体现在所关切的重点的变化。在第一阶段，由于宪法尚未建立，一个运行中的动态政府尚未出现，因此麦迪逊对复合共和制政治理论的主要关切，只能是制度地体现为宪法的静态方面。在第二阶段，由于宪法已经被牢固地确立，而新政府在确立之后也开始运行，因此麦迪逊复合共和制政治理论的主要关切，转向了制度的动态方面。

　　在这两个阶段，麦迪逊的复合共和制政治理论不仅侧重点不同，而且有了实质性的变化。导致这种实质性变化的，是美国政府并没有成为美国宪法所意图建立的无党争的共和国政府，而是变成了两党激烈斗争的场所。麦迪逊针对这一未曾预料到的事实，对自己的复合共和制政治理论做了三方面的重大调整。第一，在认识到美国并没有变成《联邦党人文集》所意图确立的无党争共和国的情况下，重新思考如何使党争不会像在古代民主政体下那样成为美国这一新共和国的致命疾病。第二，在看到三权分立制度无法有效制衡联邦党的危险政治行动的情况下，转而诉诸州权，为此而彻底颠覆了第一阶段的联邦主义理论。第三，在看到党争无法在三权分立的政治制度内部得到解决的情况下，思考如何借助人民的力量来防止政府的篡权，并最终转向强调舆论的重要性。

　　麦迪逊在第二阶段对其理论所作的调整，涉及联邦制和三权分立等核心要素，并得出了一系列新的论点。对麦迪逊政治理论的完整研究，必须同时包括对这两个阶段的研究。

第三阶段

　　1800 年之后，麦迪逊先后担任美国的国务卿和总统，而他的政治理论也随之进入了第三个阶段。在这个阶段，对美国新生的政治制度，出现了三个新的外部挑战。第一个重要的外部挑战是导致美国首都被英军焚毁的

1812年战争。第二个重要的外部挑战是经济发展迫使美国政府突破宪法规定的权力界限。第三个外部挑战则来自奴隶制。美国的宪法没有为这三项外部挑战给出既定的解决方案，麦迪逊只能自行去思考新的解决方案。

麦迪逊在作为执行官运行美国政府期间所面对的这三重挑战、他所给出的方案及其影响，都大大超越了美国政治制度的最初框架，并迫使美国的政治制度不断变形。面对着美国政治制度的形变，麦迪逊明智地看到，美国建立新政治制度的尝试毕竟只不过是一次政治实验。这项政治实验与其他科学实验一样，其所依据的理论应该根据实验结果来修正。麦迪逊的这一思想，为美国政府的不断改进开启了大门，而麦迪逊所帮助设立的美国宪法中的修宪条款，也使美国政府的改进可以依法进行。

五　本书的结构

本书研究麦迪逊复合共和制的政治理论，因此研究复合共和制的具体制度安排的第三章构成本书的核心章节。麦迪逊对这种复合共和制政治制度的设计给出了充分的理由。这些理由构成支持该制度的理论基础，并将在本书第二章得到研究。

本书第二章总结了麦迪逊支持复合共和制政治制度的五个论证步骤。第一，君主制令人厌恶，因而新政府应该是共和制的。共和制意味着权力来自人民，因此要为新政府引入选举的因素。第二，这一新政府，必须实现组织对外防御、保障内部安宁、保障公民自由以及促进普遍福利等现实目的。第三，小共和国（如当时美国的各邦），对外无法保障自己的安全，对内也无法抵抗党争的破坏性影响。因此，为了达成这些目的，新宪法必须将各邦联合起来建立一个大的联盟共和国。第四，美国各邦的旧有联合，由于其中央政府的软弱而具有系统性的缺陷。因此，新宪法需要确立一个更强大的联邦政府。第五，这一强大的联邦政府，具有演变成暴政的潜能。因此，需要明确规定政府总体的有限权力、通过《权利法案》限定政府权力的边界，并将联邦政府分割为三个政府部门，且使其互相制衡。第二章的五个小节，将分别论述麦迪逊的这五步论证（麦迪逊关于限权政府的理论与三权分立的具体制度安排关系密切，故而被放在第三章进行讨论）。

麦迪逊的这五步推理，每一步都需要借助强大的理论资源。首先，在共和制与君主制的选择上，麦迪逊必须面对君主制赞同者一方的挑战。这种挑战不容忽视。汉密尔顿在费城制宪会议上公然声称，君主制的"大不列颠政府，是世界上最好的政府"①。汉密尔顿这一主张的背后，是从霍布斯到孟德斯鸠的强大现代政治理论传统。② 为了回应这一理论传统的挑战，麦迪逊不可避免地只能借助古典共和主义的理论传统。③ 其次，在政府的目的上，麦迪逊面对着汉密尔顿及其联邦党的理论挑战。本书第二章第二节详细研究了麦迪逊对这种挑战的回应。麦迪逊在回应中借助了现代自由主义的理论。再次，在建立大共和国还是小共和国的问题上，麦迪逊受到了反联邦党人的猛烈批评。④ 反联邦党人根据传统看法相信，共和制的政治制度只能存在于小的国家。为了回答这一批评，麦迪逊只能借助休谟的新学说，强调大共和国可以克服小共和国无法克服的内部党争的破坏性影响。另外，麦迪逊还借助孟德斯鸠的理论，强调联盟共和国在对外防御上的优势。此外，在"保障公民自由"的问题上，也存在着古代自由和现代自由两种立场的争论。麦迪逊为此也借助了现代自由主义的新理论。又次，历史已经证明，强大的政府有侵犯公民自由的潜能。麦迪逊为此而吸收了孟德斯鸠的三权分立理论。最后，在《权利法案》所意图确立的宗教自由等权利上，麦迪逊借助了现代自由主义的权利理论。本书第一章研究了麦迪逊所借助的这些主要理论资源，以及麦迪逊对这些理论资源的吸纳。

由以上的讨论可见，麦迪逊政治理论中的几乎所有主要因素，都可以追溯到在他之前的政治理论家和政治理论传统。麦迪逊自己的贡献在于，通过自己的理论思考，使用创新的逻辑，将这些因素捏合成一个完善的

① 〔美〕麦迪逊：《辩论：美国制宪会议记录》，尹宣译，辽宁教育出版社，2003，第144页。
② 麦迪逊不得不对孟德斯鸠的理论进行共和化的转化。参见〔美〕哈维·C.曼斯菲尔德：《驯化君主》，冯克利译，译林出版社，2005。
③ 古典共和主义与君主制理论的传统对立，参见〔澳〕菲利普·佩迪特：《共和主义：一种关于自由与政府的理论》，刘训练译，江苏人民出版社，2005。
④ 赫伯特·J.斯托林总结了反联邦党人的主张。〔美〕赫伯特·J.斯托林：《反联邦党人赞成什么——宪法反对者的政治思想》，汪庆华译，北京大学出版社，2006，第12~13、26~27、131~133页。

整体。

麦迪逊所创造的这一新政治制度的整体，在建立之后立刻表现出了出乎意料的惊人可变性。麦迪逊所设想的无党争共和国，迅速变成了联邦党和共和党激烈斗争的场所。也就是说，在美国宪法没有发生变化的情况下，美国的政府很快与麦迪逊最初设想的变得大为不同。美国新政治制度的宪法方面和政府方面，在此分别表现出了稳定性和可变性。美国新政治制度表现出来的这种出乎意料的可变性，促使麦迪逊在1790年之后重新构造了自己的政治理论。

本书第四章研究麦迪逊政治理论从第一阶段到第二阶段的转变。麦迪逊政治理论这两个阶段的最重要的变化，发生在三个方面：从希望建立无党争共和国，转向承认党派政治的不可避免，并重新思考了政党的意义；从主张一个更接近单一制国家的联邦，转向强调州拥有自己的主权，可以否决联邦政府的立法；从相信人民是主权者，到强调舆论的重要性。第四章前三节将分别研究这三个方面。第四章第四节研究麦迪逊政治理论转变的原因即美国政治制度的可变性。

接下来的第五章研究麦迪逊政治理论从第二阶段到第三阶段的转变。在任职国务卿和总统期间，面对着战争、经济发展和奴隶制的三重挑战，麦迪逊提出了三种相应的解决方案。这三种新解决方案都大大超越了美国政治制度的原初设计，也都为现代世界打上了深刻的印记。他为1812年战争确立的防御性准则，将最终使美国的"战争部"改称"国防部"；他对美国经济发展的思考，使他拒绝批准美国第一银行延续其存在，并使美国的中央银行最终只能以"美联储"的独特名字出现；他为解决奴隶制而提出的利比里亚方案，是今天存在的利比里亚共和国的起源。麦迪逊的解决方案不仅在实践中重要，而且极大地扩展了麦迪逊政治理论的范围。

本书第六章总结全文论证。

六　文献说明

本书主要依据的麦迪逊英文原著，是格拉德·亨特编辑的经典的九卷本文集（James Madison, *The Writings of James Madison*, edited by Gaillard

Hunt，New York：G. P. Putnam's Sons，1900 – 1910，9 Vols.）。麦迪逊的绝
大多数重要政治著作可见于本文集。所遗漏的个别重要文献则参考了著名
的美国史学家和麦迪逊专家杰克·雷克夫新近编辑的《麦迪逊文选》
（*James Madison Writings*，Jack N. Rakove，（ed.）New York：Library of
America，1999）。

　　麦迪逊和汉密尔顿等人所著《联邦党人文集》已经有中译本。本书使
用了中译本（汉密尔顿、杰伊、麦迪逊等：《联邦党人文集》，程逢如、在
汉、舒逊等译，商务印书馆，1995），不过在中译本不够确切的地方，也
使用劳伦斯·古德曼编辑的英文原版进行了若干自译（Alexander
Hamilton，James Madison and John Jay，*The Federalist Papers*. Edited with an
Introduction and Notes by Lawrence Goldman，New York：Oxford University
Press，2008）。麦迪逊对费城制宪会议讨论过程的记录也已有中译本（麦
迪逊：《辩论：美国制宪会议记录》，尹宣译，辽宁教育出版社，2003）。
本书也借鉴了这一中译本。

第一章　麦迪逊政治理论的渊源

一　麦迪逊的直接理论先驱

麦迪逊的政治理论直接吸收了现代政治科学的重要成果。他最重要的直接理论先驱有两位，分别是查理·路易·孟德斯鸠和大卫·休谟。孟德斯鸠和休谟对麦迪逊政治理论的影响极为复杂，这种复杂影响将在本书中逐渐阐述。本节主要讨论这种影响最重要的方面。孟德斯鸠对麦迪逊最重要的影响，是提供了三权分立和联邦主义这两大理论支柱；休谟对麦迪逊最重要的影响，是提供了一种消除党争的完美大共和国的重要理论。

（一）孟德斯鸠：三权分立、联邦主义及其他

麦迪逊在其政治理论发展的第一阶段，最关切的是如何为美国设计一种更好的政治制度。经过慎重思考之后，他在这个阶段基本上全盘照搬了孟德斯鸠的设计，为美国选择了三权分立和联邦主义的结构。横向的三权分立，加上纵向的联邦主义，构成了现代美国政治制度的基本骨架。但麦迪逊也因地制宜，对孟德斯鸠的最初设计做了一些小的调整。

第一，麦迪逊继承了孟德斯鸠的三权分立理论。今天公认是孟德斯鸠

提出了三权分立理论。① 孟德斯鸠是根据当时的英国政体提出三权分立理论的。他认为英国政体的目的是"政治自由"。② 他进一步解释说，"政治的自由是要有安全，或是至少自己相信有安全。"③ 孟德斯鸠所设想的三权分立政府是不参与任何积极的经济建设的政府，是与工商业活动严格分离的政府，是以人民安全为唯一目标的政府。因为政府除了保障人民的安全没有其他目的，所以它的规模应该很小。孟德斯鸠甚至认为，它的规模应该小到没有固定人员、固定任期的法院。④ 这样一个目的单一、规模很小的政府，还应该采取三权分立的体制。孟德斯鸠经典地表达了实行三权分立体制的理由："当立法权和行政权集中在同一个人或同一个机关手中，自由便不复存在了；因为人们将要害怕这个国王或议会制定暴虐的法律，并暴虐地执行这些法律。"⑤ "如果司法权不同立法权和行政权分立，自由也就不存在了。如果司法权同立法权合而为一，则将对公民的生命和自由施行专断的权力，因为法官就是立法者。如果司法权同行政权合而为一，法官便将握有压迫者的力量。"⑥ 孟德斯鸠相信，这种三权分立的体制将能够很好地保障其人民的自由和安全。

麦迪逊完整地承继了孟德斯鸠的理论思考。他坚持认为政府的目的是有限的，不应该深度干预经济。他坚持严格解释宪法，认为联邦政府不应该干涉经济运行。他反对建立国家银行的提案，也否决了旨在发展经济的《红利法案》。⑦ 麦迪逊所参与设计的美国早期政治制度，基本不干涉经济生活，目的以保障人民的安全为重。也正如查尔斯·梅里亚姆所总结的，在早期阶段，美国政府的目的仅仅被设想为消极地保护公民的人身和财产安全。⑧ 这样一个目的有限的政府，自然同样应该是规模很小的政府。麦

---

① 〔丹麦〕莫恩斯·赫尔曼·汉森：《混合宪制与三权分立：现代民主的君主制与贵族制特征》，《经济社会体制比较》2012 年第 2 期，第 103 页。
② 〔法〕孟德斯鸠：《论法的精神（上册）》，张雁深译，商务印书馆，1959，第 184 页。
③ 〔法〕孟德斯鸠：《论法的精神（上册）》，张雁深译，商务印书馆，1959，第 223 页。
④ 〔法〕孟德斯鸠：《论法的精神（上册）》，张雁深译，商务印书馆，1959，第 187 页。
⑤ 〔法〕孟德斯鸠：《论法的精神（上册）》，张雁深译，商务印书馆，1959，第 185 ~ 186 页。
⑥ 〔法〕孟德斯鸠：《论法的精神（上册）》，张雁深译，商务印书馆，1959，第 185 ~ 186 页。
⑦ 叶凡美：《詹姆斯·麦迪逊总统对〈红利法案〉的否决》，《史学月刊》2008 年第 7 期，第 82 ~ 87 页。
⑧ 〔美〕梅里亚姆：《美国政治学说史》，朱曾汶译，商务印书馆，1980，第 33 页。

迪逊在担任国务卿期间与托马斯·杰斐逊一起削减了政府的规模。而美国国家的规模在早期也一直非常之小。① 因此，可以说麦迪逊完整继承了孟德斯鸠设计有限目的的三权分立的小政府的理论，并依据此对美国联邦政府的横向结构做了设计。

第二，麦迪逊继承了孟德斯鸠的联邦主义理论，并对其做了调整。孟德斯鸠不仅是三权分立理论的提出者，而且也是现代联邦主义的政治理论的最早也是最重要的设计者之一。孟德斯鸠设计联邦主义的理论，是为了解决人类普遍而永恒的一个政治问题，也就是如何避免专制主义的问题。他研究了人类的整个政治发展进程，得出了重要结论："要是人类没有创造出一种政制，既具有共和政体的内在优点，又具有君主政体的对外力量的话，则很可能，人类早已被迫永远生活在单人统治的政体之下了。"② 这种具有双重优点的政制是联盟共和国，而一个普世性的君主国必然是一种普世性的专制主义政体。③ 亦即在孟德斯鸠看来，人类最终只有两条路可走：一条通往普遍的专制主义；另一条通往他所欣赏的联盟共和国。因此，为了避免整个世界像孟德斯鸠所担心的那样堕入专制主义，一个共和国的联盟必须被建立起来。

孟德斯鸠的联邦主义理论和三权分立理论并非分离存在，而是紧密地构成一个整体。孟德斯鸠相信，三权分立的政体长久存在，以共和国联盟的存在为前提。孟德斯鸠认为，一个共和国如果不能和其他共和国形成联盟，那么它或者将被其他国家消灭，或者将被迫先发制人去扩张。孟德斯鸠精研罗马史，看到罗马这样一个扩张的共和国最终将导致普遍的专制主义。因此，共和国联盟是三权分立的政体长久存在的前提。

麦迪逊同样继承了孟德斯鸠的联邦主义理论。麦迪逊参与著作的《联邦党人文集》第二到第十篇说明，为了维护和平避免战争，有必要建立联邦共和国。

第三，麦迪逊还继承了孟德斯鸠政治理论的其他一些重要方面，包括商业共和国和最低限度的政治参与等。孟德斯鸠的三权分立政府是属于商业共和国的。邦雅曼·贡斯当，作为孟德斯鸠的忠实读者，扼要重述了孟

---

① 〔美〕迈克尔·曼：《社会权力的来源：第2卷》，陈海宏等译，上海人民出版社，2007。
② 〔法〕孟德斯鸠：《论法的精神（上册）》，张雁深译，商务印书馆，1959，第154页。
③ 〔法〕孟德斯鸠：《论法的精神（上册）》，张雁深译，商务印书馆，1959，第160页。

德斯鸠这方面的关键思想："战争与商业只不过是实现同一目标的两个不同手段——这个目标就是得到自己欲求的东西。"① 人们不可避免地要追逐财富，因此共和国依追逐财富的手段的不同而分为两类：商业共和国和军事共和国。② 军事要求命令统一，军事共和国无法容忍三权分立。孟德斯鸠在英国这个现代商业共和国中发现了三权分立政体，这并非偶然。麦迪逊所设计的三权分立政府正是与商业社会互为表里。戴蒙德解释《联邦党人文集》，看到麦迪逊的起点是寻找解决民主政体问题的方案，而他最后做的是想象和帮助创造一个广大的、商业性的、民主的共和国。③ 而达尔看到，麦迪逊对美国这样一个大共和国之下人们将分化为各种较小的利益集团的估计是正确的，他所设计的这种政治制度很好地适应了这种社会背景。④

麦迪逊同样继承了孟德斯鸠的最低限度的政治参与的思想。孟德斯鸠认为，三权分立的政体之下只应该有最低程度的政治参与。孟德斯鸠批评人民根本不适合参与政治，"人民的性格是依感情而行动"⑤，"人民是依热情而不是依计划行动的"⑥。缺乏理性、做事无计划的人民应该尽可能少地参与政治行动，他们应该做的事情是非常少的。事实上，孟德斯鸠认为，人民的政治参与应该仅仅限于一件事情："他们参与政府应当只是选举代表而已，这是十分适合他们的能力的"⑦。麦迪逊所参与设计的三权分立的政体之下，同样只有最低程度的政治参与。《联邦党人文集》将人民的参与排除在政治之外。正如桑德尔所解释的，"在麦迪逊看来，允许利益团体进入体制的理由并不是要让利益团体来统治，而是要解除利益团体的力量，让利益团体打成平手，这样无私的政治家才可能不受利益团体的妨碍

---

① 〔法〕邦雅曼·贡斯当：《古代人的自由和现代人的自由》，阎克文、刘满贵译，冯克利校，上海人民出版社，2005，第35页。

② 〔法〕孟德斯鸠：《论法的精神（上册）》，张雁深译，商务印书馆，1959，第56页。

③ Martin Diamond, "Ethics and Politics: The American Way," in *The Moral Foundations of the American Republic*, ed. Robert Horwitz. Charlottesville, VA: University Press of Virginia, 1986, pp. 84-98.

④ 〔美〕罗伯特·达尔：《民主及其批评者》，曹海军、佟德志等译，吉林人民出版社，2006，第318页。

⑤ 〔法〕孟德斯鸠：《论法的精神（上册）》，张雁深译，商务印书馆，1959，第14页。

⑥ 〔法〕孟德斯鸠：《论法的精神（上册）》，张雁深译，商务印书馆，1959，第16页。

⑦ 〔法〕孟德斯鸠：《论法的精神（上册）》，张雁深译，商务印书馆，1959，第189页。

地实行统治。"① 国家将由启蒙了的政治家统治，其他人将被排除在政治之外。麦迪逊的理论与孟德斯鸠的理论在细节上有许多不同，但总的精神和整体框架是极为一致的。表1-1总结了麦迪逊对孟德斯鸠政治理论的继承与调整。

表1-1　麦迪逊对孟德斯鸠政治理论的继承与调整

主题	孟德斯鸠的政治理论	麦迪逊的政治理论
政府的横向结构	联盟共和国	联邦共和国
共和国的性质	商业共和国	与商业社会互为表里
政府的目的	安全	以保障安全为重
政府的规模	很小	很小
政府的纵向结构	三权分立	三权分立
人民的政治角色	仅限于选举代表	最低限度的政治参与

　　总之，孟德斯鸠给出了一个关于人类永恒政治问题的一个总体解决方案。这个解决方案首先是建立一个联盟共和国。在这个联盟共和国的整体框架之下，孟德斯鸠又反对罗马等军事共和国，而偏爱雅典和英国等商业共和国。孟德斯鸠还认为，此类商业共和国的政府应该以安全为唯一目的，同时政府的形式应该是三权分立。政府应该是很小的，而政治参与的程度应该很低。

　　麦迪逊在为美国设计政治制度的时候，完整地接受了孟德斯鸠的这个理论框架，只是在细节上略有调整。这个理论框架构成了麦迪逊政治理论的主体部分。本书第四章将指出，麦迪逊在建国之后，由于政治实践的发展，而极大地修改了他最初从孟德斯鸠那里接受过来的这种政治理论。

　　而且，由于孟德斯鸠考虑的是小共和国，不符合美国的实际情况，因此麦迪逊需要休谟的大共和国理论作为补充。

---

① 〔美〕迈克尔·桑德尔：《民主的不满：美国在寻求一种公共哲学》，曾纪茂译，刘训练校，江苏人民出版社，2008年，"前言"，第154页。

（二）休谟：立法者与无党争的完美共和国

麦迪逊对休谟政治理论的直接继承，在今天由于道格拉斯·阿代尔的杰出工作已经为所有研究麦迪逊的学者所熟知。[①] 阿代尔指出，休谟的重要性，在于克服了传统政治理论中的一个重要偏见，亦即共和制政体只能在小国家中实现。这种偏见看来得到了孟德斯鸠和卢梭等几乎所有重要政治理论家的支持，因此，当麦迪逊等人试图在美国这样一个大国家建立共和制政治制度的时候，非常依赖于休谟的创新理论。阿代尔看到，麦迪逊对休谟所言的党派之争的危害非常认可（相反，马基雅维利和孟德斯鸠并不期望消灭党争），在《联邦党人文集》中直接使用了休谟关于如何建立一个无党争大共和国的思考。

本书赞同阿代尔的主要论点，但是认为需要对阿代尔的论点做两点修正。

首先，需要更全面地审视休谟关于党派的论证。阿代尔对休谟的处理是选择性的，将休谟政治理论中的要素割裂于其整体来加以处理。阿代尔这样做，可能是他认为休谟的多篇政治论文并不构成一种完整的政治理论，并且认为休谟对麦迪逊的影响主要来自那些"散落的政治格言"[②]。然而，休谟的多篇政治论文是遵循着严格的逻辑组织起来的，休谟对麦迪逊的影响不仅是在某些论点和大共和国这个论题上，而且是更为全面复杂的，需要深入研究。

其次，阿代尔研究了麦迪逊在《联邦党人文集》中对休谟理论的接受，但没有关注麦迪逊在建国后于《国民公报》发表的系列文章中对休谟理论的背离。麦迪逊最初追随休谟，相信建立一个无党争的完美共和国是可能的，但是在建国之后很快发现美国迅速进入了两党斗争的局面。麦迪逊在发现党争无法避免之后，被迫在很大程度上重构了自己的政治理论，

[①] 〔美〕道格拉斯·阿代尔：《"政治或可化约为一种科学"：大卫·休谟、詹姆斯·麦迪逊和〈联邦主义文集〉第十篇》，陈舒婕、韩亚栋译，《政治思想史》2010 年第 4 期，第 177~190 页。

[②] 〔美〕道格拉斯·阿代尔：《"政治或可化约为一种科学"：大卫·休谟、詹姆斯·麦迪逊和〈联邦主义文集〉第十篇》，陈舒婕、韩亚栋译，《政治思想史》2010 年第 4 期，第 183 页。

而重构的一个关键方面就是背离休谟转向孟德斯鸠（本书第四章第一节将对这一转变进行详细阐释）。因此，需要重新评估休谟对麦迪逊影响的重要性。本小节以下将分别就这两方面加以论述。

麦迪逊继承了休谟的整体理论思考。麦迪逊所面对的主要任务是为一个新国家立法，他的政治理论是一种如何立法的政治理论。由于早年所受的教育，麦迪逊在思考立法问题的时候，自然地转向了休谟的以立法为中心的政治科学。考察休谟的立法观，可以让我们对麦迪逊的立法观有一个总体印象。休谟在有关立法的古老的政治科学的传统中，是一个承前启后的重要人物。休谟极好地陈述了这一传统的核心观点。休谟认为，立法者应该得到最高的荣誉："在所有杰出的留有难忘成就的人物中，首要荣誉看来应属于立法者和国家的缔造者"①。而立法者之所以应该得到尊重，是"因为他们为保障后代的安宁、幸福和自由，留下了法律制度和政治体制"②。休谟相信，好的法律和政治体制对其公民的幸福是至关重要的：

> 大家知道，人们的幸福与其说在于这些物品的丰裕，不如说在于能否在安宁和安全中享有这些物品；而安宁和安全只能来自于好的政体。更不必说一个国家的公众幸福所必需的社会道德和良好风气绝不可能来自于最美好的哲理箴言，甚至也不能来自于最严格的宗教戒律；它必然只能来自对青年的道德教育，来自于明智的法律和政治体制。因此，在这个具体问题上我必须肯定自己与培根爵士有不同看法，我不能不认为古人颁授荣誉有些不公，他们将所有的有益的发明者（诸如西里斯、贝克士和艾斯库雷普）都封为神，而对于一些立法者，诸如罗米拉斯和提修斯，却只授予半神和英雄的尊称。③

亦即在休谟看来，好的立法者应当在人世间享有神明一样的荣誉，这些"立法者不应将一个国家未来的政体完全寄托于机会，而应提供一种控制公共事务管理机构的法律体系，传之子孙万代"④。这种控制公共事务管

---

① 〔英〕休谟：《休谟政治论文选》，张若衡译，商务印书馆，2010，第38页。
② 〔英〕休谟：《休谟政治论文选》，张若衡译，商务印书馆，2010，第38页。
③ 〔英〕休谟：《休谟政治论文选》，张若衡译，商务印书馆，2010，第38页。
④ 〔英〕休谟：《休谟政治论文选》，张若衡译，商务印书馆，2010，第13页。

理机构的固定的法律体系，将成为祖先传给子孙后代的最佳遗产："种何因必得何果，贤明的律令在任何共和国中都是足以留传后代的最可宝贵的遗产。在最小的法庭和机关中，人们发现，按照固定的形式和方法处理事务较能防止人性的自然蜕化。为什么公共事务不能照此办理呢？"①

休谟关于立法者工作的重要性的以上论述，自然会深刻影响麦迪逊对自己所从事的立法事业的看法。休谟对麦迪逊的影响，不仅在于上述评论，而且也在于指出，立法者应该站在一种非党派性的立场上来工作。在后面这一点上，休谟继承了亚里士多德、马基雅维利和孟德斯鸠等人的伟大传统。亚里士多德力图摆脱对立党派的偏颇立场，马基雅维利通过《君主论》和《李维史论》的写作表明他并不偏向君主制或共和制，而孟德斯鸠则极力表明自己绝非一个党派分子。②

休谟对传统政治科学这一非党派立场的继承，必须通过对休谟政治著作的整体分析才能揭示出来。首先要指出的是，休谟作为一个为英国读者写作的英国作者，几乎只关心英国的现实政治问题。对休谟来说，英国的基本政治事实是共和派与君主派的党派斗争。③面对这一事实，休谟和麦迪逊一样，严厉谴责党派的危害：

> 正如立法者和国家缔造者应当在人们中间享有荣誉并受到崇敬一样，派别的创建者却应当受到蔑视和憎恨，因为派别的作用恰和法律相反。派别损害政体，瘫痪法律，在同一民族的人们中间造成强烈的敌意，而同一民族的人本来是应当互相帮助、互相保护的。更为令人憎恨的是，这些党派创始人所种下的野草一旦在任何国家生根，就极难铲除。它们自然繁殖并延续许多个世代之久，总是要到它所植根的政体整个垮台方告终结。这种野草在最肥沃的土壤中生长最茂盛，即使专制政体也不能摆脱它们。但必须承认，在自由政体中它们最易生长，繁殖最快，而且常常侵染立法机构本身，而要铲除它们却又只有

----

① 〔英〕休谟：《休谟政治论文选》，张若衡译，商务印书馆，2010，第13页。
② 〔古希腊〕亚里士多德：《政治学》，颜一、秦典华译，中国人民大学出版社，2003。〔意〕马基雅维利：《君主论·李维史论》，潘汉典、薛军译，吉林出版集团有限责任公司，2011；〔法〕孟德斯鸠：《论法的精神（上册）》，张雁深译，商务印书馆，1959。
③ 休谟几乎每一篇政治论文都是围绕此基本事实而展开的。〔英〕休谟：《休谟政治论文选》，张若衡译，商务印书馆，2010，第39页。

立法机构坚决反对，赏罚兼施，才能奏效。①

英国作为当时欧洲著名的自由国家，也深受党派之争所害，对光荣革命、克伦威尔与王室复辟记忆犹新。这种党派之争应该加以反对，但是休谟通过分析历史发现，人类"天生强烈倾向于分成派系"②。虽然他自己"不愿自己隶属于任一党派体系"③，但是显然不可能改变当时英国两党对立（先是宫廷党和民权党，在光荣革命后又是托利党和辉格党）的情况。休谟所要做的，是探索一种能包容党派存在的非党派政治科学的可能性："那些不怀党派敌意和党派成见、执笔论述政治问题的人，正在建立一门科学，这门科学对于公众利益贡献极大，而且可使那些钻研它的人获得个人满足。"④

休谟强调了建立这样一门包容党派的非党派性政治科学的困难，并剖析了前人对一些重要事实的无知以及所犯的一些错误。休谟特别在《论原始契约》一文中对辉格党的官方政治科学亦即由洛克完善的现代社会契约论大加批判。⑤ 休谟从历史与哲学等角度对社会契约论做了毁灭性的批判，他得出的结论极为严厉："一种道德推理，除了在我们这一个王国之外，其主张竟与世界各地人类的普遍实践南辕北辙，它究竟能有多少权威，实易结论。"⑥ "如果直到最近几乎没有人曾经想象政府是建立在契约之上的，可以肯定，总的说来，政府不会有这样的基础。"⑦ 在摧毁了辉格党的官方意识形态之后，休谟继续在《论惟命是从》一文中又摧毁了托利党的官方意识形态。⑧

休谟摧毁了两党的意识形态，但是无法摧毁两党本身："企图消除自由政体中各个政党之间的一切差别，也许是不能实现的，甚至并不可取。"⑨ 一种非党派的政治科学只能承认现实、亦即承认政党的存在，同时在此基础之上对现状加以改进。休谟看到，两党的对立并不一定会导致什

① 〔英〕休谟：《休谟政治论文选》，张若衡译，商务印书馆，2010，第39页。
② 〔英〕休谟：《休谟政治论文选》，张若衡译，商务印书馆，2010，第40页。
③ 〔英〕休谟：《休谟政治论文选》，张若衡译，商务印书馆，2010，第52页。
④ 〔英〕休谟：《休谟政治论文选》，张若衡译，商务印书馆，2010，第54页。
⑤ 〔英〕休谟：《休谟政治论文选》，张若衡译，商务印书馆，2010，第119~138页。
⑥ 〔英〕休谟：《休谟政治论文选》，张若衡译，商务印书馆，2010，第137页。
⑦ 〔英〕休谟：《休谟政治论文选》，张若衡译，商务印书馆，2010，第138页。
⑧ 〔英〕休谟：《休谟政治论文选》，张若衡译，商务印书馆，2010，第139~142页。
⑨ 〔英〕休谟：《休谟政治论文选》，张若衡译，商务印书馆，2010，第143页。

么危险后果。休谟举例说明："几年前在摩洛哥白人与黑人之间发生内战仅仅是由于他们的肤色不同。这是一种可笑的分歧，我们嘲笑他们。"① 休谟对这种愚行做了绝妙的嘲讽："两个人同在一条大路上行走，一人向东，另一人向西，如果道路够宽的话，两人可以顺利走过对方。"② 两个人皮肤颜色不同尽可以各自安享自己的生命，这样莫名其妙地诉诸武斗简直是疯狂。在休谟看来，英国人的党派斗争比摩尔人的还更加可笑："可是如果确切考察一下，我相信我们自己比摩尔人更为可笑。"③ 这种可笑在于党争双方坚持荒谬的原则——休谟在前述论文中证明了辉格党和托利党所坚持的原则有多么荒谬。休谟指出，这是一种现代独有的荒谬："从原则分歧产生的，特别是从一些抽象理论原则分歧产生的党派，只有现代才有，这或许是人类事务中迄今为止出现的最奇特最难说明的现象。"④ 这种荒谬以前在整个人类历史上从来没有存在过，以后也不应该继续存在。

休谟在其《谈政党的联合》一文中说明，这种因坚持原则而无法妥协的危险的政党对立在理论上可以消除，在现实中也已经在减弱："不过近来已经显现了极其强烈的迹象，表明人们普遍希望消除这些政党分歧，这种联合的趋势对于未来的幸福提供了最美好的前景，每个爱国之士均应珍惜和促进这种趋势。"⑤ 政党之间的原则分歧可以消除：可以"支持稳健的意见，寻求所有争执的合理折中方案，说服每方相信其对方有时也可能是对的，对于双方的褒贬亦需保持平衡"⑥。休谟认为，辉格党和托利党的要求在现行体制下都可以得到满足，正如在一条大路上两个人可以分别东西而行一样："人民对权利的要求仍然可以保持适当尊重君主、贵族以及一切古老的制度。"⑦ 也就是说，休谟的无党派政治科学所支持的是一种混合了君主、贵族与平民的正当要求的有限君主制的混合政体。⑧ 休谟在这种现实可行的政体之外还构想了一种最完美的理想政体，并在《关于理想共

---

① 〔英〕休谟:《休谟政治论文选》，张若衡译，商务印书馆，2010，第41页。
② 〔英〕休谟:《休谟政治论文选》，张若衡译，商务印书馆，2010，第42页。
③ 〔英〕休谟:《休谟政治论文选》，张若衡译，商务印书馆，2010，第41页。
④ 〔英〕休谟:《休谟政治论文选》，张若衡译，商务印书馆，2010，第42页。
⑤ 〔英〕休谟:《休谟政治论文选》，张若衡译，商务印书馆，2010，第143页。
⑥ 〔英〕休谟:《休谟政治论文选》，张若衡译，商务印书馆，2010，第143页。
⑦ 〔英〕休谟:《休谟政治论文选》，张若衡译，商务印书馆，2010，第149页。
⑧ 〔英〕休谟:《休谟政治论文选》，张若衡译，商务印书馆，2010，第172页。

和国的设想》一文中描述了其具体制度安排。① 这个完美共和国的特征在于，"一旦建立却易于保持稳定和统一，不易发生混乱和分裂。"② 也就是说，英国政体中固有的两党斗争在这个完美共和国中将不复存在。

如图 1-1 所示，休谟将两党斗争（有时甚至发展为内战）视为英国的基本政治制度，并对其做出了两步改进：第一步，改进为有温和党派斗争的有限君主制的混合政体；第二步，改进为消除党派斗争的完美共和国。正如阿代尔等人所指出的，麦迪逊在《联邦党人文集》之中，大体上依循了休谟的论证逻辑，但是由于否定君主制而考虑共和制，所以没有考虑温和党争的混合君主制的政治制度。这相当于省略了休谟的第一步改进，而直接走向消除党争的完美共和国。可悲的是，麦迪逊在立宪之后的政治斗争中很快认识到美国远远不是一个完美的共和国。美国实际上重蹈了古代共和国和现代君主国英国的覆辙，变成了一个党争激烈而危险的国家。

麦迪逊对休谟政治理论的继承，以及这种继承的局限如图 1-1 所示。

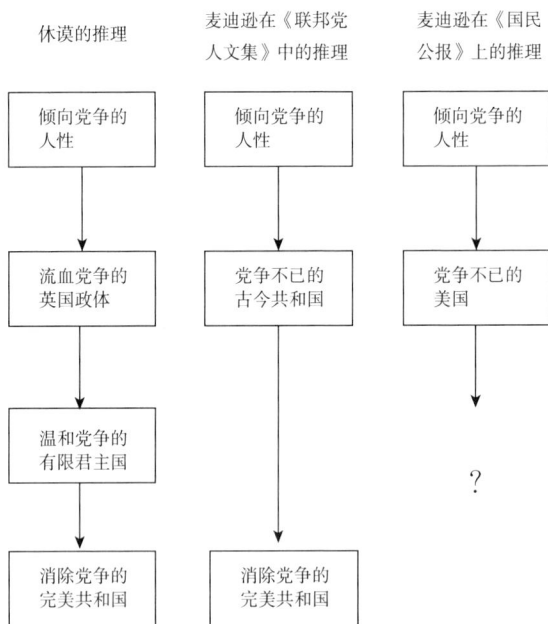

图 1-1　麦迪逊对休谟政治理论的继承

① 〔英〕休谟：《休谟政治论文选》，张若衡译，商务印书馆，2010，第 160~174 页。
② 〔英〕休谟：《休谟政治论文选》，张若衡译，商务印书馆，2010，第 173 页。

可以清晰地看到，麦迪逊在《联邦党人文集》时期，追随休谟的理论，试图建立一种消除党争的完美共和国。麦迪逊实践休谟理论的努力在建国之后很快遭受了重大挫折：美国的政治，从那时一直到21世纪的现在，都以两党斗争为特征。麦迪逊不得不在一系列发表于《国民公报》的论文中重新思考，应该如何处理党争不已的美国现实政治？休谟对这一思考帮助有限，麦迪逊最终不得不超越休谟，做出自己的理论创新。本书第四章将深入研究麦迪逊的这种理论创新。

二　影响麦迪逊的理论思潮

本章上一节旨在说明，孟德斯鸠和休谟已经为麦迪逊提供了他在《联邦党人文集》时期也就是为美国设计一部新宪法的时期，所需要的整体理论框架。美国的宪法及其所确立的政治制度，也正是在这一框架上建立起来的。尽管如此，孟德斯鸠和休谟并没有为麦迪逊提供他的政治理论所包含的全部要素。

麦迪逊在得益于孟德斯鸠和休谟的理论框架的同时，还得益于古典共和主义、现代自由主义和（主要发生在法国的）启蒙运动这三种重要的政治思潮。这三种政治思潮，都没有像孟德斯鸠和休谟那样直接对麦迪逊指明，美国应该建立什么样的政治制度。但是这三种思潮为麦迪逊提供了其他许多思想养料，促使麦迪逊的政治理论变得丰满，并且在麦迪逊的政治理论从第一个阶段到第二个阶段的发展过程中，发挥了重要的作用。

（一）古典共和主义

在共和主义于美国史领域和当代政治哲学领域"复兴"以来，学者们已很少争论古典共和主义对麦迪逊等建国者的影响是否存在，但是对这种影响的性质和程度有巨大的分歧。[①] 本书认为，分析麦迪逊政治理论，可

---

① 〔澳〕菲利普·佩迪特：《共和主义：一种关于自由与政府的理论》，刘训练译，江苏人民出版社，2005；〔美〕托马斯·潘格尔：《"古典共和主义"与美利坚立国：一项批判》，宗成河译，载任军锋主编《共和主义：古典与现代》，上海人民出版社，2006，第65~90页。

以看到，麦迪逊政治理论的主体，包括三权分立、联邦主义和无党争共和国，都是古典共和主义所不知的。而且，麦迪逊也并不认为共和制政治制度必须建立在共和主义的政治理论的基础之上。麦迪逊作为不倦的历史研究者，清楚地知道，罗马共和制度的出现先于罗马共和理论数百年。因此，认为共和制度建立在共和理论的基础之上岂非荒谬？并且，现代共和理论的最初形成往往以"马基雅维利时刻"知名，但是马基雅维利最重要的共和主义理论著作《李维史论》是对罗马共和制度的研究。因此，说现代共和理论建立在古代共和制度的基础上可能还更顺理成章一点。麦迪逊可能从未有过这种奇怪的颠倒想法，即将美国新政治制度建立在自己的新共和主义政治理论的基础之上。因此，古典共和主义对麦迪逊政治理论，并不存在整体意义上的根本影响。

然而，分析对麦迪逊政治理论的要素，可以看到，古典共和主义对麦迪逊政治理论的影响也不容忽视。本书认为，麦迪逊的政治理论受到了古典共和主义在以下三个方面的重大影响。

第一，对共和主义政体的一般性支持。正如佩迪特在其《共和主义》一书中所刻画的，由于罗马共和国的扩张及其帝国转型，共和制度及与其伴随的共和主义在西方衰落达千年以上。直到近代意大利小共和国兴起、马基雅维利等共和主义理论家的著作出版，共和制度和共和主义才成为重要的政治力量。共和制和君主制的制度评析与选择，也随之在现代早期成为政治辩论的主要问题。① 在美国革命中，一个不容回避的首要问题，是继续使用英国的君主政体，还是建立全新的共和政体。麦迪逊自身的政治理论是在这一争论之中形成的，也带上了这种争论的深重痕迹。在君主制和共和制之间，麦迪逊一开始就毫不犹豫地选择站在共和制一边。② 麦迪逊对共和制的这种忠诚一直没有改变：在其参与撰写的《联邦党人文集》的相关篇目中，麦迪逊极力为新制度的共和主义性质辩护；在建国之后的政治生涯中，麦迪逊创立的政党被称为共和党；在担任国务卿和总统期间，麦迪逊对经历了共和革命的法国保持好感，而对君主制的英国发动了

---

① 〔澳〕菲利普·佩迪特：《共和主义：一种关于自由与政府的理论》，刘训练译，江苏人民出版社，2005。

② James Madison. To William Bradford, Jr. Gaillard Hunt. ed. *The Writings of James Madison*, Vol. 1. New York: G. P. Putnam's Sons, 1900, p. 19.

战争。

第二，对德性的强调。对德性的看重是麦迪逊、华盛顿、杰斐逊等整整一代美国建国者从古典共和主义中所吸取的共同营养。正如森斯坦所相信的：

> ［美国宪法的］起草者们并没有摒弃传统共和主义对于商议性政府和公民德性必要性的信念。首先，而且可能最为重要的是，起草者们强调他们的制度有可能吸引和产生具有与共和主义的公民相联系的德性的代表。尤其是，麦迪逊的代表观念吸纳了传统共和主义思想的重要特征。因此，《联邦党人文集》的第十篇强调大型共和国获得超越于选民压力的争端之上的具有公共精神的代表的能力。①

强调德性的共和主义不仅体现在美国建国者们的政治理论和政治制度中，而且也体现在他们自己身上。戈登·伍德刻画美国建国的一代领袖，"美国历史上没有任何一代人像他们那样自觉地意识到公众领袖所需的道德观念和社会价值观"。"尽管亚当斯的做法有些特殊，但是古典的共和原则在革命领导人中产生的作用是十分强烈的。正如戴维·汉弗莱斯一样，他们相信美国革命重新恢复了古老的美德"。尤其对华盛顿而言，"只有了解他如何注重自己作为品德高尚的领导人的名声，我们才能理解他在1783年之后的许多所作所为"。"华盛顿不懈地努力，要按照古典的共和领袖的理想去生活"。②

对共和主义德性的强调，改变了对麦迪逊等人的意图和理论的传统看法。桑德尔认为：

> 尽管开国先贤修正了古典共和主义的观念，但宪法制定者在两个重要方面坚持了共和主义的理想。首先，他们仍然相信有德者应该统治，而且政府应该以超越私人利益总和之上的共同善为目标。第二，

---

① 〔美〕凯斯·森斯坦：《超越共和主义复兴》，应奇译，应奇、刘训练等编《公民共和主义》，东方出版社，2006，第292页。

② 〔美〕戈登·伍德：《美国革命的激进主义》，傅国英译，北京大学出版社，1997，第203、209、213、216页。

他们没有放弃共和政治塑造公民的志向，没有放弃培育特定类型的公民与政府利害相关这一概念。①

桑德尔更仔细地分析《联邦党人文集》第十篇，发现：

> （有德性者统治）这一目标把麦迪逊与现今借用他名字的利益团体多元主义区别开来。在麦迪逊看来，允许利益团体进入体制的理由并不是要让利益团体来统治，而是要解除利益团体的力量，让利益团体当成平手，这样无私的政治家才可能不受利益团体的妨碍实行统治。凭借建立幅员广阔的共和国，容纳"多种党派和利益"的理由不是为了更接近人民的一致，而是为了增大这些不同的利益相互抵消的可能性，这就让明智的政治家能够摆脱这些利益。②

正如戈登·伍德所指出的，麦迪逊"想要这样一个政府，它将像一个无偏私的法官、无感情的裁判那样行动，在社会中多样的利益间进行裁夺"③。

第三，对一个农业共和国的偏爱。麦迪逊一开始并没有像华盛顿等人那样表现出对农业的很大兴趣，也并没有表示要建立一个农业的共和国。麦迪逊对农业共和国的偏爱，是在建国后与联邦党的激烈政治斗争中逐渐形成的。联邦党代表了美国东北部的工商金融业的利益，麦迪逊对抗性地提出了自己对一个农业共和国的美国未来的设想。在工业革命、城市化进程即将到来的19世纪早期，麦迪逊的这一向往无疑具有十分浓重的乌托邦幻想性质。古典共和主义对有德性的农业共和国的论述，是麦迪逊产生这种怀旧幻想的主要推动力之一。麦迪逊并没有真正试图把这种幻想付诸实践，但对农业共和国的偏爱仍然构成了他第二阶段政治理论的重要部分。

---

① 〔美〕迈克尔·桑德尔：《民主的不满：美国在寻求一种公共哲学》，曾纪茂译，刘训练校，江苏人民出版社，2008，第153~154页。
② 〔美〕迈克尔·桑德尔：《民主的不满：美国在寻求一种公共哲学》，曾纪茂译，刘训练校，江苏人民出版社，2008，第154页。
③ Gordon S. Wood, "Is There a 'James Madison Problem'?" in *Liberty and American Experience in the Eighteenth Century*, edited and with an Introduction by David Womersley, Indianapolis: Liberty Fund, 2006, p.437.

古典共和主义对麦迪逊政治理论这一方面的影响，既是有限的、阶段性的，也是十分重要的。本书第四章将详细讨论这一问题。

第四，科琳·席汉认为，共和主义对麦迪逊政治理论的影响还体现在对教育的重视上。席汉认为，从共和主义角度，公民的教育是一个重要主题，因此强调公民教育的麦迪逊就被看成一个亚里士多德主义的共和主义者。[①] 但是像奥巴马和米特·罗姆尼这样的当代政治家也把教育看成政治中最重要的问题之一。[②] 我们并不能由此推论说奥巴马和罗姆尼也是亚里士多德式的共和主义者。我们只能认为，麦迪逊重视教育，是因为教育确实重要，而不是因为他是个亚里士多德式的共和主义者。古典共和主义对麦迪逊政治理论的影响，主要在于以上所指出的忠诚于共和制度、重视德性和在一定时期内向往传统农业共和国这三个方面。

（二）现代自由主义

影响麦迪逊的另一种重要理论思潮是现代自由主义。

18世纪还没有自由主义这样的词语，自由主义这一概念是在19世纪初期才于欧洲产生的，因此，说自由主义影响了麦迪逊的政治理论在时代上并不十分确切。本节所要探讨的，实际上是被后世总结概括为自由主义的那种早期政治理论，对麦迪逊政治理论的影响。

麦迪逊思想中有着明显的自由主义成分。事实上，路易斯·哈茨认为，美国一直是一个自由主义的社会，甚至，"美国社会已表明是这种自由主义观念的一个成就"[③]。因此，麦迪逊的政治理论自然也就被归入自由主义的传统中了。不过，随着共和主义解释的兴起，将麦迪逊的政治理论

---

① Colleen A. Sheehan, "The Politics of Public Opinion: James Madison's 'Notes on Government'," *The William and Mary Quarterly*, Vol. 49, No. 4 (1992), p. 623.

② 〔美〕巴拉克·奥巴马：《无畏的希望：重申美国梦》，罗选民、王璟、尹音译，法律出版社，2008，第111~115页；〔美〕米特·罗姆尼：《无可致歉》，白涛译，法律出版社，2012，第189~215页。

③ 〔美〕路易斯·哈茨：《美国的自由主义传统》，张敏谦译，中国社会科学出版社，2003，第14页。

径直视为自由主义的已经不再可能。① 但是，麦迪逊政治理论中的自由主义因素仍然不可忽略。② 分析麦迪逊的政治理论，可以看到这种影响主要在于以下三个方面。

第一，宗教自由和政教分离。麦迪逊第一个重要的政治成就，是在弗吉尼亚确立了宗教自由和政教分离的政治制度。③ 麦迪逊终其一身都忠实地守护宗教自由和政教分离的政治理想。麦迪逊所推动通过的《权利法案》第一条，也就是美国宪法修正案的第一条，就是确保政府不得立法建立宗教（政教分离）和不得干涉宗教自由。广泛的宗教自由和严格的政教分离是现代才出现的政治现象。麦迪逊政治理论中的这一要素，无法追溯到古典共和主义，而只能被认为是现代自由主义的成就。

第二，强调财产权的重要性。麦迪逊将财产权置于其政治理论的核心地位："政府是被设立（is instituted）来保护每一种财产的；既保护通常所指的那种财产，也保护可以被认为是个人财产的各种权利。这正是政府的目的。一个政府，只有当公平地保障每一个人自己的所有物时，才是一个正义的（just）政府。"④ 麦迪逊在此将言论自由等权利也视为个人的财产，与对财产权的通常理解不同。但是他无疑也视保护通常所理解的那种财产权为政府最重要的目的之一。与对财产权的重要性的极力强调相应，政府的目的也被视为消极的、保护性的，而非积极的有权广泛干预经济社会生活的。

麦迪逊政治理论中的这一要素，同样不能追溯到古典共和主义，而只能认为是受到了现代自由主义的影响。不过，需要澄清的是，这里所称的自由主义，与其说是某些理论家的思想，不如说是理论家和普通人所共享的一种思潮。现代自由主义的出现通常和资本主义或资产阶级的兴起联系

---

① 〔新西兰〕J. G. A. 波考克：《从佛罗伦萨到费城：一部共和国与其替代方案之间的辩证史》，任军锋译，载任军锋主编《共和主义：古典与现代》，上海人民出版社，2006，第3~39页。

② 〔美〕迈克尔·扎科特：《自然权利与新共和主义》，王崇兴译，吉林出版集团有限公司，2008。

③ James Madison, "Memorial and Remonstrance against Religious Assessments," in Gaillard Hunt, ed., *The Writings of James Madison*, Vol. 2, New York: G. P. Putnam's Sons, 1901, pp. 183-191.

④ James Madison, "Property," in Gaillard Hunt, ed., *The Writings of James Madison*, Vol. 6, New York: G. P. Putnam's Sons, 1906, p. 102.

在一起。对财产权的重视，与其说是一种理论现象，不如说是一种社会现象，是现代商业兴起所带来的结果。工业资本主义兴起于19世纪以后，因此与自由主义兴起相关的是商业而非工业。频繁的大规模长距离的甚至是跨国的商业活动的兴起，本身就要求明确地保护财产权。因此，麦迪逊政治理论中对财产权的重视，虽然可以肯定是受到了自由主义理论的影响，但也可以肯定受到了现代商业社会的强大影响。事实上，由于弗吉尼亚等州的农业生产的商业性质，麦迪逊在家信中曾多次谈到农产品的价格。

可以说，麦迪逊虽然向往古典共和主义理想的农业共和国，但他本身成长的现实社会是一个商业化的现代社会。这两者的关系影响了麦迪逊政治理论的构成。农业和商业，在19世纪中后期的工业大发展之前，并不是互相替代的关系，而是紧密结合在一起的，对弗吉尼亚等以种植园形态大规模种植经济作物的地区尤其是这样。农业和商业虽然紧密结合在一起，但是导致了不同的政治思想。农业使麦迪逊可以继续强调德性和一种有德行农业共和国的理想，而商业使麦迪逊重视财产权，并且在对外贸易和航运上为美国争取利益。麦迪逊政治理论中的这两个方面都影响到了他的政治行动。农业共和国的理想促使他更坚定地反对汉密尔顿利用国家的能力发展工商业的计划，而对贸易利益的重视，使他发动了针对英国的争取自由贸易的1812年战争。因此，麦迪逊的政治理论不能被简单地认为是自由主义或共和主义的，而只能说麦迪逊吸收了两者中的某些要素，而这些有时可以共存、有时互相冲突的要素在麦迪逊的政治理论中同样起着重要而复杂的作用。

第三，对一般性权利的重视。麦迪逊政治理论中不仅包括对财产权的重视，而且包括对一般性权利的重视。麦迪逊对权利的这种重视，体现在了他起草并经议会讨论修改后写入宪法的《权利法案》之中。《权利法案》不仅确立了对前文所述宗教自由和财产权的保护，而且确立了其他一系列权利。这些权利，包括言论和出版自由，和平集会的自由，持有和携带武器的自由，陪审团审判的自由，等等。

麦迪逊政治理论中对这些权利的重视，不能被认为是来自古典共和主义。其中的出版自由是随着印刷术的传播，尤其是书报出版业在现代早期的大发展才成为一个问题的，而这是古人所不知道的。持有和携带武器的自由，是与独立战争中美国民兵对抗英军所使用的热武器联系在一起的，被视为抵抗暴政的必需条件。相反，在古典共和国中，公民持有武器并不被视为个人的权利，而是被视为保卫共和国的必需。陪审团审判的权利，和其他可以被辨认为属于英美法律体系的相关司法权力，大都是在君主制的英国的相当长的历史中逐渐独立发展起来的，也并不能被认为是来自古典共和主义的。同样，在看到这些权利的源头之后，我们也不能认为这些权利来自某位或某些自由主义的政治理论家。

尽管如此，麦迪逊政治理论中对权利的一般性重视，的确受到了作为一种理论思潮的自由主义的影响。这种影响，格外体现在对"自由"和"权利"这两个概念的使用上。财产不受侵犯、自由地持有武器、受陪审团审判、出版书报而不受审查和其他干扰，这些看起来杂乱无章的事项，被统一地以自由和权利的概念组织起来，可以说是现代自由主义的成就。正是在现代自由主义提供的这一理论基础之上，麦迪逊才可以把政府的目的总结为"保护每一种财产"，"既保护通常所指的那种财产，也保护可以被认为是个人财产的各种权利。"[1]

值得澄清的是，麦迪逊对政府目的的这一思考并非始终如一。在总统任职的后期，麦迪逊认可了设立基金以促进国内运河与道路建设的必要性。建设道路与运河，显然并不能被认为是对某种权利的"保护"。[2] 因此，尽管麦迪逊在政府目的这一重要问题上，受到了自由主义的影响，但这种影响并非是不可变的。

（三）启蒙运动

麦迪逊政治理论中，还有一些重要成分，既不能被认为来自古典共和主义，也不能被认为来自现代自由主义，而只能被认为来自启蒙运动。这些成分包括对永久和平的考虑、对人民主权的强调、对政治实验的思考和

---

[1] James Madison, "Property," in Gaillard Hunt, ed., *The Writings of James Madison*, Vol. 6, New York: G. P. Putnam's Sons, 1906, p. 102.

[2] 麦迪逊为了达到这一目的，甚至希望国会通过新的宪法修正案来赋予政府这种新的权力。无论如何，国会此后在没有通过宪法修正案的情况下通过了赋予政府这种新权力的法案，而麦迪逊认为政府必须在宪法之下运行，因此尽管他认可赋予政府这种新权力的必要性，但还是动用宪法赋予总统的否决权否决了这一法案。参见叶凡美《詹姆斯·麦迪逊总统对〈红利法案〉的否决》，《史学月刊》2008年第7期，第82~87页。

对理性的忠诚。

第一，对永久和平的考虑。

现代国家不仅要处理国内事务，而且要处理国际事务。事实上，在美国建国的早期，是国际事务而非国内事务主导了国家的政治议程。美国第一届政府只包括三个部门：主管外交的国务院、战争部和财政部。由早期美国政府的这种构成，可以清晰地看到国际事务在早期美国政治中的主导性地位。由于这一政治现实，麦迪逊不仅从国内的视角，而且从国家间的视角思考了政治问题。

当代对麦迪逊的几种主流解释，包括进步主义的、多元主义的和共和主义的，都主要使用国内视角。从国内视角出发，我们显然无法理解为什么美国政府三分之二的部门主要处理国际问题。相反，正如马克斯·艾德林所说的，从当代对国家形成的研究来看，很容易理解为什么主导美国建国的联邦主义者想要创造的是一个"聚焦于财政-军事领域的国家"①。也正如西达·斯考克波总结奥托·欣策的理论所指出的，跨国背景约束国家的结构与行为。这种背景通过武力对抗、观念交流和经济交流不断地冲击着个体的国家。"因此，国家必须站在国内社会政治秩序和跨国关系二者的交叉面上，而且在后一领域，国家必须努力谋求生存并取得相对于其他国家的优势地位。"② 亦即虽然美国宪法对其他国家可以说是只字不提，但是事实上正如斯考克波所指出的："现代国家从来是一个由彼此竞争和相互裹挟的国家所组成之系统的一个部分。"③ 如果认为美国的建国者们通过确立宪法来建国只是为了解决国内问题，那么显然是错过了问题的另一个重要方面：美国建国者们之所以力图确立新宪法，其主要意图之一也是解决美国在这样一个国际体系中所面对的问题。④ 美国第一届国会所确立的

① Max M. Edling, *A Revolution in Favor of Government: Origins of the U. S. Constitution and the Making of the American State*, New York: Oxford University Press, 2003, p.9.
② 〔美〕西达·斯考克波：《找回国家：当前研究的战略分析》，载〔美〕彼得·埃文斯、迪特里希·鲁施迈耶、西达·斯考克波编著《找回国家》，方力维、莫宜瑞、黄琪轩等译，三联书店，2009，第9页。
③ 斯考克波：《找回国家：当前研究的战略分析》，载〔美〕彼得·埃文斯、迪特里希·鲁施迈耶、西达·斯考克波编著《找回国家》，方力维、莫宜瑞、黄琪轩等译，三联书店，2009，第9页。
④ Max M. Edling, *A Revolution in Favor of Government: Origins of the U. S. Constitution and the Making of the American State*, New York: Oxford University Press, 2003, p. 220.

执行机构的组织，清楚地说明了后一种视角的优越性。通过这种视角，我们可以清楚地看到，美国的政府是在这样一个国际体系中而不仅仅是在美国社会之上运行的。麦迪逊对国际事务的思考，是他政治理论不可或缺的成分。

麦迪逊政治理论中关于国际事务的部分中，最重要的是他对战争与和平问题的思考。在《永久和平》一文中，麦迪逊探讨了共和制度下的国家偏爱和平这一重要问题。① 首先，麦迪逊批评了战争的罪恶，并强调了寻求永久结束战争的办法的必要性："战争包含了如此之多的愚蠢和邪恶，以至于我们热切地期待理智的进步能终结战争；而且，如果我们期待它，那就应该尝试能尝试的一切方法。"② 为了结束愚蠢而邪恶的战争，麦迪逊对战争做了分类："战争应该可以分为两类：一类仅仅来自政府的意志，另一类来自社会本身的意志。"③ 麦迪逊指出，卢梭认为可以采取建立主权国家联盟的方式来结束战争，但由于前一种战争的存在，卢梭的这一方法是不够的：

> 他应该说，当战争取决于与社群的情感相违背，并且不受其控制的那些人的野心、复仇心、贪婪或者突发奇想的时候，当战争是由那些花费而非提供公共财富的那些人宣告的时候，当战争是由那些控制而非支持公共武装的人宣告的时候，当战争是由那些大权在握而非饱受约束的人宣告的时候，战争这种疾病以及制造这种疾病的政府，必定会世代相传、绵延不绝。要治好这种疾病，第一步是要重造政府。④

麦迪逊在此无异于说，当一个国家的政治制度是君主制的时候，那么战争是不可避免的。只有当政治制度是共和制的时候，第一类战争才是可

---

① James Madison, "Universal Peace," in Gaillard Hunt, ed., *The Writings of James Madison*, Vol. 6, New York: G. P. Putnam's Sons, 1906, pp. 88-91.

② James Madison, "Universal Peace," in Gaillard Hunt, ed., *The Writings of James Madison*, Vol. 6, New York: G. P. Putnam's Sons, 1906, pp. 88-89.

③ James Madison, "Universal Peace," in Gaillard Hunt, ed., *The Writings of James Madison*, Vol. 6, New York: G. P. Putnam's Sons, 1906, p. 89.

④ James Madison, "Universal Peace," in Gaillard Hunt, ed., *The Writings of James Madison*, Vol. 6, New York: G. P. Putnam's Sons, 1906, p. 89.

能避免的。此外，麦迪逊认为，第二类战争的避免需要有所不同的方法：

> 另一种因公共意志而起的战争，更难疗救。不过，仍有解毒剂可能有效。正如第一种战争要通过使政府的意志服从社会的意志来防止，第二种战争只能通过使社会的意志服从于社会的理智、通过建立恒久而合宪的行为准则来控制，这种准则可能胜过偶然的印象和未经熟虑的追求。①

麦迪逊进一步阐明了此处所谓恒久而合宪的行为准则的含义："战争只应该由人民的权威而非政府来宣告；每一代人都应该承担他们自己战争的重负，而不应该以后代为代价将战争继续下去。"② 只要强迫每一代人都承担他们自己战争的重负，那么他们就会理智起来，不会轻易发动战争。

麦迪逊认为，在将各国政府改造为共和政府，并且使每一代人都承担自己战争的重负，通过将借债和收税设计得更为清楚透明，而不是让人们无法察觉自己正在支付战争费用的情况下，战争就会最终被消灭：

> 如果一个民族如此约束于自身，出于贪婪肯定会去计算野心的代价；这些激情互相制衡的话，理性将自由地以公共利益为目标而做决定；而国家将得到丰厚的回报：第一，它将得以避免愚蠢的战争，第二，由此节省的资源将使出于必要和防御的战争更有成效。如果所有民族都追随这个榜样，那么每一方都将得到回报；而雅努斯的神庙可以被关闭，并且不再被开启。③

麦迪逊政治理论中的这一部分，既无法追溯到古典共和主义，也无法追溯到现代自由主义，而只能追溯到启蒙运动。事实上，麦迪逊在讨论这

---

① James Madison, "Universal Peace," in Gaillard Hunt, ed., *The Writings of James Madison*, Vol. 6, New York: G. P. Putnam's Sons, 1906, pp. 89-90.

② James Madison, "Universal Peace," in Gaillard Hunt, ed., *The Writings of James Madison*, Vol. 6, New York: G. P. Putnam's Sons, 1906, p. 90.

③ 雅努斯（Janus）是罗马人的神明，其神庙之门在战争期间开启。James Madison, "Universal Peace," in Gaillard Hunt, ed., *The Writings of James Madison*, Vol. 6, New York: G. P. Putnam's Sons, 1906, pp. 90-91.

一问题的时候，也只提到了卢梭这位著名的政治理论家。麦迪逊对战争与和平问题的思考，极大地影响了他的政治实践，使他在担任执行官期间，在对外政策中极力追求和平政策，并且在不得不发动所谓的 1812 年战争时也极力将战争定性为防御性的战争。麦迪逊的这一思考不仅影响了他的政治实践，而且与当代的政治实践相一致。今天世界上的各共和国包括美国和中国，都将军事部门称为"国防部"而非"战争部"，正反映了与麦迪逊同样的对和平的偏爱。

麦迪逊对和平的偏爱，并非是他政治理论中的孤立成分，而是与他政治思想中的其他部分联系在一起的。这些联系包括，只有在和平的条件下，人民的人身和财产才能得到安全的保障；只有在长期的和平之下，一支危险的强大常备军才不需要长期存在；只有在长期的和平之下，共和制度才能得到长久的保存——古代的小共和国，不是毁灭于战争的失败，就是毁灭于战争中的成功（如罗马）。因此，对和平的偏爱是麦迪逊政治理论整体中不可或缺的重要成分。

第二，对人民主权的强调。

主权是古典共和主义所不知的概念，同样也并不为洛克和休谟等自由主义者所重视。麦迪逊政治理论中的人民主权的重要成分，只能被认为是由启蒙运动而来。麦迪逊极为重视人民主权，反复强调政府的一切权力都来源于人民。[1] 而他参与设计的美国宪法的开篇正是"我们联邦人民"（We the People of the United States）。

第三，对政治实验的思考。

麦迪逊在退休之后的 1817 年 5 月 22 日致前总统约翰·亚当斯的一封信中，将美国建立新政治制度的尝试称为一种"政治实验"：

> 现在需要确定的伟大问题是，关系到人类的空前重要的这一政治实验：对政府的权力在组成方式不同的实体间进行恰当的分割和分配，使其互相监督制衡，并使其存在全部来源于选举的原则，使其在

---

[1] See James Madison, "Speech in the Virginia Ratifying Convention in Defense of the Constitution," in Gaillard Hunt, ed., *The Writings of James Madison*, Vol. 5, New York: G. P. Putnam's Sons, 1904, pp. 123–137.

确定任期之内对选民负责，是否足以实现秩序、正义和普遍的善的目的。[1]

麦迪逊不能确定这一实验是否能够成功，是因为这一实验没有先例；麦迪逊清楚地认识到美国是世界历史上第一个采取这一新政治制度的国家。麦迪逊看到，美国的宽广幅员有利于这一制度的成功，因为它会"防止邪恶激情的恶劣影响"，而美国的联邦制度对它也是有利的，因为它使得权力更为分散，并加强了政府内部的互相制衡。[2] 此外，麦迪逊还期待着"舆论和习惯的力量"的帮助，麦迪逊希望舆论和习惯始终能够与美国的政治制度结为同盟。[3] 麦迪逊作为首席执行官，在运行这一政治制度的过程中，保持了对这一制度的忠诚。

麦迪逊是在写信给约翰·亚当斯讨论孔多塞的政治理论的背景下谈论这一政治实验的。[4] 将建立政治制度视为一场大规模的实验，是一种不见于古典共和主义或现代自由主义的态度，而只能被认为是启蒙运动的遗产。麦迪逊"政治实验"这一理念意味着，他相信制度本身必须与其造成的后果结合起来理解。只有当结果被证明是正确的时候，建立美国新政治制度这一实验才能被认为是成功的；而如果结果并不令人满意，那么美国的新政治制度本身就必须修正。因此，麦迪逊将宪法设计为可以修改的，而非固定不可变的。麦迪逊之所以帮助建立这样一部新的宪法，是因为他相信这部宪法是理性地建立起来的，而且是可以理性地探讨其成败得失、因而可以理性地修改的。

第四，对理性的忠诚。

麦迪逊从未特别地表明他对理性的信念，这是因为他信仰基督教。麦迪逊的宗教信仰，在他的历次就职演说和国情咨文中都得到了明确表白。

---

[1] James Madison, "To John Adams," in Gaillard Hunt, ed., *The Writings of James Madison*, Vol. 8, New York: G. P. Putnam's Sons, 1908, p. 391.

[2] James Madison, "To John Adams," in Gaillard Hunt, ed., *The Writings of James Madison*, Vol. 8, New York: G. P. Putnam's Sons, 1908, p. 391.

[3] James Madison, "To John Adams," in Gaillard Hunt, ed., *The Writings of James Madison*, Vol. 8, New York: G. P. Putnam's Sons, 1908, pp. 391-392.

[4] James Madison, "To John Adams," in Gaillard Hunt, ed., *The Writings of James Madison*, Vol. 8, New York: G. P. Putnam's Sons, 1908, p. 391.

例如，在第一次总统就职演说的末尾，他感谢"全能存在"（Almighty Being）的帮助和指引。① 也就是说，麦迪逊相信神是全能的，而人的理性只有有限的力量。尽管如此，麦迪逊同时也是一位政教分离的坚定支持者，这意味着，在现实政治的领域，麦迪逊完全相信理性。

麦迪逊对理性的忠诚，首先体现在他建立新政治制度的方式上。从世界历史的视野看，通过宪法确立一个新国家政府的结构，是美国的首创之举。正如休谟所观察到的："几乎所有现存的政府，或所有在历史上留有一些记录的政府开始总是通过篡夺或征伐建立起来的，或者二者同时并用，它们并不自称是经过公平的同意或人民的自愿服从。"② 这些传统国家的统治者使用暴力支配臣民，他们随心所欲地使用政府服务于自己所能想到的任何目的。与这种传统国家不同，现代国家是特别理性的。麦迪逊等人明确地阐述了政府的目的，并且深思熟虑地为此目的而选择了相应的手段，为此目的而安排了相应的政府形式。

这种新政府不仅是依靠理性的方式建立的，而且是依靠理性的方式运行的。麦迪逊相信，美国的政府，是这样一种新的政府：

> 一个政府从其社会的意志得到力量，并基于对其社会的理解和利益的衡量的这种理性来运行。这种政府，正是有史以来哲学一直在寻求，而人类一直在为之而奋斗的。美国荣幸地发明了这样一种共和政府，而这种幸福是她所享有的最大幸福。③

麦迪逊对理性的尊重，还表现在他建设国立大学的建议之中。在第七次国情咨文中，麦迪逊对国会提议在哥伦比亚特区建立一所国立高校。他对国会说，这样一种制度（institution）将会"成为国会热心于知识发展的纪念碑，而没有知识的发展，自由所带来的幸福是不可能被充分享受，也

---

① James Madison, "First Inaugural Address," in Gaillard Hunt, ed., *The Writings of James Madison*, Vol. 8, New York: G. P. Putnam's Sons, 1908, p. 50.

② 〔英〕休谟：《休谟政治论文选》，张若衡译，商务印书馆，2010，第 123 页。

③ James Madison, "Spirit of Governments," in Gaillard Hunt, ed., *The Writings of James Madison*, Vol. 6, New York: G. P. Putnam's Sons, 1906, p. 94.

不可能长久保持的"①。麦迪逊劝导国会说，这样一所大学的形式将成为国内其他大学的榜样。它将成为启蒙了的教师（enlightened preceptors）的保育所，也将成为全国各地年轻人和天才的中心圣地，而这些人在返回各地的时候，将带回他们的"民族感情、自由情感和相近举止"，从而加强美国的联邦本身。②麦迪逊在此相信知识的发展是自由的根本保障，这最好不过地说明了他对启蒙运动的认同。在他任总统的第八次也是最后一次国情咨文中，麦迪逊对国会表达了建立国立大学的建议。③麦迪逊对建立国立大学以促进知识进步的建议，反过来也说明了他相信知识是不断进步的。这也就意味着，随着知识的进步，这部完全理性的宪法本身是可以不断改进的。麦迪逊相信，美国建立宪法的尝试毕竟只不过是一次政治实验。④这项政治实验与其他科学实验一样，其所依据的理论应该根据实验结果来修正。麦迪逊的这一思想，为美国政府的不断改进开启了大门，而麦迪逊所帮助设立的美国宪法中的修宪条款，也使美国政府的改进可以依法进行。

总之，本书这一章总结了麦迪逊政治理论中主要要素的来源。本书下一章将讨论麦迪逊是如何综合并调整这些要素，使之形成自己以制度为中心的政治理论。

---

① James Madison, "Seventh Annual Message," in Gaillard Hunt, ed., *The Writings of James Madison*, Vol. 8, New York: G. P. Putnam's Sons, 1908, p. 343.

② James Madison, "Seventh Annual Message," in Gaillard Hunt, ed., *The Writings of James Madison*, Vol. 8, New York: G. P. Putnam's Sons, 1908, p. 343.

③ James Madison, "Eighth Annual Message," in Gaillard Hunt, ed., *The Writings of James Madison*, Vol. 8, New York: G. P. Putnam's Sons, 1908, p. 380.

④ James Madison, "To John Adams," in Gaillard Hunt, ed., *The Writings of James Madison*, Vol. 8, New York: G. P. Putnam's Sons, 1908, p. 391.

第二章　麦迪逊政治理论的基础：复合共和制的存在理由

　　本书上一章研究了麦迪逊政治理论中各主要要素的来源。可以说，麦迪逊的政治理论中，没有哪一种主要要素，不是来自已有的传统。麦迪逊将这些要素加以调整和组合，最终形成自己的政治理论，是出于一种明确的实践目的：为美国建立一种能够替代旧邦联的更好的政治制度。

　　回顾麦迪逊政治思想发展的历程，可以看到，麦迪逊在其生涯的早期，所关注的只是一些具体而分散的议题，也并没有形成并提出一个完整的政治理论。麦迪逊的政治理论，是在1787年参加费城制宪会议的前后几年内，为了解决如何为美国建立一个更好的政治制度这一现实政治问题而形成的。在这一阶段，麦迪逊思考的中心，是美国的政治制度。相应的，麦迪逊在这一阶段形成的政治理论，也是以政治制度为中心的。

　　麦迪逊面对如何为美国建立一个新的更好的政治制度这一问题，研究了古今的多种政治实践和政治理论，最终形成的是建立一个联邦制的复合大共和国的解决方案。支持这一解决方案的理论基础可以分解为五个论证步骤。

　　第一，君主制令人厌恶，新政府应该是共和制的。共和制意味着权力来自人民，因此要为新政府引入选举的因素。

　　第二，这一新政府必须实现组织对外防御、保障内部安宁、保障公民自由以及促进普遍福利等现实目的。

　　第三，小共和国（如当时美国的各州），对外无法保障自己的安全，对内也无法抵抗党争的破坏性影响。因此，为了达成这些目的，新宪法必须将各州联合起来建立一个大的联盟共和国。

　　第四，美国各州的旧有联合，由于其中央政府的软弱而具有系统性的缺陷。因此，新宪法将确立一个更强大的联邦政府。

　　第五，这一强大的联邦政府，具有演变成暴政的潜能。因此，需要明确规定政府总体的有限权力、通过《权利法案》限定政府权力的边界，将联邦政府分割为三个政府部门，并使其互相制衡。

　　本章的五个小节，将分别展开论述麦迪逊的这五步论证（麦迪逊关于限权政府的理论由于与三权分立的具体制度安排关系密切，而被放在第三章进行讨论）。

一　麦迪逊与新共和政府的建立

　　麦迪逊和他的一批同事（包括华盛顿、约翰·亚当斯、杰斐逊、亚历山大·汉密尔顿等）采取行动建立一个新的国家。他们曾被尊称为美国的建国之父（founding fathers）。[①] 国家具有双重性质，它既是一个行动者（actor），也是一种制度（institution）。[②] 因而，麦迪逊等人建立的，既是一部新的国家机器，也是一部新的宪法。

　　麦迪逊等人并未严格地区分作为行动者的国家和作为制度的国家。因为，在他们看来，两者本为一体。宪法（Constitution）的本意是某物的结构，确立宪法（Constitution）因而无异于确立政府的结构。制宪会议所通过的美国宪法共有七条，每条各有若干款。宪法第一条建立联邦议会，第二条建立执行机构，第三条建立司法机构，第四条确定联邦形式。宪法的主要部分，正是用来"建立"这部新国家机器的。

[①]　在今天，随着平等潮流的不断冲刷，国父（founding fathers）在多数场合已被替换为中性化的名词"建国者"（founders）。

[②]　Theda Skocpol, "Bringing the State Back in: Strategies of Analysis in Current Reasearch," in Peter Evans, Dietrich Rueschemeyer and Theda Skocpol, eds., *Bringing the State Back in*, Cambridge: Cambridge University Press, 1985, p. 3.

然而，麦迪逊等人视为理所当然的事情，却对后人造成了无比的困扰。确立新国家机器的美国宪法前四条，在随后 200 多年间毫无变化，而这部新国家机器时时更新，早已变得面目全非。因此，两者并不等同，而是需要分别理解。分别理解两者不仅极为困难，而且造成了无数争论。这些争论遮蔽了我们对麦迪逊政治理论的理解，因此有必要加以梳理和澄清。

宪法与国家机器

关于美国政治制度的争论可以分为三个阶段。在第一阶段，论者将宪法与国家机器相剥离，认为后者是真实的，而前者只不过是歪曲事实的需要纠正的观点。伍德罗·威尔逊经典地表达了这种看法："宪法的形式是一个经过精心调整的、理想的平衡体，而当今我国政府的实际结构只不过是国会至高无上的一种体制。"① 他的《国会政体》通篇都着力于纠正宪法导致的对国家机器本身的误解。

在第二阶段，论者对与国家机器相剥离后的宪法进行蓄意贬低。比尔德将宪法贬低为居心不良的党派工具："我们宪法的条文旨在保护某一阶级的权利，或是保障某一集团的财产以防另一集团的侵犯"②。比尔德的批评对人们的看法造成了几乎无法磨灭的深刻影响。

在第三阶段，论者们站在社会科学的高度上，居高临下地审视被贬低之后的宪法。詹姆斯·马奇和约翰·奥尔森总结了 20 世纪 90 年代之前主流政治学理论的模式：将政治现象视为个人或团体层面上复杂行为的综合。个人行为决定了更大的社会系统范围内的事件历程，系统结果被认为是由遵循人性公理的个人行为互动所决定的。③ 每个人都追求自我利益最

---

① 〔美〕威尔逊：《国会政体——美国政治研究》，熊希玲、吕德本等译，商务印书馆，1986，第 8 页。

② 〔美〕查尔斯·A. 比尔德：《美国宪法的经济观》，何希齐译，商务印书馆，1989，第 33 页。

③ 〔美〕詹姆斯·G. 马奇、〔美〕约翰·奥尔森：《重新发现制度：政治的组织基础》，张伟译，三联书店，2011，第 4~5 页。

大化的结果是产生了集体行动难题。制度被看成解决集体行动难题的规则。① 规则只被看成降低交易成本的工具，或导致"结构诱致的均衡"的工具。宪法因而只被看成降低交易成本的工具。在这种视角之下，行动者只是个人，而不可能是国家。因而宪法变成了完全与作为行动者的国家相分离的规则。

麦迪逊也因此被看成宪法的建立者。今天麦迪逊主要被看成"美国宪法之父"②，而非美国的"建国之父"了。然而，麦迪逊建立宪法远非只是建立规则。麦迪逊等人从未区分规则的建立和国家机器的建立，而且国家不是与社会相分离的受社会影响的被动国家，而是能够影响社会的国家。全面评估立法的重要性，需要超越当代视角，从麦迪逊自己的视角来看，而麦迪逊自己的视角深受他之前的政治科学的影响。

立法者

在麦迪逊所接受的有关立法的政治科学的传统中，休谟是一个承前启后的重要人物。休谟极好地陈述了这一传统的核心观点。休谟认为，立法者应该得到最高的荣誉："在所有杰出的留有难忘成就的人物中，首要荣誉看来应属于立法者和国家的缔造者"③。而立法者之所以应该得到尊重，是"因为他们为保障后代的安宁、幸福和自由，留下了法律制度和政治体制"④。休谟相信，好的法律和政治体制对其公民的幸福是至关重要的。在休谟看来，好的立法者应当在人世间享有神明一样的荣誉，这些"立法者不应将一个国家未来的政体完全寄托于机会，而应提供一种控制公共事务管理机构的法律体系，传之子孙万代"⑤。这种控制公共事务管理机构的固定的法律体系，将成为祖先传给子孙后代的最佳遗产："种何因必得何果，

---

① 〔美〕彼得·豪尔、〔美〕罗斯玛丽·泰勒：《政治科学与三个新制度主义流派》，载何俊志、任军锋、朱德米编译《新制度主义政治学译文精选》，天津人民出版社，2007，第53~54页。

② 〔美〕加利·威尔士：《美国宪法之父：詹姆斯·麦迪逊传》，刘红、冉红英译，安徽教育出版社，2006。

③ 〔英〕休谟：《休谟政治论文选》，张若衡译，商务印书馆，2010，第38页。

④ 〔英〕休谟：《休谟政治论文选》，张若衡译，商务印书馆，2010，第38页。

⑤ 〔英〕休谟：《休谟政治论文选》，张若衡译，商务印书馆，2010，第13页。

贤明的律令在任何共和国中都是足以留传后代的最可宝贵的遗产。"①

麦迪逊所接受的，正是这样一种关于立法的传统政治科学的教育。在柏拉图、亚里士多德、西塞罗开创，并由马基雅维利、孟德斯鸠和休谟等人复兴的这一传统中，最基本的立法问题是：要建立君主国还是建立共和国？麦迪逊对这一问题的回答从未动摇过。在他尚未步入政治生涯的早年，麦迪逊已经明确地表明了自己对君主制度的厌恶和对共和制度的忠诚。在致朋友布拉德福德的一封信中，麦迪逊写到，英国的国王们手段肮脏，行为愚蠢，只能从他们的错误中学到东西。研究这些国王，会因为那些暴政和残酷行为的画面而更加热爱自由。② 因此，当美国爆发了反对君主制英国的共和主义革命的时候，麦迪逊毫不犹豫地投身其中。共和制意味着由选举而产生的议会。麦迪逊在独立战争爆发之后不久的 1776 年即加入了弗吉尼亚议会，并作为立法者服务于新共和国达 21 年之久，直到1797 年才因为党争而被迫卸任议员。

麦迪逊作为一个新生共和国的立法者，在早期由于年岁和经验的限制，只扮演了相对次要的角色。不过随着世事变迁和个人成长，麦迪逊终于在为一个新国家立法这一被休谟认为荣誉至高无上的事业中扮演了至关重要的角色。1787 年，麦迪逊和其他人一起发起了费城制宪会议，并在这一会议的进程中扮演了主导性的核心角色。费城制宪会议通过的宪法，最终得到了各州的认可而作为美国宪法被接受。这一宪法在 200 多年来一直是美国政治制度的稳定基石，而麦迪逊也由于他对建立美国宪法的贡献，得到了比休谟所期待的更少但也相当高的荣誉。麦迪逊被学者们尊称为"美国的宪法之父"，如威尔士所说，"作为建立宪法框架的人和宪法保卫者他是独一无二的——詹姆斯·威尔逊排第二，但还是被麦迪逊甩出了老远的距离。"③ 麦迪逊得到这样的荣誉，原因之一是他对立法技艺的不断研习。麦迪逊熟悉休谟等人的著作，对一项好的政治制度能够给予后人的福祉之多和给予其建立者的荣誉之多了然于心，他对如何为美国建立一部新

① 〔英〕休谟：《休谟政治论文选》，张若衡译，商务印书馆，2010，第 13 页。
② James Madison, "To William Bradford," in Gaillard Hunt, ed., *The Writings of James Madison*, Vol. 1, New York: G. P. Putnam's Sons, 1900, pp. 18-21.
③ 〔美〕加利·威尔士：《美国宪法之父：詹姆斯·麦迪逊传》，刘红、冉红英译，安徽教育出版社，2006，第 176 页。

宪法也做了公认超出他的其他同代人的深入而广泛的思考。

二　麦迪逊论共和政府的目的

从世界历史的视野看，通过宪法确立一个新国家政府的结构，是美国的首创之举。正如休谟所观察到的："几乎所有现存的政府，或所有在历史上留有一些记录的政府开始总是通过篡夺或征伐建立起来的，或者二者同时并用，它们并不自称是经过公平的同意或人民的自愿服从。"① 这些传统国家的统治者使用暴力支配臣民，他们随心所欲地使用政府服务于自己所能想到的任何目的。与这种传统国家不同，现代国家是特别理性的。麦迪逊等人明确地阐述了政府的目的，并且深思熟虑地为此目的而选择了相应的手段，为此目的而安排了相应的政府形式。

美国的邦联在建立时即公开阐明了自身的目的。邦联条款第三条说明："上述各州为了组织共同防御、保卫其自由，并为共谋福利，各自加入互相友好之巩固联盟，承担互相协助以抵抗由于宗教、主权、贸易，或任何借口对上述各州或其中任何一州所施加之压力或攻击。"② 麦迪逊力主提出的弗吉尼亚方案继承邦联宪法，明确阐述了政府目的："1. 决议：邦联条款应予纠正和扩展，以便实现设立这个机构时的目的；具体而言，就是'提供共同防御，保障公民自由，提供普遍福利'。"③ 最终通过的美国宪法，开篇也明确说明了建立政府的目的："我们联邦人民，为建立一个更加完美的联盟、树立正义、保障内部安宁、建立共同防御、促进普遍福利、保证我们自己和子孙后代的自由和幸福，特此为美利坚联邦设立和奠定这部宪法。"④

这三种公开措辞有所不同，但实质内容极为一致。它们指认的政府目的可以总结如下：（1）组织对外防御；（2）保障内部安宁；（3）保障公民自由；（4）促进普遍福利。这四种目的是麦迪逊那一代建国者的共识。

---

① 〔英〕休谟：《休谟政治论文选》，张若衡译，商务印书馆，2010，第123页。
② 〔美〕麦迪逊：《辩论：美国制宪会议记录》，尹宣译，辽宁教育出版社 2003，第792页。
③ 〔美〕麦迪逊：《辩论：美国制宪会议记录》，尹宣译，辽宁教育出版社 2003，第15页。
④ 〔美〕麦迪逊：《辩论：美国制宪会议记录》，尹宣译，辽宁教育出版社 2003，第849页。

政府的这四个目的被陈述得简明清晰，非常适合写入被提交给人民批准的美国宪法。但这种简明清晰不可避免地掩盖了麦迪逊等人更复杂也更深沉的思考，以及麦迪逊和汉密尔顿等人对政府目的的不同看法之间的冲突。这种冲突后来在对外防御和普遍福利条款上爆发得特别严重。

共同防御和普遍福利条款

麦迪逊在退出公共生活之后的 1830 年，在写给安德鲁·斯蒂文森（Andrew Stevenson）的一封信中对宪法指明的政府目的做了更复杂的说明。[1] 他指出，这四个目的中的两个，即共同防御和普遍福利（common defence & general welfare），是极其成问题的。宪法开篇说明这两者是政府的目的，而宪法第八条将这一目的交给联邦议会去实现，指明联邦议会有权"为联邦提供共同防御和普遍福利"[2]。一些人（麦迪逊没有指明是哪些人，但可以相信是指与他的共和党作对的联邦党人）相信这种权力是实质性的和无限的，但是麦迪逊持有完全不同的看法。

麦迪逊详尽地阐明了宪法中这一条款的由来。他指出，费城制宪会议召开时，以他为主的弗吉尼亚代表团提出弗吉尼亚方案作为讨论的基础。在 1787 年 5 月 29 日提交的弗吉尼亚方案中，相关措辞如下："决定，邦联条款应该被纠正和扩大，以实现其制度所企图实现的目标，即共同防御，确保自由和普遍福利。"在其后第二天，即 5 月 30 日，措辞被替换如下："决定，仅仅是联邦形式的各州结合，不能实现邦联条款所企图实现的目标，即共同防御，确保自由和普遍福利。"[3] 麦迪逊强调，这种措辞说明，共同防御和普遍福利的确是邦联条款的目的，但只是有限的目的。为了理解麦迪逊的看法，有必要完整引用邦联条款第三条如下：

　　第三条 上述各邦就此分别加入一个牢固的、彼此友好的同盟，以

---

[1] James Madison, "To Andrew Stevenson," in Gaillard Hunt, ed., *The Writings of James Madison*, Vol. 9, New York: G. P. Putnam's Sons, 1910, pp. 411-424.

[2] 〔美〕麦迪逊：《辩论：美国制宪会议记录》，尹宣译，辽宁教育出版社，2003，第854页。

[3] James Madison, "To Andrew Stevenson," in Gaillard Hunt, ed., *The Writings of James Madison*, Vol. 9, New York: G. P. Putnam's Sons, 1910, pp. 413-414.

增强它们的国防，保障它们的公民权利，促进它们相互和共同的福利，彼此约束，互相支援，共同对付以宗教、主权、贸易或其他任何借口对联邦或其中一邦提出的威胁或攻击。①

由此可见，麦迪逊的意思是，邦联条款只给予邦联有限的权力去实现共同防御和普遍福利，所以这两个目的只是有限的目的。麦迪逊继续论证，指出联邦宪法旨在修改邦联条款以实现这些目的，即联邦宪法所要实现的也只是有限的目的。并且，邦联仅仅是联邦性质的（merely Federal），但新联邦不仅仅是单一国家性质的（national），而是部分联邦部分单一国家性质的，这也保证了新联邦所要实现的这一目的与旧邦联一样是有限的。

麦迪逊继续指出，这些措辞在 5 月 30 日之后的讨论中甚至曾经被划掉。在宪法细节委员会于 8 月 6 日提出的宪法草案中，这两个目的没有被提到。宪法草案中的措辞是，"美国立法机构（The Legislature of the U. S.）应该有权制定并征收税金，关税，进口税和营业税。"② 其中并没有提到共同防御和普遍福利。麦迪逊说明，"共同防御和普遍福利"之所以从旧条款进入新宪法，是由于制宪会议中偶然发生的一些事件。8 月 18 日，针对细节委员会所提出的宪法草案关于授予联邦议会哪些权力的第七条第一款，人们提出了一系列补充建议。有人（实际上是平克尼）提出的建议中包括一条"保证支付公债"。③ 在同一天，（由拉特里奇提议）成立了一个（一州一人的）11 人委员会，"考虑由联邦承担各州债务的必要性和适宜性"④。8 月 21 日，11 人委员会提议，联邦立法机构应该有权履行国会所承诺的担保职责，并偿付联邦债务，只要这些债务是各州在最近的战争中（指独立战争）中，为"共同防御和普遍福利"而借的。这一措辞与邦联

---

① 〔美〕麦迪逊：《辩论：美国制宪会议记录》，尹宣译，辽宁教育出版社，2003，第792 页。
② James Madison, "To Andrew Stevenson" in Gaillard Hunt, ed., *The Writings of James Madison*, Vol. 9, New York: G. P. Putnam's Sons, 1910, p. 415.
③ 〔美〕麦迪逊：《辩论：美国制宪会议记录》，尹宣译，辽宁教育出版社，2003，第550 页。
④ James Madison, "To Andrew Stevenson," in Gaillard Hunt, ed., *The Writings of James Madison*, Vol. 9, New York: G. P. Putnam's Sons, 1910, p. 415.

条款第八条一致，后者指出，联邦国会所同意的，为共同防御和普遍福利所指出的战争和其他费用，应该由公共财产来支付。8 月 22 日，在宪法草案"有权征收税金、关税和营业税"的条款之后加上了"为支付债务和必要支出"的措辞。这一条款随后修正为"立法机构应该履行职责并偿付联邦债务"[①]。8 月 23 日，措辞再次修改为"立法机构应该履行职责并支付联邦债务，并且应该有权制定并征收税金，关税，进口税和营业税"[②]。征税和还债两项权力仅仅被互换了位置。这一措辞随后又被再三修改，直到 9 月 4 日，11 人委员会提交了这一更改："立法机构应该有权征收税金、关税和营业税，以支付债务，并提供公共防御和普遍福利。"[③] 这一修改用普遍的术语"债务"替掉了邦联条款中战争中债务的繁复说法，随后成为宪法中的正式条款。

麦迪逊通过以上极为繁复细致的说明，旨在证明，在宪法中写入"提供公共防御和普遍福利"，完全是出于保证偿付独立战争中所借债务这一有限目的。这一目的虽然与收税联系起来，成为宪法中的一个条款，但两者其实只有无效的关系（inoperative relation）。宪法中这一条款的措辞确实容易让人误解，立宪者们本来可以将其去除（而更明确地写入"支付债务"这一有限目的）。麦迪逊声称，在当时去除"提供公共防御和普遍福利"的字样确实很容易，而且事后看删去更好。麦迪逊认为，立宪者们之所以犯下保留这一术语的疏忽，是由于这一术语在旧邦联条款中的无害性迷惑了他们，使他们没有注意到这一术语可能造成严重争议。

麦迪逊认为，在宪法通过之后，一度掌权的联邦党人滥用这一条款，认为政府可以为了实现"提供公共防御和普遍福利"而拥有无限的权力，可以有权为提供普遍福利而征税，有权为达到这一目标而通过任何必要并恰当的法律。麦迪逊批评他们的解释，认为这一解释与宪法本身相冲突，美国宪法的一大特征正在于它将议会所拥有的权力一一列举，亦即它煞费

[①] James Madison, "To Andrew Stevenson," in Gaillard Hunt, ed., *The Writings of James Madison*, Vol. 9, New York: G. P. Putnam's Sons, 1910, p. 416.

[②] James Madison, "To Andrew Stevenson," in Gaillard Hunt, ed., *The Writings of James Madison*, Vol. 9, New York: G. P. Putnam's Sons, 1910, p. 416.

[③] James Madison, "To Andrew Stevenson," in Gaillard Hunt, ed., *The Writings of James Madison*, Vol. 9, New York: G. P. Putnam's Sons, 1910, p. 417.

苦心地只赋予了政府明确但有限的权力。[1]（联邦党人）所设想的那种赋予政府无限权力的宪法根本不可能被通过。

政府是为了实现有限目的而建立起来的拥有有限权力的政府，这是麦迪逊的一贯立场。麦迪逊在阐述了立宪者们赋予政府有限权力的立场之后，继续说明接受并批准新宪法的人民的看法，认为他们也只希望建立一个有限政府。人民对有限政府的要求特别体现在他们对《权利法案》的要求上，人民要求宪法补充《权利法案》的修正案，正是为了限制政府的权力，以防止它的行为越过正当界限的危险。[2] 各州人民之所以要求通过《权利法案》，而不要求去除可能导致权力滥用的"提供公共防御和普遍福利"，也只是因为这些字眼在旧邦联条款中表现得像是无害的。麦迪逊最终总结，宪法所建立的新联邦政府，部分是联邦国家性质的，部分是单一国家性质的。州将保有自己的部分权力，而只授予联邦有限的权力。

麦迪逊对斯蒂文森做出的这一解释，明确阐述了他所理解的政府目的。美国宪法开篇所提出的新政府所应该达到的目的，即"树立正义、保障内部安宁、建立共同防御、促进普遍福利、保证我们自己和子孙后代的自由和幸福"。这些目的之所以被如此陈述，只是由于这些词语"无害"而好听。这些好听而无害的词语掩盖了美国人民包括其建国者们对政府所应该达成的目的的不同看法。

对政府目的的不同看法

如麦迪逊的详尽阐述所呈现的，参加费城立宪会议的美国立宪者们中的一部分人，尤其关心的是加强政府，以使其达到能充分偿付战争债务的目的。正如麦迪逊所指出的，立宪者们中对如何偿付独立战争所造成的债务有不同看法，有人认为应该使债务贬值，而有人认为应该全部偿付其原有价值。而最终是后一种看法占了上风。[3] 查尔斯·比尔德发展了麦迪逊

---

[1]　James Madison, "To Andrew Stevenson," in Gaillard Hunt, ed., *The Writings of James Madison*, Vol. 9, New York: G. P. Putnam's Sons, 1910, pp. 417-418.

[2]　James Madison, "To Andrew Stevenson," in Gaillard Hunt, ed., *The Writings of James Madison*, Vol. 9, New York: G. P. Putnam's Sons, 1910, p. 422.

[3]　James Madison, "To Andrew Stevenson," in Gaillard Hunt, ed., *The Writings of James Madison*, Vol. 9, New York: G. P. Putnam's Sons, 1910, p. 418.

的这一解释，认为：

> 在《邦联条款》下面的政治制度不利于巨大的主要的经济利益集团，如公债持有人、航业家和制造家、生息资本家；总之，与土地对立的资本。这些主要的利益的代表者们曾企图通过正常合法的道路修改《邦联条款》，以保护他们将来的权益，特别是公债持有人的权益。在不能经由正常的道路实现他们的目的时，改革运动中的领袖者乃努力经由迂曲的道路，争取召开会议来"修改"《邦联条款》，希望从现存的立法机构之外通过一项革命的政纲。①

比尔德最终甚至认为，宪法本身的主要目的是保护资产阶级的财产不受多数无产者的侵犯。

如果说公债持有人希望政府能够达成的主要目的是偿付公债，那么可以说"人民"希望政府达成的主要目的是保障公民权利。正如戈登·伍德在《美利坚合众国之创建：1776—1787》中所指出的，美国人民最初所体验到的政府，首先是一个压迫性的政府。美国在建国之前是英国的殖民地，美国人民所感受到的政府是遥远的、压迫性的。② 杰斐逊在《独立宣言》中雄辩地指出："大不列颠当今国王的历史，就是反复伤人和篡权的历史，他所有的行为，直接目标，都指向在这些邦里建立独裁暴政。"③ 不仅英国政府是压迫性的，而且当时世界上的其他政府都只会更加糟糕。因此，对强大政府的恐惧深入人心。人民关心的是如何防止政府变得过于强大而侵害自己的权利。宪法没有明确地保障公民权利，正是其在批准过程中所受到的最严厉批评。宪法最终被批准，一个重要前提是承诺了尽快将《权利法案》补入宪法。

美国最杰出的建国者们对政府目的的看法，与公债持有人和一般人民存在区别。正如斯考切波所指出的，跨国背景约束着国家的结构与行为：

---

① 〔美〕查尔斯·A. 比尔德：《美国宪法的经济观》，何希齐译，商务印书馆，1989，第66页。

② Gordon S. Wood, *The Creation of the American Republic*, 1776-1787, Chapel Hill: University of North Carolina Press, 1969.

③ 〔美〕杰斐逊：《独立宣言》，载麦迪逊《辩论：美国制宪会议记录》，尹宣译，辽宁教育出版社 2003，第785~786页。

通过国家相互主宰与竞争的地缘政治关系，通过观念与公共政策模式的国际交流，还通过贸易、生产活动的分工、资本流动以及国际金融等全球经济模式，这些背景不断地冲击着个体的国家。因此，国家必须站在国内社会政治秩序与跨国关系二者的交叉面上，而且在后一领域，国家必须努力谋求生存并取得相对于其他国家的优势地位。正如我们所知的，也正如韦伯和欣策所概念化的，自欧洲历史中诞生之后，现代国家从来就是一个由彼此竞争和相互裹挟的国家所组成之系统的一部分。①

政治行动者们不仅要考虑国内问题，而且需要考虑国际问题。

建国者们与一般人民的这种区别，在纳坦·塔科夫的一项比较中表现得最为清晰。塔科夫指出，区别麦迪逊和汉密尔顿等"联邦党人"与反对新联邦的"反联邦党人"之间最大的区别，在于后者不重视甚至几乎不讨论对外政策，而前者在设计政治制度的时候，优先考虑外部危险和对外政策。② 在联邦党人优先考虑对外政策这一点上，塔科夫也许言过其实，但毫无疑问，麦迪逊、汉密尔顿和杰伊合著的《联邦党人文集》的开篇，亦即第2～8篇以及第11～14篇主要讨论的正是外部因素对美国及其政府的影响。一个现代国家必须能够达到保障自身安全并在国际纠纷中维护自身利益的目的。

可以将不同集团所要求美国政府实现的目的和宪法所声明的目的做个对比（见表2-1）

表2-1 美国政府的目的

	不同集团的意图	宪法的声明
政府目的	1. 保障如值偿付公债，保护私有财产 2. 保障公民权利 3. 保障对外安全，在国际纷争中促进美国的利益	1. 树立正义、保障内部安宁 2. 保证我们自己和子孙后代的自由和幸福 3. 建立共同防御、促进普遍福利

① 〔美〕西达·斯考克波：《找回国家：当前研究的战略分析》，载〔美〕彼德·埃文斯、〔美〕迪特里希·鲁施迈耶、〔美〕西达·斯考克波等编著《找回国家》，方力维、莫宜瑞、黄琪轩译，三联书店，2009，第9页。
② 〔美〕纳坦·塔科夫：《〈联邦党人文集〉中的战争与和平》，胡兴建译，载赵明主编《法意（第一辑）》，2008；塔科夫：《联邦党人和反联邦党人论对外事务》，胡兴建译，载赵明主编《法意（第二辑）》，商务印书馆，2008。

可以看到，宪法综合了各集团的意图。确实，最佳的政府，正是能够实现其所应该实现的各种不同目的的政府。麦迪逊所试图建立的政府，正是一个能综合实现这些目的的政府。

麦迪逊的目的

审视麦迪逊对政府目的的看法。

第一，他对如数支付独立战争期间所借债务并无异议。共和制政府更趋向于如数支付债务，正如休谟所言，"由国民力量进行的革命，如无特殊重大必要，不可能废除我们的债务和抵押。"①

第二，麦迪逊的确关心私有财产的保护。他承认，谢伊起义所导致的对私有财产的侵犯是建立新政府的重要动力之一。② 他在著名的《联邦党人文集》第十篇中也的确着力提到，防止多数人（无疑是多数无产者或较少财产者）侵犯少数人（尤其是少数有产者的财产）是政府的重要目的之一。

第三，麦迪逊也同情人民捍卫自身权利的欲望，他尤其对专制暴政深恶痛绝，渴望建立一个自由的政府。他不仅始终是《权利法案》第一条所确定的宗教自由的热情支持者和倡导者，而且本人就是《权利法案》的起草者。

第四，麦迪逊无疑深知一个强大的中央政府在外部事务中的重要性。麦迪逊在担任国务卿和总统期间的所作所为（详见第四章）将充分说明这一点。

麦迪逊所力图实现的政府，正是一个能够同时实现这多方面综合目标的政府。而他之所以认为邦联政府必须修改，正是因为它在实现这些目标上的无能。

---

① 〔英〕休谟：《休谟政治论文选》，张若衡译，商务印书馆，2010，第159页。
② James Madison, "To John G. Jackson," in Gaillard Hunt, ed., *The Writings of James Madison*, Vol. 9, New York: G. P. Putnam's Sons, 1910, pp. 70-77. 参见麦迪逊《辩论：美国制宪会议记录》，尹宣译，辽宁教育出版社，2003，第155页。

三　麦迪逊论联邦制大共和国的优点

政府需要达成上节所述目的。而只有赋予其特定的形式和结构，政府才能达成上述目的。麦迪逊最充分论述政府形式的著作，是著名的《联邦党人文集》第十篇。这一篇以"致纽约州人民"开篇。他一开始就说明自己是在对民主政府的朋友们（the friend of popular governments）讲话，而且以轻蔑厌恶的口气谈到自由的敌人（the adversaries to liberty）。① 麦迪逊一开场就明确做了卡尔·施米特所谓的"敌友之分"，这篇文章将是高度政治性的。同时，麦迪逊也不加说明地将民主政府和自由当成可替换的词组来使用，民主政府有自由的属性，自由属于民主政体，自由和民主政体彼此相属。

能够达成目的的政府只能是民主政府（popular government），但是民主政府有其固有的缺陷，只能实现所要实现的部分目的，因此有必要进行修正。美国的宪制（constitution）对古今的民主典型都做了有价值的改进，这一改进"怎么赞扬都不为过"。② 但是它仍然无法排除这方面的危险：不稳定、不公正和公开会议中的混乱。这是所有民主政体都有的致命疾病。麦迪逊引用他那些最深思熟虑和最有德行的公民同胞的观察来证明这一点："我们的政府太不稳定，在敌对党派的冲突中不顾公益，决定措施过于频繁，不是根据公正的准则和小党派的权利，而是根据有利害关系的占压倒多数的超级势力。"③ 麦迪逊将这个问题概括为党争。民主政体致命的缺点在于剧烈的党争，而联邦最值得仔细发展的优势莫过于能打消和控制党争的毁灭力量。麦迪逊向民主政体的朋友们指出了这一政体必有的致命疾病，然后向他们推荐联邦这一良药。

麦迪逊理解的党争是指，一些公民在某些共同的激情或利益的驱使

---

① 〔美〕汉密尔顿、〔美〕杰伊、〔美〕麦迪逊：《联邦党人文集》，程逢如、在汉、舒逊译，商务印书馆，1995，第44~45页。

② Alexander Hamilton, James Madison and John Jay, *The Federalist Papers*. edited with an Introduction and Notes by Lawrence Goldman, New York: Oxford University Press, 2008, p.49.

③ 〔美〕汉密尔顿、〔美〕杰伊、〔美〕麦迪逊：《联邦党人文集》，程逢如、在汉、舒逊译，商务印书馆，1995，第45页。

下，联合成为整体中的较大部分或较小部分，反对其他公民的权利或共同体永久的共同利益。有两种方法可以治愈党争的危害：移除其原因；控制其结果。

麦迪逊列举了两种移除党争原因的方法：第一种，破坏党争赖以存在的自由；第二种，给每个公民以共同的意见、共同的激情和共同的利益。第一种方法是愚蠢的，这种药比疾病更糟糕。如果说第一种方法是不明智的，那么第二种方法是实行不了的。麦迪逊论证说，"只要"人的理智继续犯错，而人又自由地运用他们的理智，就会形成不同的意见。"只要"在人的理智和自爱之间存在关联，意见和激情就会相互影响；前者就会是后者依附的对象。接下来他讲了引起党争的利益部分。利益在于财产的占有，最初的财产权源自人们的能力，这种能力指的是获取财产的能力。获取财产的能力先于财产，而政府的首要目标是保护这种能力而非保护财产。人们的能力多种多样，对多种多样的获取财产的能力的保护导致了人们占有财产的不同。人们对不同财产的占有使社会总会分化为不同的利益集团和党派。既然政府要保护人们获取财产的能力，那么这第二种方法就是实行不了的。

麦迪逊基于这个论证说，党争的潜在原因就如此被播种（sown）在人的自然之中。这个种子在不同的环境中会有不同程度的发育。不过麦迪逊在这个论证之外又提出了一个施米特式的阴暗论证：人有非常强烈的相互憎恨的倾向，最无关紧要并且最不真实的原因就足以点燃他们不友善的激情并激起最狂暴的战争。社会总要分裂为党派，而党派之间要进行致命的党争是因为人的自然中有相互憎恨的强烈倾向。麦迪逊紧接着提到了党争的那个最普遍以及最持久的源头：多种多样和不平等的财产分配。不同于那些无关紧要以及不真实的原因，财产分配的不平等使社会持久地分化为各种各样互相妨碍的利益集团。对这些利益集团的管制是现代立法的首要任务，麦迪逊没有说他为什么强调"现代"。这种任务使政府的必要而日常的运行带上了党派和党争的精神。

党争的存在使公正的法官有必要存在，而这样一个公正的法官只能是一位被启蒙了的政治家（that enlightened statesman）。然而这位政治家不会总是处在领导地位，而且就算他处在领导地位他的判断也会被那些党派的判断压过。启蒙运动改变不了党争存在的原因，改变不了人的自然本性。"党争的原因不可能被移除，可行的方法只有通过控制其结果来缓和党争"①。这样，麦迪逊就被引向这个有必要探讨的问题：保护公共利益和私人权利不受党争的危害，同时又保存民主政府的精神和形式。换言之，如何在保存民主政体的同时改进民主政体，以使之为人们尊重和采用。

达到这个目的的方法只有两个。"要么必须防止多数中同时存在同样的激情或利益，要么必须使这样具有同样的激情或利益的多数由于他们的人数和当地情况而不能同心协力地将他们压迫别人的阴谋付诸实行。"②"这样来看问题，可以得出结论说：一种纯粹的民主政体——这里我指的是由一小群公民亲自组织和管理政府的社会——不能治愈党争的危害。"③这样的民主政体永远是一幅动乱和争论的景象。鼓吹这种政府的政治理论家错误地假定，通过把人类简化为在政治权利上完美平等的人，就可以使人在财产的占有、意见和激情上完美地平等化和相似化。真正的民主政体是不可取的，麦迪逊开始推荐共和政体这样一种代议制民主政体。

麦迪逊接下来比较了纯粹的民主政体和它的改进版本——代议制民主政体即共和政体。通过检查两者的不同，他将使我们理解这种改进的性质（nature），并看到共和政体可以从联邦（Union）得到的功效。最大的区别有两点："第一，后者的政府委托给由其余公民选举出来的少数公民；第二，后者的公民人数和国土范围都可以大得多"④。

第一个区别的关键在于被选出来的代表既有可能比人民自己更好地表达真正的公共利益，也有可能出于私利背叛公共利益。问题是大共和国还是小共和国更容易选出公共利益真正的守护者？麦迪逊举了两条理由来说明大共和国更好。首先，不管共和国多么小，代表都必须达到一定人数，以防备一小撮人的阴谋集团。而不管共和国多么大，代表也必须小于一定人数，以防大众（multitude）间的混乱。这样大共和国中代表的比例要小

---

① Alexander Hamilton, James Madison and John Jay, *The Federalist Papers*, edited with an Introduction and Notes by Lawrence Goldman, New York: Oxford University Press, 2008, p.51.
② 〔美〕汉密尔顿、〔美〕杰伊、〔美〕麦迪逊：《联邦党人文集》，程逢如、在汉、舒逊译，商务印书馆，1995，第48页。
③ 〔美〕汉密尔顿、〔美〕杰伊、〔美〕麦迪逊：《联邦党人文集》，程逢如、在汉、舒逊译，商务印书馆，1995，第48页。
④ 〔美〕汉密尔顿、〔美〕杰伊、〔美〕麦迪逊：《联邦党人文集》，程逢如、在汉、舒逊译，商务印书馆，1995，第49页。

于小共和国，而如果合适的人选所占比例相同，那么大共和国更可能做出合适的选择选出合适的人选。其次，在大共和国中不合适的候选人更难通过玩弄邪恶的技艺而上台，而拥有最吸引人的优点和最广泛最长久声望的候选人更有可能胜选。

从这方面看，共和政体就其自然而言，大比小好。不过麦迪逊又指出，大的和小的共和国都各有其缺点。大共和国的代表不够熟悉地方的情况和次要的利益，而小共和国的代表又太局限于这两者，不足以理解并追求重大的和国家的目标。联邦可以把小共和国和大共和国的优点结合起来，把重大的和共同的利益交给国家立法机关去处理，把地方的和独特的利益交给州立法机关去处理。共和政体改进了民主政体，联邦的共和政体改进了纯粹的共和政体。

第二个区别的关键在于，大共和国中人们更难联合起来达到不公正和不道德的目的。麦迪逊没有排除这种可能性：在大共和国中一些人联合起来压迫其他人。麦迪逊只是说，这种危险在大共和国中比在小共和国中要小一些。

麦迪逊总结说，对这两点区别的分析很清楚地表明，在控制党争的结果上，共和政体优于民主政体，大共和国优于小共和国，联邦优于其成员。其优越之处在于后者能选出这样的代表，他们的被启蒙了的观点和有德行的情感（enlightened views and virtuous sentiments）将取代地方的偏见和不公正的阴谋。普世的将取代地方的，公正的将取代不公正的。被启蒙了的政治家将统治未被启蒙的人们。在各种政体的统治者中，联邦制的大共和国的统治者——那些"代表们"——最有可能是被启蒙了的政治家。其优越之处还在于后者中的党派更难以不顾正义地去图谋私利。社会总要分裂为党派，而党派又总要去图谋私利，但是在联邦制的大共和国中，这些党派更难胜过正义的力量。

麦迪逊向民主政体的朋友们推荐联邦制的大共和国，也就是复合共和制的共和国。

四 麦迪逊论强政府的必要性

麦迪逊证明了联邦制大共和国的正当性。但是这个新政体的形式还需要进一步明确。旧的邦联也可以被看成"联邦制的大共和国"，但它仍然是失败的，需要进一步地修正。

麦迪逊在召开费城制宪会议前不久的 1787 年 4 月，写了一篇名为《联邦政治系统之诸种缺陷》的论文。① 在其中，他详尽阐述了旧邦联的十二种缺陷。这些缺陷概述如下。

第一，无论是在独立战争期间还是战后和平时期，各邦都不能完成宪法条款所要求的义务。这是由各邦的数目和独立权威所自然造成的，历史上的相似邦联（Confederacy）都有同样的缺陷。这对当前政治系统所要达到的目的是致命的。

第二，各邦会侵犯中央政府的权威。例证很多，如佐治亚与印第安人的战争与条约，弗吉尼亚和马里兰，以及宾夕法尼亚和新泽西之间未经授权而订立契约，马萨诸塞建立并维持一支军队，等等。

第三，各邦破坏国际法和国际条约。由于立法机构数目太多，此类情形必然经常发生。一年不到，美国与英国的和平条约、与法国的条约以及与荷兰的条约，均被违反。导致各邦违反条约的原因，必然导致各邦频繁地违反国际法。各国虽然没有特别严厉地谴责美国的行为，但是势必不会永远容忍美国的此类行为。与外国的此类争端必将带来极大的公共灾难，而且给美国整体带来灾难的权力却是掌握在作为整体一部分的各邦手中。

第四，各邦互相侵犯彼此的权利。这种事情天天在眼前发生。弗吉尼亚限制船只在特定港口的航行，马里兰和纽约也这么做。纸币、分期偿还债务、法庭的阻隔（Occlusion of Courts）也可能导致各邦互相侵犯彼此的权利。各邦公民彼此互为债主和债务人，他们会想办法使自己的公民赖账，而反击外邦的赖账者。这种行为还可能扩展到美国与外国的债务关系。因此，有必要在全国施行统一的货币政策，以阻止扰乱国内太平的争端和防止卷入与他国的争端。

此外，各州实行的限制商品流通的保护主义政策，虽然并不违反邦联条款，但与联盟（Union）的精神正好相反。这种行径必将导致受害者的报复，这不仅对各邦代价高昂且令人恼怒，而且对普遍的和谐是破坏

---

① James Madison, "Vices of the Political System of the United States," in Jack N. Rakove, ed., *Writings*, New York: Library of America, 1999, pp. 69-80.

性的。

第五，为共同利益所需的行为需要得到各州一致同意。这种缺点，特别体现在贸易事务上。国家的尊严、利益和财产太多次受害于此。在关于外国公民之归化、关于著作权（literary property）的法律问题上，在为国家目标而授予特权（incorporation）的问题上，在为共同利益而改造运河等问题上，所要求的各州一致同意都导致了许多挫败。

第六，现有邦联无法满足保证各邦宪法和法律（Constitutions & laws）不受内部暴力侵害的要求。邦联条款在这一点上是沉默的，导致邦联无法插手此类事务。按照共和理论，权利和权力都掌握在多数手中。而根据事实与经验，一个少数派可能诉诸武力，并胜过多数。首先，如果这样一个少数恰好包括那些拥有军事生活的技巧和习惯的人，也包括占有巨大财产资源的人，那么1/3的人可能胜过其余2/3。其次，那些拥有选举权的1/3少数派，可能使由于贫穷而被剥夺选举权的多数，更趋向于参加叛乱而非认同已有政府。最后，在奴隶制存在的地方，共和理论（republican theory）不会真正有效。

第七，（人民的）批准认可是法律概念的本质要素，正如强制是政府的本质要素，而邦联中两者都极为缺乏。这样一种宪法（Constitution），实际上不过是如许独立主权国家之间的和睦、商业与联盟条约。为什么邦联条款犯下如此致命的疏忽？是因为对各邦立法会议的正义、善良信念、荣誉、明智政策抱有错误的信任，认为这些东西可以使诉诸保障个人遵守法律的通常动机变得多余：这既是由于其制定者充满热情的德性（enthusiastic virtue），也是由于他们在危急时刻的缺乏经验。多年过去，事实已经证明，各邦对邦联政府之行动的一致同意和准时服从，根本就不能指望。即使在战争期间，外部危险削减了缺乏法律认可与强制手段的瑕疵，各邦也不能很好地履行它们对联盟的责任。在和平期间，情况自然更糟。事情也只可能是这个样子。首先，联盟的每一个一般性行动，都必然会使其某一些成员承担不平等的重负。其次，各成员州都偏爱自身的利益和权利，其人民的奉承者还会加深这些偏爱，必然会夸大这种不平等，而且甚至在不存在不平等的地方也会怀疑存在不平等。最后，它们彼此都不信任对方会自愿服从邦联，所以自己也不会自愿服从。这就使邦联的举措永远只会遭到挫败。如果各邦的法律仅仅是对其公民的劝告建议，那法律怎么可能得到执行？而邦联条约只不过是对各邦的劝告建议而已。

第八，在一些邦，邦联条约得到了人民的批准，但是在另一些邦，则只得到了其立法机构的批准。这就导致两个恶果。第一，如果邦法律和邦联法律相违背，那么很可能会更倾向于邦而违背邦联法案。第二，如果各邦的联盟只被认为是各主权国家的联合（league）而非一个主权国家，那么一邦的背约就给了其他邦解除自身责任的借口，从而使联盟解体。

第九，各邦法律的多样性。独立之后这几年，各邦制定的新法律，赶得上此前一个世纪所通过的。现在各邦的法律已经极为多样了，以后会发展得更糟糕。

第十，各邦法律的易变性。法律每天都在制定和撤销，这对贸易极为不便。我们自己的公民和外国人不知道什么时候就会踏入法律变化造成的陷阱。

第十一，各邦法律的不正义。这一点比前两点更值得警惕。因为它使共和政府的基本原则都成了问题，即统治的多数是公共利益和私人权利的最好卫士。不正义的法律可能来自代表团体和人民自身。

首先，代表们受三种动机驱动：野心、个人利益和公共利益。不幸的是，经验证明前两者是最多的。结果是受野心和个人利益驱动，特别是受后者驱动的代表，最为热切也最为成功地追求着他们的目标，而且也经常在立法议会中构成多数。这些人的利益和观点与其选民的不同，并且会牺牲后者以成全前者。对受宠的领袖们来说，其真诚但未受启蒙的（unenlightened）选民们实在太容易受骗了，他很容易把自己的自私观点伪装成是在追求公共利益，并且将其诡辩饰以受人欢迎的雄辩的闪亮色彩。

其次，不正义法律更致命的（如果不是更经常的）原因来自人民自身。所有文明社会都分裂为不同的利益集团和派别（different interests and factions）：债务人和欠债者；富人和穷人；农民、商人和手工业者；不同宗教派别；不同政治领袖的追随者；不同地区的居民；不同类财产的所有者；等等。在共和政府中，不论多数怎样构成，都是法律的制定者。当这个多数拥有共同的利益或激情（passion）的时候，什么能制止他们不去危害少数呢？只能指望多数顾虑共同利益或指望多数的品行或指望宗教，但这三者都极为不可靠。罗德岛在考虑纸币政策的时候，根本不会考虑法国、荷兰甚至马萨诸塞或康涅狄格怎么想。宗教有时候会让人行为正义，但有时候也是压迫的源泉。只有大共和国可以减轻这种危害，因为其中分裂成更多的利益、追求或激情团体，这些团体彼此制约，少有机会形成压迫少数的多数。

必须对政府施以这种修正，使其足以在不同利益团体和派别之间保持中立（neutral），控制社会中一部分人对另一部分人的侵犯，同时足以控制自身不去建立与整个社会的利益相反的利益。在绝对君主制中，国王对其臣民足够中立，但经常为其自身的野心或贪婪而牺牲臣民的幸福。在小共和国中，主权者足以控制自身不去牺牲政体的利益，但是在各部分之间不够中立。正如一个有限君主制国家缓和了绝对君主制国家的罪恶，一个扩大了的（extensive）共和国也会改善小共和国的管理。

第十二，邦联对各州的法律无能为力。

麦迪逊针对这些缺陷提出了相应的解决方案：总的来说，纯粹联邦性质的邦联，应改造为部分联邦性质部分单一国家性质的新联邦。具体来说，应该加强联邦中央政府，使其具有强迫各州遵守其对联邦的义务、遵守国际法和国际条约、尊重其他州的权利的权力；使其具有制定统一的货币、税收和贸易政策的权力。应该废止旧邦联中各邦一致同意的要求。新的宪法必须经过全体人民的共同公开批准，从而使其拥有充足的权威。应该使中央政府有统一的立法权，以此限制各州立法的多样性、易变性和不正义性。

麦迪逊在致埃德蒙·兰道夫的一封信中概述了自己对旧邦联的系统修正，说明自己希望尝试联邦制国家和单一制国家之间的中间立场。首先，他希望改变旧邦联的代议制原则。旧邦联给了小邦和大邦同样的代表权，麦迪逊希望新联邦能实行全国统一的比例代表制。其次，他希望联邦政府在必须实行统一措施的一切事情上，例如贸易等，都拥有不容置疑的全权（a positive and complete authority）。再次，他希望联邦政府对各州立法机构提出的法案拥有否决权，正如大不列颠国王所拥有的那种权力。这种否决权尤其可以用于纸币等问题。最后，他希望联邦政府的这种至高性（supremacy）也扩大到司法领域。麦迪逊还设想了这种新政府的组成：立法机构由两院构成，下院每年改选，上院人数更少任期更长，对各州法律的否决权赋予上院；一个全国性行政机构是必要的，但是如何组织还难以定夺（全国执行机构成为一个难题，一大原因是因为邦联缺乏这种机构，因此这是一种全新的因而也更加难以为人接受的改变）。①

总之，麦迪逊针对旧邦联的弱点，试图建立一种具有强大的全国政府的新政治制度。

五　麦迪逊论强政府的分权

麦迪逊建立强大全国政府的意图，受到了反联邦党人的强烈反对。反联邦党人反对通过新宪法，其主要的理由正是新宪法所确立的全国政府将过于强大。② 为了不使这样一个强大的全国政府威胁到其公民的自由，一个必须用的方法是使其采用三权分立的安排。

麦迪逊为新政府设想了三权分立的政治制度。麦迪逊相信，"暴政的正确定义，就是将所有权力（包括立法、执行和司法权）集中在同样的人的手中。不管是集中一个人、一些人还是许多人手中，也不管这些人是世袭的、自我任命的还是选举的，三权合一都是真正的暴政。"③ 麦迪逊将这一论点称为"政治上的真理"，而且认为没有哪一条政治真理比这条真理"具有更大的内在价值"。④ 这条真理是由孟德斯鸠阐发的。孟德斯鸠的政治理论一向容易引人误解，在三权分立的问题上也不例外。因此，为了理解这条真理的具体含义，麦迪逊去研究了孟德斯鸠的政治理论。

麦迪逊看到，孟德斯鸠的三权分立的政治理论，是通过阐发英国的政治制度而形成的。在这种英国的政体（British Constitution）之中，"立法、

---

① James Madison. To Edmund Randolph. Gaillard Hunt. ed. *The Writings of James Madison*, Vol. 2. New York：G. P. Putnam's Sons，1901，pp. 336~340. 兰道尔夫时任弗吉尼亚州州长，年方 34 岁，被推出来充当挂名领袖，"弗吉尼亚方案"正是由他宣读的。参见〔美〕马克斯·法仑德《美国宪法的制订》，董成美译，中国人民大学出版社，1987，第 13 页。

② 〔美〕赫伯特·J. 斯托林：《反联邦党人赞成什么——宪法反对者的政治思想》，汪庆华译，北京大学出版社，2006，第 12~13、26~27、131~133 页。

③ Alexander Hamilton，James Madison and John Jay，*The Federalist Papers*，edited with an Introduction and Notes by Lawrence Goldman. New York：Oxford University Press，2008，p. 239.

④ Alexander Hamilton，James Madison and John Jay，*The Federalist Papers*，edited with an Introduction and Notes by Lawrence Goldman. New York：Oxford University Press，2008，p. 239.

执行和司法部门，绝非绝对地彼此分开并互相隔绝"①。麦迪逊举例说，英国的执行部门并没有与立法和司法部门彻底分离，不仅"执行官构成其立法机构的必需成分"，而且"司法部门的所有成员都是由他任命的"②。此外，立法机构也涉足行政和司法事务，并且"法官也与立法部门紧密联系着，尽管并没有投票权，但却经常出席并参与其审议活动"③。麦迪逊由此得出结论，孟德斯鸠期望的三权分立，并非三权的彻底分离，而是三权不能完全集中在同样的人手中。

麦迪逊推广这一结论，将其应用于美国各州的已有宪法，指出虽然它们大都使用了三权分立的语言，但实际上所设立的政府的三个部门都有一定程度的混合。例如，马里兰州"以最明确的术语声称，政府的立法、执行和司法权应该永远地彼此分开并互相隔绝。但是，她的宪法，却使执行官由立法部门任命，并使其司法机构的成员由执行部门任命"④。因此，三权的彼此分开并互相隔绝，在理论上和实践上都并不能成立。在三权"分立"的名义下建立的，只可能是一种三权有一定程度的混合的政治制度。

三权在实际上不可避免的混合，会带来进一步的问题，那就是它们可能会互相侵犯彼此的权力。麦迪逊看到，"不容否认的是，权力具有一种［对外］侵犯的本性"⑤。因此，如何"在实践中保障三权不受其他

---

① Alexander Hamilton, James Madison and John Jay, *The Federalist Papers*, edited with an Introduction and Notes by Lawrence Goldman, New York: Oxford University Press, 2008, p. 240.

② Alexander Hamilton, James Madison and John Jay, *The Federalist Papers*, edited with an Introduction and Notes by Lawrence Goldman, New York: Oxford University Press, 2008, p. 240.

③ Alexander Hamilton, James Madison and John Jay, *The Federalist Papers*, edited with an Introduction and Notes by Lawrence Goldman, New York: Oxford University Press, 2008, p. 240.

④ Alexander Hamilton, James Madison and John Jay, *The Federalist Papers*, edited with an Introduction and Notes by Lawrence Goldman, New York: Oxford University Press, 2008, p. 244.

⑤ Alexander Hamilton, James Madison and John Jay, *The Federalist Papers*, edited with an Introduction and Notes by Lawrence Goldman, New York: Oxford University Press, 2008, p. 245.

权力的侵犯"，是一项"需要解决的重大难题"①。这个问题之所以难以解决，是因为仅仅在宪法中规定三权不得互相侵犯，是不足以阻止它们实际上的互相侵犯的。麦迪逊研究了美国各州的政治实践，指出虽然各州都用宪法规定了三权的运行范围，但是侵权仍然大行其道。例如，在弗吉尼亚，立法机构不仅经常决定应该留给司法机关判决的事件，而且"在立法机关的整个开会期，它们对执行机构的指挥，已经变得习以为常"②。麦迪逊在原文中用斜体强调了这一事实的可怕性质。总之，麦迪逊得出结论："仅仅在写着宪法的羊皮纸上为三个部门划出界线，是不足以防止这种侵权的。而这种侵权将导向所有的权力暴政性地集中在同样的人手中"。③

那么如何防止三权的互相侵犯，特别是立法权对其他两权的侵犯呢？一种方法是杰斐逊提出来的，即诉诸人民的裁决来防止政府的暴政。④麦迪逊赞同杰斐逊，相信人民是权力的唯一合法源泉，而且在政治发展的重大关头应该诉诸人民的权威，但是麦迪逊并不认为这一方法适用于一切情况。一个特别重要的反对理由是，"每次诉诸人民，都等于间接指出政府存在某些缺陷。因此，经常诉诸人民，就会使政府丧失时间能给予世间每一事物的那种尊重，而如果没有这种尊重，可能哪怕是最明智和最自由的政府也无法得到必须具备的稳定性"⑤。此外，太频繁地将宪法或政府结构的问题交给人民去判断，可能会激起人民的激情而破坏

① Alexander Hamilton, James Madison and John Jay, *The Federalist Papers*, edited with an Introduction and Notes by Lawrence Goldman, New York: Oxford University Press, 2008, p. 245.

② Alexander Hamilton, James Madison and John Jay, *The Federalist Papers*, edited with an Introduction and Notes by Lawrence Goldman, New York: Oxford University Press, 2008, p. 248.

③ Alexander Hamilton, James Madison and John Jay, *The Federalist Papers*, edited with an Introduction and Notes by Lawrence Goldman, New York: Oxford University Press, 2008, p. 249.

④ Alexander Hamilton, James Madison and John Jay, *The Federalist Papers*, edited with an Introduction and Notes by Lawrence Goldman, New York: Oxford University Press, 2008, pp. 249-250.

⑤ Alexander Hamilton, James Madison and John Jay, *The Federalist Papers*, edited with an Introduction and Notes by Lawrence Goldman, New York: Oxford University Press, 2008, p. 251.

公共安宁。最后，诉诸人民将是无效的。麦迪逊相信，由于立法机构更可能是侵权的主动一方，所以诉诸人民裁决的更可能是作为被侵权一方的行政机构。行政机关的这种求助通常会失败，因为人民在感情上总是会更加同情立法机关。

在连续否定了两种解决方案的有效性之后，麦迪逊提出了自己的自认为唯一可行的创新解决方案："如此设计政府的内在结构，使其三个构成部分拥有恰当的相互关系，能够彼此确保都处在它们恰当的位置上"[①]。这个结构设计的问题应该和行动者的能动性结合起来考虑。具体来说，最重要的手段是"给予每一个部门的管理者必需的宪法手段和个人动机去抵制其他部门的侵犯"[②]。在个人动机方面，"野心必须被用来对抗野心"[③]。在宪法手段方面，则是通过将立法机构分为两院来削弱立法权，同时对行政权进行一定的加强。

总结以上论证，可以看到，麦迪逊希望建立的是一个拥有强大的全国政府或曰中央政府的联邦共和国，而这样一个强大的全国政府又可能反过来威胁到公民的权利和自由。那么如何在加强全国政府的同时防止其危险？麦迪逊的回答是，在加强中央政府的总体权力的同时，对这些权力在三个部门之间进行分割。三权不可能彻底分割，但可以保持一定程度的分割。三权的这种一定程度上的分割基本上可以保障人民的权利和自由，唯一需要进一步考虑的是如何维持这种分割。麦迪逊为此考虑了三种方案。在这些方案中，在宪法中对分权最明确的规定是必需的，但并不是充分的；在重大关头由某一被侵犯的权力诉诸人民是可行的，但不能被作为一种常规手段来使用；只有赋予每一个部门的管理者必需的宪法手段和个人动机去抵制其他部门的侵犯才是有效的常规手段。这意味着需要通过制度设计削弱三权中的立法权并加强执行权。

---

① Alexander Hamilton, James Madison and John Jay, *The Federalist Papers*, edited with an Introduction and Notes by Lawrence Goldman, New York：Oxford University Press, 2008, p. 256.

② Alexander Hamilton, James Madison and John Jay, *The Federalist Papers*, edited with an Introduction and Notes by Lawrence Goldman, New York：Oxford University Press, 2008, p. 257.

③ Alexander Hamilton, James Madison and John Jay, *The Federalist Papers*, edited with an Introduction and Notes by Lawrence Goldman, New York：Oxford University Press, 2008, p. 257.

　　本章所阐述的这些麦迪逊的理论，在美国宪法及其所确立的政治制度中得到了充分体现。总之，麦迪逊认为，为了实现政府的目的，由新宪法所建立的新国家，应该是一个拥有强大的中央政府的、半联邦性质半单一国家性质的、复合制的大共和国。这个国家应该遵循代议制和三权分立的组织原则。这一复合共和制政治制度的具体制度安排，构成了麦迪逊政治理论的主体，而这将是下一章将要深入探讨的主题。

第三章 麦迪逊政治理论的主体：复合共和制的具体制度

本书上一章说明，麦迪逊完整的政治理论是在费城制宪会议前后几年间形成的。在这一阶段，麦迪逊思考的中心，是如何改进旧邦联，为美国设计一种新的政治制度。麦迪逊思考的结果，是建立一个大的联邦制的三权分立的复合共和国。这一复合共和制政治制度的具体制度安排，构成了麦迪逊政治理论的主体。本章将深入分析麦迪逊政治理论的这一主体，其中第一节将探讨麦迪逊认为应该赋予全国政府的总体权力，第二节讨论这些权力在三权之间的具体分配，第三节讨论麦迪逊的联邦主义理论。这一政治制度所包含的另一部分，亦即《权利法案》，是作为修正案被写入宪法的。本章第四节将讨论麦迪逊关于《权利法案》的思考。

一 麦迪逊的限权政府理论

麦迪逊等人试图建立世界上第一个真正的三权分立政府，但是这种政府很快发生了变化。美国前总统威尔逊批评 19 世纪末的美国政府是国会至上而非三权分立的，"宪法的形式是一个经过精心调整的、理想的平衡体，而当今我国政府的实际结构只不过是国会至高无上的一种体制。"[1] 自威尔

---

[1] 〔美〕威尔逊：《国会政体——美国政治研究》，熊希玲、吕德本译，商务印书馆，1986，第 8 页。

逊以来，很少还有人认为美国政府仍然是原初的那种三权分立政府。到 21 世纪，很多学者更是如莫恩斯·汉森一般认为，"三权分立是一种过时的理论。职能分立和人事分立原则已经因为种种例外而千疮百孔，必须被抛弃。"①

三权分立政府自身的发展，以及后来学者们的解释与批评，严重影响了我们对麦迪逊三权分立理论的理解。福山的立场颇有代表性。福山在其《国家构建：21 世纪的国家治理与世界秩序》一书中一般性地讨论了建国（state-building）问题。他列举了现代国家的十多种职能。其中最小职能包括提供公共产品，国防、法律及秩序，财产权保护，宏观调控，公共卫生，增进公平，保护穷人。中等职能包括应对经济外部性，教育、环境保护，反垄断，职业教育，社会保险。积极职能包括产业政策和财富再分配。② 虽然福山声称，"美国建立的是一套有限政府制度，在历史上就限制了国家活动的范围"③，但实际上美国政府履行了所有这些职能（奥巴马政府在克鲁格曼等理论家的影响下尤其强调产业政策，对其本土汽车产业进行了精心保护。当然美国行使产业政策的力度与东亚国家有显著差别）。美国最初的国家的确是"最低纲领主义的自由国家"④，但如福山所强调的，美国的国家构建在建国之后还继续前进："在美国的历史上，战争和国家安全的需要注定是国家构建最重要的源泉，大规模的国家构建都是随着南北战争，两次世界大战以及冷战而结束的。"⑤ 今天美国政府与最初设想的已极为不同。

美国政府行使的职能越来越大，其权力的范围也随之不断扩大。亦即"三权分立"所分之"权"的总规模在不断增加。这与麦迪逊最初设想的完全不同。要理解麦迪逊的三权分立理论，我们不能依赖政府职能应该受

① 〔丹麦〕莫恩斯·赫尔曼·汉森：《混合宪制与三权分立：现代民主的君主制与贵族制特征》，《经济社会体制比较》2012 年第 2 期，第 106 页。

② 〔美〕弗朗西斯·福山：《国家构建：21 世纪的国家治理与世界秩序》，黄胜强、许铭原译，中国社会科学出版社，2007。第 9 页。

③ 〔美〕弗朗西斯·福山：《国家构建：21 世纪的国家治理与世界秩序》，黄胜强、许铭原译，中国社会科学出版社，2007。第 6 页。

④ 〔美〕弗朗西斯·福山：《国家构建：21 世纪的国家治理与世界秩序》，黄胜强、许铭原译，中国社会科学出版社，2007，第 3 页。

⑤ 〔美〕弗朗西斯·福山：《国家构建：21 世纪的国家治理与世界秩序》，黄胜强、许铭原译，中国社会科学出版社，2007，第 34 页。而且，美国最初的政府与福山所谓的最低纲领政府也不同，例如，福山的政府最小职能中包括公共卫生，而这显然是美国最初政府所没有的。

到限制这种当代的一般性看法，而需要回到他关于限权政府的更严格的观点：麦迪逊的有限政府，是权力被一一列举的政府。

权力一一列举的政府

麦迪逊在费城制宪会议上公开说明，他有一种强烈的愿望，"主张一一列举全国议会的各项必要权力和这些权力的具体定义。"① 麦迪逊的这种主张最终在美国宪法中得以体现，其第一条第八款明文一一列举了联邦议会所拥有的权力。也就是说，今天我们仍然采用麦迪逊"有限政府"的措辞，但我们的用法与麦迪逊的极为不同。这种相同的表象很容易让我们曲解麦迪逊"有限政府"的理论。

这种曲解，尤其表现在割裂麦迪逊的三权分立理论和他对有限政府的实质性看法。约翰·菲雷约翰在其《麦迪逊式的分权》一文中对麦迪逊分权理论的处理非常典型。② 菲雷约翰认为，"我们称之为麦迪逊式分权的那种东西，不应该被理解为在新政府各部门间分配权力的一系列固定制度或规则。相反，它最好被看成是一种落实一系列规范和制度过程的努力，这将允许在经验的影响下重新安排各部门的权力。"③ 菲雷约翰轻蔑对待那些固定制度或规则，将宪法第一条第八款对国会权力的一一列举称为"羊皮纸上的篱笆"，而认为政府各部门的互相制衡才是更结构性的，也是更值得重视的。④ 菲雷约翰对麦迪逊的一一列举没有兴趣，这是因为，作为当代学者，他不可能认为国会只享有或只应该享有第八款所列举的那些权力。因此，更重要的是政府各部门之间的互相制衡，而不是限制政府的权力本身。但是麦迪逊自己认为两者同等重要。

---

① 〔美〕麦迪逊：《辩论：美国制宪会议记录》，尹宣译，辽宁教育出版社，2003，第32页。

② John Ferejohn，"Madisonian Separation of Powers," in Samuel Kernell, ed., *James Madison: The Theory and Practice of Republican Government*, Stanford, California: Stanford University Press, 2003, pp. 126-155.

③ John Ferejohn，"Madisonian Separation of Powers," in Samuel Kernell, ed., *James Madison: The Theory and Practice of Republican Government*, Stanford, California: Stanford University Press, 2003, p. 126.

④ John Ferejohn，"Madisonian Separation of Powers," in Samuel Kernell, ed., *James Madison: The Theory and Practice of Republican Government*, Stanford, California: Stanford University Press, 2003, p. 128.

换言之，对麦迪逊来说，"政府应该拥有什么权力"这一问题，先于"政府各部门应该如何分配这些权力"的问题。而对当代学者来说，前一问题根本不是问题，因为今天的政府拥有的权力已经如此庞大，而且还在不断扩张，以至于限制政府权力的范围看来不再可能。正如韦伯所言：

> 根据其行动的目的是不可能定义一个政治组织的，其中也包括国家。从供应生活物资到赞助艺术事业，没有什么可以设想的目的不是某种政治联合体在某些时候所追求的。从保障个人的安全感到司法行政，则无一不是一切政治组织所承认的目的。[①]

可以限制的并不是政府权力的范围，而是政府权力的行使，所以当代学者更强调《权利法案》、三权制衡，而对一一列举政府所拥有的权力不感兴趣。

为了还原麦迪逊的分权理论，我们需要摆脱当代视角，去研究这一理论的原初前提，亦即"分权"所分之"权"具体包括哪些权力。

美国宪法第一条第八款所赋予联邦议会的十八种权力可以分为四类（见表 3-1）。

表 3-1　美国联邦议会权力的类别

类　别	具体权力
财政、贸易和货币	1. 征税和还债 2. 用联邦的信用借钱 3. 管理贸易 5. 管理货币，制定统一度量衡 6. 处罚伪造货币和债券的行为
军事	10. 处罚公海上的海盗罪、违反国际法的行为 11. 宣战等事务 12. 招募军队，提供给养 13. 建立和维持一支海军 14. 制定陆军和海军的统辖和管理条例 15. 征召民兵以执行联邦的法律，镇压叛乱和抵御入侵 16. 管理民兵等

[①]　〔德〕马克斯·韦伯：《经济与社会》（第一卷），阎克文译，上海人民出版社，2009，第149 页。

续表

类　别	具体权力
公共事业	7. 建立邮局和邮路 8. 促进科学和有用技术的进步，保障著作权
其他	4. 制定统一规划规则和统一破产法 9. 设立最高法院以下的法院 17. 建立首都特区等 18. 执行上述权力必需的立法权等

美国宪法第二条规定总统享有执行权（The executive Power），第二款特别说明总统分享部分军事权力（担任各军总司令），享有外交方面的权力（有权缔结条约、任命大使）。第三条规定法院享有司法权。

明显可以看到，立法机构（联邦议会）所享有的不只是立法权，例如，"用联邦的信用借钱"很难被看成"立法权"；而总统所享有的也不只是执行的权力，缔结条约显然应该被视为某种立法权。[1] 最终，正如阿尔蒙德所批评的，三种机构并非与三种职能一一对应。司法机构是一个重要的立法者，行政机构更是首要的立法机关，行政人员兼有立法者和司法者的双重身份，立法机构是其他人所提出法案的修改者、合法化者与汇总者，唯独不是立法者。他还批评三权分立理论中缺乏代理与谈判功能的位置。[2] 所以应该还原看政府所拥有的整体权力，然后再看这些权力是如何被分配给政府的三个分支的。

事实上，这也正是麦迪逊的思考方式。

权力的分配

在《联邦党人文集》第四十一篇，麦迪逊指出，"制宪会议提出的宪法，可以分两点来看。第一点是宪法应该授予政府多少权力，以及宪法应该对政府施加哪些约束。第二点是应该赋予政府何种特殊结构，以及如何

① James Madison，"Letters of Helvidius," No. 1, in Gaillard Hunt, ed., *The Writings of James Madison*, Vol. 6, New York：G. P. Putnam's Sons, 1906, pp. 138-151.
② Gabriel Almond, "Political Theory and Political Science," *American Political Science Review*, 1966, (4), p. 873.

在政府的三个分支机构中分配上述权力。"① 麦迪逊指出，赋予美国联邦政府的权力可以分为以下几类："1. 防御外来威胁；2. 管制对外国的交往；3. 确保各州的融洽和适当的来往；4. 公用事业的某些琐碎问题；5. 防止各州某些有害的行动；6. 使所有这些权力产生应有效力所必需的权力。"② 总结起来，就是军事、外交、贸易、公共事业、管理各州相关事务等权力。唯一需要特别说明的是财政方面的权力。麦迪逊将此类权力与军事权力合并处理："募款和借款的权力，乃是发挥国防威力的源泉，因此适当地把它纳入同一类别。"③ 麦迪逊在此将财政和军事方面的权力合并处理，一方面说明在早期政府中，财政收入主要是用于军事，正如麦迪逊所说，"是什么给其他民族带来巨大的债务，使许多民族在其重压之下劳作？并不是其政府的花销，而是战争。"④ 另一方面说明《联邦党人文集》的读者并不特别关心财政方面的问题。

但是 1788 年，讨论是否要通过宪法的弗吉尼亚州议会上的问题却与此不同。弗吉尼亚州议会的议员们格外关心税收问题。在会议上，争论的焦点有两个：军事问题，税收和财政问题。麦迪逊为推动新宪法通过，而就此问题反复发言，试图说服反对者。⑤ 麦迪逊和其他议员的这种辩论显示，联邦政府所拥有的权力中，司法权独立无人怀疑，关于公共事业的权力较少争议也较不重要，关于外交和贸易的权力比较重要但争议也不多，而最重要最多争议的，是军事权力和财政权力。

因此，分权理论的最关键问题是，军事权力和财政权力如何分配？麦迪逊指出，美国之前的现代分权政府的榜样，亦即英国政府，是国王掌握

① Alexander Hamilton, James Madison and John Jay, *The Federalist Papers*, edited with an Introduction and Notes by Lawrence Goldman, New York: Oxford University Press, 2008, p. 200.

② Alexander Hamilton, James Madison and John Jay, *The Federalist Papers*, edited with an Introduction and Notes by Lawrence Goldman, New York: Oxford University Press, 2008, p. 201.

③ 〔美〕汉密尔顿、〔美〕杰伊、〔美〕麦迪逊：《联邦党人文集》，程逢如、在汉、舒逊译，商务印书馆，1995，第 211 页。

④ James Madison, "Speech in the Virginia Ratifying Convention in Defense of the Consititution," in Gaillard Hunt, ed., *The Writings of James Madison*, Vol. 5, New York: G. P. Putnam's Sons, 1904, p. 136.

⑤ James Madison, "Speech in the Virginia Convention," in Gaillard Hunt, ed., *The Writings of James Madison*, Vol. 5, New York: G. P. Putnam's Sons, 1904, pp. 123-234.

军事权力，而议会掌握财政权力。① 事实上，现代欧洲国家发展的关键问题，正在于掌握军事权力的国王和掌握财政权力的议会如何互动。② 麦迪逊所设立的美国政府的一大创新，正在于改变了这种模式，使议会在掌握财政权力之外，也掌握了部分军事权力。同时拥有这两种权力的政府无疑是近代以来最强大的一种政府。相对于法国政府，这一点特别明显：法国政府之所以在大革命中崩溃，原因正在于国王或议会分别掌握不同的权力。而英国政府为了变得强大，最终也必须削弱国王的权力，使议会同时掌握财政权力和军事权力。美国这一强大的新政府令人担忧，存在转而比旧制度更强烈地压迫人民的可能性。解决这种问题的必备条件，是使权力直接来自人民的授权。麦迪逊特别强调指出："首要的权力不管来自何处，只能归于人民。"③

政府权力来自人民，是麦迪逊政治理论的必备要素。保障权力来自人民的制度是代议制，人民通过选举代表来确保权力掌握在自己手中。然而，这种控制链条非常脆弱，由于委托-代理问题的存在，由人民选举而生的政府可能反过来成为人民的压迫者。麦迪逊转述孟德斯鸠的经典论断说：

> 的确，没有任何政治上的真理比这个反对意见所依据的有更大的真正价值，或者更加明显地带有自由保卫者的权威色彩了。立法、行政和司法权置于同一人手中，不论是一个人、少数人或许多人，不论是世袭的、自己任命的或选举的，均可公正地断定是虐政。④

因此，有必要实行分权。

---

① James Madison, "Powers over Purse and Sword," in Gaillard Hunt, ed., *The Writings of James Madison*, Vol. 5, New York: G. P. Putnam's Sons, 1904, pp. 195-198.
② 〔美〕查尔斯·蒂利：《强制、资本和欧洲国家（公元990-1992年）》，魏洪钟译，上海人民出版社，2007。
③ 〔美〕汉密尔顿、〔美〕杰伊、〔美〕麦迪逊：《联邦党人文集》，程逢如、在汉、舒逊译，商务印书馆，1995，第272页。
④ 〔美〕汉密尔顿、〔美〕杰伊、〔美〕麦迪逊：《联邦党人文集》，程逢如、在汉、舒逊译，商务印书馆，1995，第246页。

　　麦迪逊指出，政府的三个部门不可能彻底分开。他批评反对者，指出不管是英国政府，还是美国各邦的政府，都没有实现政府三个部门的彻底分离。[①] 彻底分离不可行，可行的是使三个部门分别拥有抵制其他部门侵犯的权力："必须用下述办法来弥补缺陷：这样来设计政府的内部结构，使其某些组成部分可以由于相互关系成为各守本分的手段。"[②] 具体的办法如下。第一，使各部门人员分离，通过不同的渠道选择产生。第二，使各部门官员的薪水，不受其他部门的控制。第三，使各部门官员个人具备抵御侵权的动机："但是防止把某些权力逐渐集中于同一部门的最可靠办法，就是给予各部门的主管人抵制其他部门侵犯的必要法定手段和个人的主动。在这方面，如同其他各方面一样，防御规定必须与攻击的危险相称。野心必须用野心来对抗。"[③] 第四，削弱立法机构：将其分为两院；赋予行政机构否决权。

　　本章下一节将讨论分权的具体安排。

二　麦迪逊的三权分立理论

（一）立法权

　　美国国会不仅拥有通常意义上的立法权，而且拥有征集税收、宣战和征召军队、管理贸易和货币、设立法院等强大的权力。可以说，新联邦的主要权力都集中在议会手中。麦迪逊认为，必须对拥有如此强大权力的议会着重加以限制，以防其向暴政机构转化。主要的限制手段有二：一是只授予其一一列举的有限权力；二是进一步将其分为两院。

[①] 〔美〕汉密尔顿、〔美〕杰伊、〔美〕麦迪逊：《联邦党人文集》，程逢如、在汉、舒逊译，商务印书馆，1995，第246~251页。

[②] 〔美〕汉密尔顿、〔美〕杰伊、〔美〕麦迪逊：《联邦党人文集》，程逢如、在汉、舒逊译，商务印书馆，1995，第263页。

[③] 〔美〕汉密尔顿、〔美〕杰伊、〔美〕麦迪逊：《联邦党人文集》，程逢如、在汉、舒逊译，商务印书馆，1995，第264页。

立法机构的有限权力

对麦迪逊来说，在民主政体下，行政长官的权力范围和任期都有仔细的限制，不值得过度担忧。因而政府三部门中最值得提防的是拥有立法权的议会："它坚信本身的力量，因为被认为对人民有影响而得到鼓舞；它人数多得足以感到能激起多数人的一切情感，然而并不至多得不能用理智规定的方法去追求其情感的目标。"[①] 因此，人民应该沉溺提防和竭力戒备的，正是这个部门的冒险野心。

麦迪逊仔细刻画了立法机关可能的侵权行动：

> 立法部门由于其他情况而在我们政府中获得优越地位。其法定权力比较广泛，同时又不易受到明确的限制，因此立法部门更容易用复杂而间接的措施掩盖它对同等部门的侵犯。在立法机关中一个并非罕见的实在微妙的问题是：某一个措施的作用是否会扩展到立法范围以外。另一方面，由于行政权限于比较狭小的范围内，在性质上比较简单，而司法权的界线又更其明确，所以这些部门中的任何一个的篡夺计划，都会立刻暴露和招致失败。这还不算，因为立法部门单独有机会接近人民的钱袋，在某些宪法中，对于在其他部门任职者的金钱酬报有全部决定权，这在所有宪法中有极大影响，于是在其他部门造成一种依赖性，这就为立法部门对它们的侵犯提供更大的便利。[②]

立法机构的侵权不仅停留在理论上，而且就发生在现实中。麦迪逊举了弗吉尼亚和宾夕法尼亚的例子为证。在当时，弗吉尼亚的立法机构不止公然行使司法权，而且司空见惯地指挥行政机构。而宾夕法尼亚的立法机构一度违反宪法规定的陪审团审讯制度，篡夺行政权力并判决应该由司法

---

① 〔美〕汉密尔顿、〔美〕杰伊、〔美〕麦迪逊：《联邦党人文集》，程逢如、在汉、舒逊译，商务印书馆，1995，第253页。
② 〔美〕汉密尔顿、〔美〕杰伊、〔美〕麦迪逊：《联邦党人文集》，程逢如、在汉、舒逊译，商务印书馆，1995，第253~254页。

部门处理的案件。① 因此，仅仅在纸面上规定三权分立是不够的："我从这些情况保证得出的结论是：仅只在书面上划分各部门的法定范围，不足以防止导致政府所有权力残暴地集中在同一些人手中的那种侵犯。"②

实践证明，不仅要划定权力的范围，指明国会仅仅拥有立法权，并且不得侵犯行政权和司法权，而且有必要一一列举国会所拥有的权力。美国宪法第一条第八款对国会权力的一一列举是法律史和政治史上的一项创举。

麦迪逊在随后的政治生涯中坚守自己的这种限权理论。从麦迪逊依据宪法反对建设国家银行的例证，可以看到麦迪逊对这一学说的坚持。几乎所有的当代国家都设有中央银行，但在 18 世纪，它还是一种新生事物，新到没有在美国宪法中得到考虑。在宪法通过、新的联邦成立之后，新任财政部部长汉密尔顿等人希望设立国家银行来促进国家的经济发展。麦迪逊时任众议员，在第一届国会上就此问题于 1791 年 2 月 2 日做了发言。③ 麦迪逊请其他议员同事注意国会被授予权力的方式：并非授予一般权力然后排出某些特例，而是只授予了一些特定权力。检视宪法，国会显然没有被授予组织一家银行的权力。建立银行的支持者们，根据宪法中的其他权力如"借款"来推论国会有这种权力。麦迪逊反对说，如果可以这样将宪法所赋予的权力推行到这么远，那么政府将有权干涉整个国民经济。如果宪法被如此解释，那么这一政府的本质特征，即只具有有限的一一列举的权力，将被破坏殆尽。因此麦迪逊依据宪法反对建设国家银行。

麦迪逊严格坚持国会只拥有宪法所授予的一一列举的权力。

两院制

麦迪逊所设想的立法机构是两院制。实行两院制是当时美国人民的共识，很少受到挑战。这不仅是由于美国人民自然地继承了英国的政治

---

① 〔美〕汉密尔顿、〔美〕杰伊、〔美〕麦迪逊：《联邦党人文集》，程逢如、在汉、舒逊译，商务印书馆，1995，第 254~255 页。

② 〔美〕汉密尔顿、〔美〕杰伊、〔美〕麦迪逊：《联邦党人文集》，程逢如、在汉、舒逊译，商务印书馆，1995，第 256 页。

③ James Madison, "Bank of the United States," in Gaillard Hunt, ed., *The Writings of James Madison*, Vol. 6, New York: G. P. Putnam's Sons, 1906, pp. 16–39.

传统，也是由于理论上的考虑。正如休谟所言："所有自由的政府必须由两个委员会组成，一个较小，一个较大，或换句话说，即由参议院和人民院组成。因为正如哈灵顿所说：如果没有参议院，人民院就会欠缺明智；如果没有人民院，参议院就会欠缺诚实。"① 麦迪逊也赞同这种理论见解：

> 立法部门一定要如我所设想的包括一个建立在这种原则之上的参议院，它将给予立法机关智慧和稳定性。对这两者的需求，已经是遍及我们共和国的痛切呼声。对行政权的忠实的要求，已经为大多数政府下的人民，包括在英国政府生活下的美国人民所痛切感受到了，这个问题自然地吸引了他们全部的注意力。②

麦迪逊决心将国会分为两个极为不同的院："在共和政体中，立法权必然处于支配地位。补救这个不便的方法是把立法机关分为不同单位，并且用不同的选举方式和不同的行动原则使它们在共同作用的性质以及对社会的共同依赖方面所容许的范围内彼此尽可能少发生联系。"③

麦迪逊希望使两院尽可能地大为不同，以使其难以联合起来形成一体去侵权。美国国会两院的不同特征见表3-2。

表3-2　美国国会两院的特征

	众议院	参议院
人数	各州按比例分配，人数可以调整，每3万人选出的众议员不得超过1人	固定为一州两人
任期和轮换方式	任期两年，每两年全部重选	任期6年，每两年轮换选举1/3议席
年龄资格	25岁以上	30岁以上
公民年份资格	成为联邦公民7年及以上	成为联邦公民9年及以上
议长	众议员选出	副总统兼任

---

① 〔英〕休谟：《休谟政治论文选》，张若衡译，商务印书馆，2010，第168页。

② James Madison, "To Caleb Wallace," in Gaillard Hunt, ed., *The Writings of James Madison*, Vol. 2, New York: G. P. Putnam's Sons, 1901, p. 167.

③ 〔美〕汉密尔顿、〔美〕杰伊、〔美〕麦迪逊：《联邦党人文集》，程逢如、在汉、舒逊译，商务印书馆，1995，第265页。

续表

	众议院	参议院
弹劾权	独享发起弹劾之权	独享弹劾案审讯权
一切征税法案	提出	同意或建议修改

这些区别中最重要的是任期和人数不同。麦迪逊解释了这种不同安排的目的所在。

第一，众议员应该安排较多的人数，以便充分代表美国广大地区的众多人民。人数众多带来的一个缺陷是，容易为突发的强烈感情冲动所左右，或者受帮派头子所操纵。因此有必要设立一个人数较少的参议院来加以制约。[1]

第二，众议员的任期被定为两年，是因为要确保政府与人民有"共同利益"，对人民有"亲密的同情"。[2] 两年短任期带来的问题是，众议员往往对立法的目的和原则缺乏适当的了解，因此也需要长任期的参议员对前者的无能加以补救。[3]

第三，众议员的短任期，会造成变化不定的政府，导致一系列恶果，包括失去其他国家政府的尊重和信任、法律的朝令夕改、精英和人民的信息不对称、破坏人民从事有益事业的信心、使人民离心离德。出于此原因，一个更稳定的参议院是必要的。[4]

第四，"一个人多易变的机构是不可能具有充分的民族荣誉感的"[5]，

---

[1]〔美〕汉密尔顿、〔美〕杰伊、〔美〕麦迪逊：《联邦党人文集》，程逢如、在汉、舒逊译，商务印书馆，1995，第316页。

[2]〔美〕汉密尔顿、〔美〕杰伊、〔美〕麦迪逊：《联邦党人文集》，程逢如、在汉、舒逊译，商务印书馆，1995，第269页；关于众议员的任期，参见 James Madison, "To Caleb Wallace," in Gaillard Hunt, ed., The Writings of James Madison, Vol. 2, New York: G. P. Putnam's Sons, 1901, pp. 166 - 177. 关于参议员的任期，参见 James Madison, "Speech in the Virginia Ratifying Convention in Defense of the Consititution," in Gaillard Hunt, ed., The Writings of James Madison, Vol. 5. New York: G. P. Putnam's Sons, 1904, pp. 123 - 137.

[3]〔美〕汉密尔顿、〔美〕杰伊、〔美〕麦迪逊：《联邦党人文集》，程逢如、在汉、舒逊译，商务印书馆，1995，第316页。

[4]〔美〕汉密尔顿、〔美〕杰伊、〔美〕麦迪逊：《联邦党人文集》，程逢如、在汉、舒逊译，商务印书馆，1995，第317~318页。

[5]〔美〕汉密尔顿、〔美〕杰伊、〔美〕麦迪逊：《联邦党人文集》，程逢如、在汉、舒逊译，商务印书馆，1995，第319页。

因此也需要建立一个与此不同的参议院。

第五，为了使政府对人民负责任，也需要设立与众议院不同的参议院。"对此缺陷，对症下药，必须在立法部门中增设一个机构，其任期要相当长久，以应付需要不断关注、采取一系列措施才能加以处理的事务，唯其如此，也才能对于此类事务合理并有效地承担责任。"①

第六，稳健明智的参议院"对于防止人民自己由于一时的谬误而举措失当，有时也是必要的"②。

（二）执行权

麦迪逊对执行权的看法公认是不完整不确定的。③ 1787 年 4 月 16 日，麦迪逊在致随后将成为第一任总统的华盛顿的信中写道："必须提供一个国家执行机构。不过，关于它应该以什么方式构成，以及应该赋予它何种权威的问题，我几乎没有冒险去尝试形成自己的意见。"④ 因此，毫不令人意外，《联邦党人文集》的执行权部分全由汉密尔顿执笔，而麦迪逊对此主题几乎未置一词。

麦迪逊之缺乏一种清晰的执行权理论，一方面是因为他对行政事务缺乏经验：麦迪逊在早期政治生涯中一直充任立法者，直到 1800 年才担任第一个行政职位；更重要的另一方面，是执行权理论的内在困难。

执行权难题

执行权问题之所以难以清晰理解，是由于它在诸多方面模棱两可的本性。一方面，它的字面意义是执行法律；另一方面，执行权的特征正在于

① 〔美〕汉密尔顿、〔美〕杰伊、〔美〕麦迪逊：《联邦党人文集》，程逢如、在汉、舒逊译，商务印书馆，1995，第 321 页。

② 〔美〕汉密尔顿、〔美〕杰伊、〔美〕麦迪逊：《联邦党人文集》，程逢如、在汉、舒逊译，商务印书馆，1995，第 321 页。

③ Jack N. Rakove and Susan Zlomke, "James Madison and the Independent Executive," *Presidential Studies Quarterly*, Vol. 17, No. 2, (Spring 1987), p. 293; Jeffrey Leigh Sedgwick, "James Madison & the Problem of Executive Character," *Polity*, Vol. 21, No. 1 (1988), p. 6.

④ James Madison, "To George Washington," in Gaillard Hunt, ed., *The Writings of James Madison*, Vol. 2, New York: G. P. Putnam's Sons, 1901, p. 348.

并非执行已有的法律，而是脱离已有法律进行创新。

现代分权理论一般被追溯到洛克。如雷克夫所指出的，洛克的贡献在于将"有关外交和国家安全"的权力归入执行部门。这种权力"更不能被先人常用的实定法所指引，因此会留给这个部门的人审慎和智慧"[1]。执行权不仅运行在没有法律可以指引的领域内，而且本身还会破坏已有的法律秩序，甚至执行权在政治体系中的一个重要功能最终被认为就是破坏已有法律秩序。斯科夫罗内克指出，"不管是好是歹，美国总统职位已经证明自己在政治方面是最为有效的一种否定既定秩序的工具。"[2]

执行权这种模棱两可的本性，是人类政治制度之不完美性的反映。根据共和主义理论，政府由人民创立。人民创立政府或政治制度是为了实现提供共同福利等目标。人民希望政府完全受自身所控制，致力于实现事先设定的目标。但是政府一旦形成就不能仅仅是回应本国人民的要求，而且也要回应其他国家的压力以及诸如环境保护等常常出乎所有人意料的新事物。

如图 3-1 所示，政府的本性在于，一方面要被动回应人民的要求，接受人民的控制；另一方面要主动应对所处环境的变化，自主地寻求新问题的解决方案。政府的这种双重本性，说明一个国家的人民的生活状况并不只受到可以控制的自身愿望的影响，而且受到人民自身无法完全控制的外在环境的影响。由于环境总会出现出人意料的新变化，所以政府或政治制度永远只会是解决人类所面临问题的不完美方案。政府或政治制度的不完美性，本质上要求其他方案的补充和修正，而这种补充和修正无法由现有政治制度自身来提供，而只能由外部因素来提供。执行权作为对传统共和政府或共和主义政治制度的一种补充，本身不可避免地会具有外在于政治制度本身的性质。

因此，麦迪逊声称他难以决断执行权之安排的时候，并不意味着他对执行权所知甚少，而是说明了他真正理解了执行权的本质：执行权的本质就在于难以被制度化，甚至根本不可能被完全制度化。因此，执行权的具体安排特别困难。[3]

---

[1] 〔美〕杰克·N. 雷克夫：《宪法的原始含义：美国制宪中的政治与理念》，王晔、柏亚琴等译，江苏人民出版社，2008，第 245 页。

[2] 〔美〕斯蒂芬·斯科夫罗内克：《总统政治：从约翰·亚当斯到比尔·克林顿的领导艺术》，黄云、姚蓉、李宪光译，新华出版社，2003，第 32 页。

[3] James Madison, "Power of Judiciary," in Gaillard Hunt, ed., *The Writings of James Madison*, Vol. 5, New York: G. P. Putnam's Sons, 1904, p. 217.

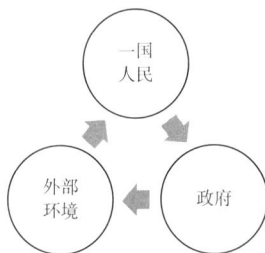

图 3-1　政府的两面性

引入执行权

执行权这种难以制度化，因而难以被人民控制的性质让人民厌恶。如果可能，人民也许会希望自己的政府中不存在这样一个机构。事实上，《邦联条款》中并没有安排这样一种权力或机构。而新宪法所提议的这个新机构也遭到了极为猛烈的批评。如汉密尔顿所说，"拟议中政府行政部门的组成是我们下一步需要研讨的问题。我们体制中几乎没有哪一部分比这个更加难以安排；更没有哪一部分受到这样不加掩饰的攻击，或者受到这样没有见识的批评。"① 执行权并不广受欢迎。

在宪法中引入这样一个不受欢迎的机构，是由于已有政府的弱点。麦迪逊在独立战争之后供职于弗吉尼亚邦议会的经历使他认为执行权是必要的。邦立法机构中的多数追求自身的利益，由此导致的对私人权利、少数权利和公共利益的危害令人震惊。麦迪逊因此寻求建立一个相对独立的执行部门，使其免受立法机构的专横影响。② 在当时，执行权相对弱小，麦迪逊对执行权向暴政机构转化的可能性并不特别担心：

> 经验已经证明，在我们各邦的政府中，有一种趋势，把所有的权力，都扔进议会的旋涡。各邦的行政官，总的来说，不过聊胜于傀

---

① 〔美〕汉密尔顿、〔美〕杰伊、〔美〕麦迪逊：《联邦党人文集》，程逢如、在汉、舒逊译，商务印书馆，1995，第 342 页。

② Jack N. Rakove and Susan Zlomke, " James Madison and the Independent Executive," *Presidential Studies Quarterly*, Vol. 17, No. 2, (Spring 1987), p. 295.

偏；议会则拥有最高权能。如果不设计出有效的制约手段，对议会的不稳定和侵入行政权力加以制止，这样或那样的革命，就不可避免。因此，要保全共和政府体制，就需要有实现这一目的的机制，就需要把这种机制设计出来，就需要牢记共和体制的本来原则。①

麦迪逊思考的大方向是加强而非限制执行权。

加强执行权

麦迪逊设想的加强执行权的方法，包括明确权力范围、长任期、独立报酬、否决权和设计恰当的选举方式。

（1）明确权力范围。麦迪逊在费城制宪会议上提议首先应该明确执行官的权力范围："决定一人还是多人担任行政官以前，最好先明确行政官的权力范围；因为，某些权力就其性质而言属于行政，不论一人还是多人行政，都应该授予这个部门，定义这些权力的范围，有助于判断，把这些权力委托给一名官员，能达到多大的安全程度。"他提议先把这个分句中有关行政部门由几人组成的问题放一放，在"应设立全国行政部门"后，增加以下词语："有权执行各项全国性立法，任命其他条文未明文规定的官员，行使就其性质而言既不属于立法、又不属于司法的其他权力，由议会每隔一段时间因势授予。"②

（2）长任期。麦迪逊提议首席执行官任期7年。麦迪逊在费城制宪会议上发言倡议："任期至少七年，但禁止连任，这样既可以防止议会愚妄自满，采用不称职的人物，又可以控制行政官，免受诱惑，老想与议会勾结，争取连任。任期较长，但又不得连任，是最佳办法。"③

（3）独立报酬。麦迪逊指出，要使行政官能够抵御立法机构的控制，不能依赖其个人的德性，而必须使他拥有相对不受立法机构控制的薪酬：

---

① 〔美〕麦迪逊：《辩论：美国制宪会议记录》，尹宣译，辽宁教育出版社，2003，第356页。

② 〔美〕麦迪逊：《辩论：美国制宪会议记录》，尹宣译，辽宁教育出版社，2003，第36页。

③ 〔美〕麦迪逊：《辩论：美国制宪会议记录》，尹宣译，辽宁教育出版社，2003，第38页。

要使行政官具备自我捍卫能力，巨大困难来自共和制本身，这种制度不可能在全体公民眼中把单个公民树立到那种凸显的地位，那种位高权重的身份，那种以个人利益顶住压力、捍卫全国利益的威势，那种世袭君主的威势。在一个共和国里，个人的德行可以成为调动政治精神高扬的基础，但这种德行很少如此凸显，能在人民中间产生那种普遍的默许。行政官会遭到那些竞争失败的人的嫉妒和攻击；因此，要使行政官坚定，就需要拱卫。行政官不会拥有他的地位所有的那种高额报酬，也不会从公共利益中得到永久的一份，以便摆脱敌国的贿赂。因此，行政官需要受命即出，既要受到控制，又要得到拱卫。①

（4）否决权。麦迪逊要求行政官有否决立法机构决定的权力："设立复决会议，就是要限制立法部门侵蚀其他两个地位同等部门的权力，侵蚀人民的权力"。要制止立法部门按照不正确的方式制定不明智的立法，那么增强行政官的力量，予以其否决权是非常必要的。②

（5）选择恰当的选举方式。为了加强执行权，选择合适的总统选举方式非常重要。麦迪逊支持人民直接选举总统："于是，我们只有二者择一：一、由人民推举选举人选举，二、由人民直接选举。"这两种方法中：

（前一种方法可以）避免前面提到的许多反对意见，比由全国议会选举受欢迎得多。由于选举人只是为此目的产生，立刻集合，马上选出，没有什么机会暗中搞鬼，拉拢腐蚀。作为进一步的谨慎措施，还可以要求他们在某个地点集合，不在政府所在地；甚至可以规定：选举时任何人不得靠近。不过，这个方式刚被拒绝不久，而且投反对票的是大多数，估计不会有人重新提出。剩下的方法，就是由广大人民选举，或者，由人民当中合乎资格的一部分人选举。他最喜欢的，就是这种方法。③

---

① 〔美〕麦迪逊：《辩论：美国制宪会议记录》，尹宣译，辽宁教育出版社，2003，第78~79页。
② 〔美〕麦迪逊：《辩论：美国制宪会议记录》，尹宣译，辽宁教育出版社，2003，第80页。
③ 〔美〕麦迪逊：《辩论：美国制宪会议记录》，尹宣译，辽宁教育出版社，2003，第419页。

麦迪逊更偏爱直接选举的方式。

执行权的发展

麦迪逊的这些设想与宪法最终对执行权的界定有所不同。特别是，宪法规定总统任期四年，而且最初没有规定不得连任；总统由选举人而非人民直接选举。但是麦迪逊的设想还是大都在宪法中得到了体现。

不过，麦迪逊最初的设想随后得到了政治经验的修正。美国的前三届政府都控制在所谓"联邦党"的手中，麦迪逊作为身在立法部门的反对派，体验到了这样一个执行部门的可怕。联邦党为了打击政敌有不择手段之嫌，他们的行为在发起《外侨与惩治叛乱法案（*Alien and Sedition Acts*）》时达到了登峰造极的阶段。正如雷克夫和荣克所说：

> 当汉密尔顿和联邦党人看起来证明了对美国自由的最大危险，既非来自全国立法机构，也非来自人民中的多数派，甚至不是来自各邦的离心倾向，而是来自一个全国行政部门的主导性影响的时候，麦迪逊被迫承认，执行权，甚至在一个共和国中，也被证明并非如他一度所认为的那样软弱。①

执行权在麦迪逊身后继续发展。如表 3-3 所示，今天的执行权已经发展得极为不同。总之，麦迪逊对执行权的看法并不完美，而这是由于执行权本身的模棱两可性和易变性。而执行权的这种性质最终又来自人类政治制度的不可完全克服的不完美性。

表 3-3 总统权力的演变

政府运行模式	适用时期	总统拥有的资源的特征	典型的总统战略
贵族政治	1789～1832 年	总统在贵族阶层中的个人声誉	超脱于党派和利益集团的国家民众领袖

① Jack N. Rakove and Susan Zlomke, "James Madison and the Independent Executive," *Presidential Studies Quarterly*, Vol. 17, No. 2,（Spring 1987）, p. 300.

续表

政府运行模式	适用时期	总统拥有的资源的特征	典型的总统战略
政党政治	1832~1900 年	政党组织，行政特权	总统作为全国联合政府的经纪人，将行政特权分配给各党派和地方机构
多元化政治	1900~1972 年	服务于新兴国家化利益集团的更大的行政机构，美国上升为世界强国	作为国家政策制定者的总负责人与所有机构和利益集团讨价还价
公民投票型政治	1972 年至今	独立的政治工具以及大众通信技术	直接呼吁全体人民对华盛顿的精英领导们给予支持

资料来源：〔美〕斯蒂芬·斯科夫罗内克《总统政治：从约翰·亚当斯到比尔·克林顿的领导艺术》，黄云、姚蓉、李宪光译，新华出版社，2003，第 60 页。

（三）司法权

麦迪逊和其他美国建国者关于司法权的看法主要来自孟德斯鸠。美国的司法独立是世界政治史上的一项创举，而孟德斯鸠在当时可以说是主张司法独立的唯一政治理论家。孟德斯鸠强调司法机构必须独立："如果司法权不同立法权和行政权分立，自由也就不存在了。如果司法权同立法权合而为一，则将对公民的生命和自由施行专断的权力，因为法官就是立法者。如果司法权同行政权合而为一，法官便将握有压迫者的力量。"① 孟德斯鸠的论述深入人心，以至于虽然设立最高法院是一种前无古人的政治创新（甚至旧邦联也没有这样一个机构），但几乎没有受到什么质疑。正如汉密尔顿所说，"建立司法机构，在概念上既无异议，可不再加陈述。"② 关于司法机构的争议集中在法官的选任方式等具体问题上。

麦迪逊在费城制宪会议上针对司法机构的一些具体问题做了发言。

1787 年 6 月 5 日，会议辩论法官是否应该由议会选举产生。麦迪逊对此持反对立场，更倾向由参议院挑选法官：

---

① 〔法〕孟德斯鸠：《论法的精神》（上册），张雁深译，商务印书馆，1959，第 185~186 页。

② 〔美〕汉密尔顿、〔美〕杰伊、〔美〕麦迪逊：《联邦党人文集》，程逢如、在汉、舒逊译，商务印书馆，1995，第 391 页。

不喜欢由议会或任何人多口杂的机构选任法官。有人会搞阴谋诡计，地方偏见将会渗入，主要危险在于，许多议员并不具备识别法官的资格。立法才能与断案才能大不一样，议员通常是一些被人们举荐去参加立法的人。大家知道，他们出席或因故缺席，选举时出场或不出场，对当选不至于带来太大影响。另一方面，他也不满意把委任法官的事交给行政官。他倾向于把选任法官的权力赋予参议院，因为参议院人数有限，不会像第一院那样受众多动机的支配；而且，参议院有足够的稳定和冷静，能仔细推敲，作出独立的判断。[①]

6月18日，麦迪逊再次重申自己的观点：

反对法官由议会选举。议员当中许多人对法官所需的资格并没有判断能力。议员受地方偏见的影响太多。一个候选人到场，对立法领域的事务非常能干，或许曾经帮过对立法事务没有经验的新议员，或许帮过他们的选民，或许取得了其他成功；可是，对于解释法律却完全没有素养，结果，却反而压倒了那些精通法律、却没有这些优势的人。他提议，法官由参议院选任。参议院人少，成员比较精，更具备挑选法官的判断能力，足以令人放心。[②]

不过，麦迪逊随后改变了自己的立场，赞同法官由总统提名，并且由参议院多数通过的选择办法。7月18日，他提出了自己的观点："建议法官由行政官提名，但至少要取得第二院三分之一议员的同意，才能任命。这样，就可以把两种优越性结合起来——行政官的责任感和第一院提供的暗保障，行政官就不敢作出轻浮、枉法的提名。"[③] 7月21日，他进一步为自己的观点辩护道：

① 〔美〕麦迪逊：《辩论：美国制宪会议记录》，尹宣译，辽宁教育出版社，2003，第64页。
② 〔美〕麦迪逊：《辩论：美国制宪会议记录》，尹宣译，辽宁教育出版社，2003，第118~119页。
③ 〔美〕麦迪逊：《辩论：美国制宪会议记录》，尹宣译，辽宁教育出版社，2003，第360~361页。

　　一、这样可以确保行政官的责任感，总的来说，行政官比议会，甚至第二院，更有可能挑选称职的人选，后者由于人多，在人数的掩护之下，可以掩盖各人的自私动机；二、如果行政官提名时出现明目张胆的偏袒或错误，可以公正地预料，第二院三分之二的议员势必联合起来而否定；三、与当初把法官任命的事交给第二院时相比，第二院的构成已经发生很大变化，现在，所有的邦在第二院中都有平等的表决权。处理其他事务时盛行的折中原则，要求两院在法官任命问题上达成共识，第一院代表人民的意见，第二院代表各邦的意见，行政官将被视为全国性官员，采取行动时，要平等地顾及联邦的每个部分。①

　　如果第二院独享法官的选任权，即使得到多数邦的同意，法官也只代表人口中的少数。法官的司法，涉及人民，并不涉及各邦，因此，单独由第二院选任，就无法合理解释。而且，第二院单独选任，会使法官的选任完全落到北部各邦手中，就会形成一种固定的基础，不断引起南部各邦的不满与竞争。②

麦迪逊的动议得到了接受，体现在美国宪法第二条第二款第二项中。

麦迪逊关心的另一个问题是法官的薪酬。他特别强调法官的薪酬应该不受议会的控制。他在费城制宪会议上就此问题发言：

　　如果仅只限于"不增"，造成的依赖性会小些，但是，就目前情况来看，还是不要允许依赖性为好。每当法官希望加薪时，议会内就可能发生一阵骚动，法官们可能就要讨好议会一阵子。如果出现危机，势必告到法院，议会中的领导人物，可能成为涉事一方，法官就会处境尴尬。这种情况，可以避免。为了防止币值变化，可以采用小麦或其他具有稳定价值的东西作为标准。法律事务增加，可以用增加

---

① 〔美〕麦迪逊：《辩论：美国制宪会议记录》，尹宣译，辽宁教育出版社，2003，第394页。
② 〔美〕麦迪逊：《辩论：美国制宪会议记录》，尹宣译，辽宁教育出版社，2003，第394页。

司法部门人手的办法解决。增加年薪，可以另想巧妙办法，不影响在职法官。[1]

麦迪逊始终坚持法官薪酬应该独立："应该关注的几个要点是：1. 法官只要表现良好就不得撤任。2. 他们的薪金应该如同代表们的薪金一样是固定的，或者可以改变但不能影响到在职的个人。3. 他们的薪水应该能够负担较优裕的生活。"[2]

麦迪逊对下级法院的问题也提出了意见。麦迪逊认为应该广泛设立全国法院系统的下级法院：

> 除非下级法庭遍布于整个共和国，到处都有，并且对许多案件具有终审司法权，否则，上诉案会成倍增加，压力达到极点；而且，许多案子即使上诉，也得不到校正。在邦的法庭上，带有依附性的法官，在带有偏见的指示下，作出不当裁决，或者，陪审团未经指导，出于地方偏见，作出不当裁决，怎么办？驳回下级法庭的裁决，要求重新审理，并不能解决问题。下令在最高法院重新审理，就要求涉事各方把他们的证人都带来，哪怕他们离最高法院十分遥远。一套与立法权威匹配的有效司法建制，的确是根本大计。一个政府，没有适当的行政和司法部门，就像一个身体只有躯干没有手脚，无法行动。[3]

麦迪逊提议应该授权全国议会设立下级法院。他的这一设想在美国宪法中也得到了体现。

在费城制宪会议结束之后的弗吉尼亚州议会会议上，麦迪逊探讨了最高法院的管辖权限问题。麦迪逊为宪法第三条第二款辩护，指出公海上的重罪和海盗罪应该由全国最高法院审判，由宪法引起的案件也应该交由最

---

[1] 〔美〕麦迪逊：《辩论：美国制宪会议记录》，尹宣译，辽宁教育出版社，2003，第363页。

[2] James Madison, "To Caleb Wallace," in Gaillard Hunt, ed., *The Writings of James Madison*, Vol. 2, New York: G. P. Putnam's Sons, 1901, p. 171.

[3] 〔美〕麦迪逊：《辩论：美国制宪会议记录》，尹宣译，辽宁教育出版社，2003，第69页。

高法院，与外国的争端、以一邦或多邦为一方当事人的案件、不同邦的公民之间的争端也同样应该交给最高法院。麦迪逊还论证指出，这种安排对各邦及其公民都是安全而便利的。宪法一一列举了最高法院的办案对象，这是一项重要的保证。麦迪逊认为，正如国会的权力可以扩展到全国，全国司法权同样如此。立法机构将不会死板地安排联邦下级法院，而是会视情况在全国各处设立下级法院。①

三　麦迪逊的联邦主义理论

麦迪逊、汉密尔顿和杰伊的著名作品以"联邦党人文集"为题，而新宪法的反对者也被命名为"反联邦党人"，由此可见联邦主义在麦迪逊政治理论中的地位。本节将研究麦迪逊政治理论的这个重要组成部分。

在今天，世界上国土面积最大的八个国家，已经有七个采取了联邦制的政治体制，只有中国是唯一的例外。② 联邦主义理论的这种胜利让人印象深刻。但是在两个世纪之前，它曾经是前无古人的政治创新，充满争议，且前途未定。麦迪逊不得不在一个充满争议的环境中提出一种新的联邦主义的理论，来支持他参与设计的新的联邦制度。这种新制度意在取代旧的邦联（confederation），而这种新理论也需要击败旧邦联所依赖的旧理论。

本节第一部分将探讨麦迪逊为提出这样一种新理论所必须克服的困难，以及为克服这种困难而必然接受的一个关键命题：主权属于人民，而非邦、联邦或联邦政府。因此，需要在联邦和邦之间分配的，并非主权，而是立法权、执行权和司法权等具体的权力。本节第二部分将探讨麦迪逊所提议的制度性的具体的分权安排，指出麦迪逊的主张更接近于单一制，

---

① James Madison, "Power of Judiciary," in Gaillard Hunt, ed., *The Writings of James Madison*, Vol. 5, New York: G. P. Putnam's Sons, 1904, pp. 216–225.

② 事实上，今天的中国也经常被归入某种类型的联邦主义。参见郑永年《中国的"行为联邦制"：中央·地方关系的变革与动力》，邱道隆译，东方出版社，2013；Gabriella Montinola, Yingyi Qian, and Barry R. Weingast, "Federalism, Chinese Style: The Political Basis for Economic Success in China," *World Politics*, Vol. 48, 1995, pp. 50–81.

与通常所理解的联邦制相去甚远。①

（一）麦迪逊联邦主义理论的形成

麦迪逊成年之时，恰逢美国独立战争爆发，而他此后的政治生涯也全部奉献给了战后浴火重生的这个新国家。这个新国家由战前的 13 个独立实体组成，一开始自然地采取了邦联制的政治体制。这种邦联制有着内在的致命弱点，迫使麦迪逊等人去寻求改良方案。这种实践上的迫切要求，促使麦迪逊提出了一种全新的联邦主义理论。

旧邦联及其弱点

1776 年，美国的大陆会议通过了《独立宣言》（*The Declaration of Independence*），宣布 13 个前殖民地成为"自由而独立的各个国家"（Free and Independent States），并且，"作为自由而独立的各个国家"，"它们有完整的权力去发起战争、宣布和平、缔结条约、建立贸易，也有完整的权力去做独立国家有权力去做的其他事情。"② 也就是说，独立之后产生的是

---

① 按照斯托林，"反联邦党人常常主张，他们才是真正的联邦主义者。他们中的有些人认为，他们的名字已经被人盗用，当他们反应过来的时候，盗用者拒绝把联邦党人的名字还给他们。"这种看法不无道理，联邦党人的主张确实更接近单一制国家一端而非联邦一端。参见〔美〕赫伯特·J. 斯托林：《反联邦党人赞成什么——宪法反对者的政治思想》，汪庆华译，北京大学出版社，2006，第 13 页。在《联邦党人文集》完成之后，美国的新宪法即新制度在 1788 年通过，麦迪逊的联邦主义理论在此时也落实成了美国新的联邦制度。这种成就令人惊叹。因为在思想史上，很少有哪位政治理论家能够将自己的理论当即化为实践。但是，可能出乎所有人的预料，麦迪逊帮助建立的这种新的联邦制度，在运行之后立刻发生了巨大的危机。麦迪逊作为活跃的重要政治家亲身经历了美国建国之初的这场危机，并且为了应对危机而彻底颠倒了自己原先的理论立场，从一个联邦主义者变成了一个州权倡导者，从一个相信国家有权用武力强制各州服从的国家主义者，变成了一个主张各州有权抵制国家决定的不服从主义者。这种转变也令人惊叹，因为在思想史上，可能同样很少有哪个政治理论家会在如此短暂的时间内经历如此彻底的理论转变。本书第四章第二节将探讨麦迪逊所经历的这场危机，以及这场危机所促成的麦迪逊的联邦主义理论发展的这个第二阶段。可以说，麦迪逊在他政治理论发展的这两个阶段，分别接近联邦主义理论可能的两个极端（即单一制和邦联制）。因而，可能没有人比麦迪逊更了解联邦主义理论和联邦主义制度内在的不稳定性了。本书第四章第二节也将探讨这种内在的不稳定性。

② Thomas Jefferson, *Thomas Jefferson: Political Writings*, Joyce Appleby and Terence Ball, eds., Cambridge: Cambridge University Press, 1999, p. 105.

13 个而非 1 个自由的主权国家。① 独立之时，这些主权国家仍然处在与英国的战争之下，因此需要联合起来共同行动。

这种共同行动的需要十分迫切。1780 年，麦迪逊在写给《独立宣言》起草者杰斐逊的信中刻画了当时的状态：情况至为危急，国库空空如也，国债已经耗尽，军队可能解体，国会抱怨人民的逼迫，人民抱怨国会的浪费，而军队抱怨两者。② 面对这种紧急的情况，美利坚各国需要成熟系统的集体行动，并最终催生了各国在 1781 年通过的《邦联条约》（Articles of Confederation）。这种联合行为是非常自然的选择。正如孟德斯鸠已经注意到的，人类的历史已经表明，面对外来威胁，小共和国往往会组成联邦性的共和国："这种政府的形式是一种协约。依据这种协约，几个小邦联合起来，建立一个更大的国家，并同意做这个国家的成员。"③ 马基雅维利看到，这样的同盟并不算差，并且其成员"最多达到十二或十四个共同体，以后就止步不前了"④。这个邦联也确实赢得了独立战争，并在战后维持了一段时间。不过，亦如马基雅维利所言，"由于人类的一切事物都处于运动之中，不能保持静止不动，它们必然地要么上升要么下降"⑤。美国的这个新的联盟共和国，很快就处在要么改进要么毁灭的转折点上。

汉密尔顿在《联邦党人文集》中断言，"我们的国家制度存在着实质性的缺陷"⑥，以至于"它的比较自然的死亡看来就是我们即将经历的事情"⑦。美国旧邦联的缺陷早有展现。麦迪逊在 1784 年已经相信，邦联不

---

① 之所以形成 13 个而非 1 个独立的新国家，是因为美国各殖民地差异很大，而且在战前就是相互独立的政治实体。参见〔美〕艾伦·布林克利《美国史（1492-1997）》，邵旭东译，海南出版社，2009，第 33~94 页。

② James Madison, "To Thomas Jefferson", in Gaillard Hunt, ed., *The Writings of James Madison*, Vol. 1, New York: G. P. Putnam's Sons, 1900, pp. 59-60.

③ 〔法〕孟德斯鸠：《论法的精神》（上册），张雁深译，商务印书馆，1995，第 130 页。

④ 〔意〕马基雅维利：《君主论·李维史论》，潘汉典、薛军译，吉林人民出版社，2010，第 335~336 页。

⑤ 〔意〕马基雅维利：《君主论·李维史论》，潘汉典、薛军译，吉林人民出版社，2010，第 166 页。

⑥ 〔美〕汉密尔顿、〔美〕杰伊、〔美〕麦迪逊：《联邦党人文集》，程逢如、在汉、舒逊译，商务印书馆，1995，第 71 页。

⑦ 〔美〕汉密尔顿、〔美〕杰伊、〔美〕麦迪逊：《联邦党人文集》，程逢如、在汉、舒逊译，商务印书馆，1995，第 79 页。

足以实现它为之建立的确保对外安全和内部和平的目的。① 邦联的主要问题在于缺乏权威，不能迫使各邦执行它们在财政等事项上的义务。② 这首先意味着邦联无法偿还在独立战争期间所借的公债。比尔德正确指出了改进邦联的一大动力，是邦联公债持有人保护自己财产的欲望。③ 不过，比尔德忽视了导致公债的战争问题。对麦迪逊等人来说，改进邦联不仅是为了偿还公债，也是为了更好地提供公共防御，以及保障公民的权利。④ 麦迪逊相信，为了实现这些目的，必须对旧邦联加以改造。而为了改造旧邦联，就需要更全面地分析邦联这种政治体制的弱点。

为了理解邦联体制的弱点，麦迪逊穷尽了所有值得考虑的真实存在过的邦联（confederacy），看到它们都是各主权国家的联盟。在麦迪逊看来，古希腊共和国联盟和美国邦联"结构非常相似"："各成员保持独立的和主权国的性质，在联邦议会中有同等的投票权。"⑤ 现代的德意志联盟也与此类似："目前某些现存的制度建立在同样原则的基础上，是特别值得注意的。首先就是日耳曼国家。"⑥ 尼德兰联省共和国也是主权国家的同盟："联盟由七个同等的主权州组成，每一个州或省则由若干平等的独立城市组成。在一切重要问题上，不仅各省而且各城市都必须意见一致。"⑦

主权国家（sovereign state）被认为对旗下人民拥有最高权力，本身拥

---

① James Madison, "To Richard Henry Lee," in Gaillard Hunt, ed., *The Writings of James Madison*, Vol. 2, New York: G. P. Putnam's Sons, 1901, pp. 99-100.

② James Madison, "To James Monroe," in Gaillard Hunt, ed., *The Writings of James Madison*, Vol. 2, New York: G. P. Putnam's Sons, 1901, pp. 142-143.

③ 〔美〕查尔斯·A. 比尔德：《美国宪法的经济观》，何希齐译，商务印书馆，1989。

④ 〔美〕麦迪逊：《辩论：美国制宪会议记录》，尹宣译，辽宁教育出版社，2003，第15、849页。James Madison, "To Andrew Stevenson," in Gaillard Hunt, ed., *The Writings of James Madison*, Vol. 9, New York: G. P. Putnam's Sons, 1910, pp. 411-424, 亦参见〔美〕纳坦·塔科夫：《〈联邦党人文集〉中的战争与和平》，胡兴建译，载赵明主编《法意》（第一辑），商务印书馆，2008；〔美〕纳坦·塔科夫：《联邦党人和反联邦党人论对外事务》，胡兴建译，载赵明主编《法意》（第二辑），商务印书馆，2008。

⑤ 〔美〕汉密尔顿、〔美〕杰伊、〔美〕麦迪逊：《联邦党人文集》，程逢如、在汉、舒逊译，商务印书馆，1995，第86页。

⑥ 〔美〕汉密尔顿、〔美〕杰伊、〔美〕麦迪逊：《联邦党人文集》，程逢如、在汉、舒逊译，商务印书馆，1995，第92页。

⑦ 〔美〕汉密尔顿、〔美〕杰伊、〔美〕麦迪逊：《联邦党人文集》，程逢如、在汉、舒逊译，商务印书馆，1995，第97页。

有完全的行动自由，具有完全的自主性。如昆汀斯金纳所认为的，现代国家理论的重要前提之一正是这种绝对自主性："每个王国或城邦不受外来和上级权力束缚的独立应该得到维护和保证。"① 它们在加入联盟时没有放弃这种自主性，它们不接受联盟的外在强迫。这意味着联盟的重大决定需要各成员国的一致同意——这正是美国旧邦联的状况。

麦迪逊看到了这种联盟的共同弱点："联邦政治体更趋于走向各成员之间的无政府状态，而非中央政府的专政。"② 历史证据表明，这种联盟本身是不稳定的，有着走向解体、进入无政府状态的强烈倾向。为了防止美国邦联即将走向的解体前景，就有必要创造一种全新的政治制度，也因此需要发明一种全新的联邦主义理论。

麦迪逊的创新

这个由 13 个独立主权国家构成的联盟看来即将解体。然而，要解决这个紧急的现实危机，麦迪逊等人却找不到可以模仿的制度范例。因此，他必须自己去进行理论创新。这种创新的困难，主要在于难以改变主权概念的含义。现代主权理论在霍布斯和博丹的手中形成，他们都认为主权是不可分割的。如斯金纳所认为的，"每一个独立王国境内的最高掌权者应该被承认为在自己境内没有竞争者，是唯一的立法者和效忠对象。"③ 如果坚持这种理论，那么在一定的领土范围内就只可能存在一个主权，因而就不可能存在单一国家和联盟之间的中间形态。事实上，这也正是反联邦党人所持的立场。如雷克夫所认为的，反联邦党人坚信"主权在主权，在政治上是错误的"，他们认为"两个主权实体在一个政体下不能共存"④。显然，

---

① 〔英〕昆汀·斯金纳：《近代政治思想的基础》（下卷），奚瑞森、亚方译，商务印书馆，2002，第 497 页。

② Alexander Hamilton, James Madison and John Jay, *The Federalist Papers*, edited with an Introduction and Notes by Lawrence Goldman, New York: Oxford University Press, 2008, p. 92. See also, James Madison, "Of Ancient & Modern Confederacies," in Gaillard Hunt, ed., *The Writings of James Madison*, Vol. 2, New York: G. P. Putnam's Sons, 1901, pp. 369–391.

③ 〔英〕昆汀·斯金纳：《近代政治思想的基础》（下卷），奚瑞森、亚方译，商务印书馆，2002，第 498 页。

④ 〔美〕杰克·N. 雷克夫：《宪法的原始含义：美国制宪中的政治与理念》，王晔、柏亚琴等译，江苏人民出版社，2008，第 185 页。

如果坚持传统的主权理论，麦迪逊等人也就不可能发展出一个联邦主义的理论。他们的选择，只能是与旧邦联共存亡，或者建立一个新的单一制国家。这两种选项都无法令人满意。

因此，为了建立一个新的联邦主义理论，麦迪逊必须改变现代的主权观念。要理解麦迪逊所做的这种改变，就要理解现代分权理论和现代主权理论之间的关系。众所周知，麦迪逊吸收了洛克和孟德斯鸠的现代分权理论，而他所建立的这个新制度也以三权分立而知名。但很少有人注意到的是，现代分权理论与旧的主权理论并不相容。我们可以看到，对洛克来说，一个国家的权力可以大致分为立法权和执行权。立法权是至高无上的，执行权是从属性的，但是享有执行权同时又分享立法权的人（如英国君主），和享有立法权的机构（如英国议会）同样是至高无上的。[①] 也就是说，一个国家至高无上的权力是在议会和国王之间分享的，一个国家中没有谁享有霍布斯意义上不可分割的主权。洛克的分权理论与传统的主权理论无法调和。因此，洛克在《政府论（上篇）》批判他人的主权理论，而在《政府论（下篇）》则极力避免使用"sovereignty"这个概念。[②] 洛克之后的孟德斯鸠走得更远。在孟德斯鸠看来，执行权不再是从属于立法权的权力，而是一种独立的权力。立法、执行、司法三权并立，分别由议会、君主、贵族法官掌握，没有谁比谁更高。[③] 因此，毫不奇怪，孟德斯鸠并没有一种主权理论。现代分权理论与现代主权理论的这种不协调，给了理论上的创新一种可能。

麦迪逊的创新在于，将本来不相容的主权理论和分权理论，结合而成一种新的联邦主义理论。这种创新的关键在于引入人民主权的概念。当然，麦迪逊并不是人民主权理论的创始人，并且很可能在这个问题上受到了同时代的杰斐逊的强大影响。但是，麦迪逊的创新并非无关紧要。因为

---

① 〔英〕洛克：《政府论（下篇）》，叶启芳、瞿菊农译，商务印书馆，1996，第91~97页。

② 主要批判他人的《政府论（上篇）》，大半章节都以 sovereignty 为题。主要提出洛克自己理论的《政府论（下篇）》，没有一篇题为 sovereignty。而且 sovereignty 在下篇只出现了五次，并且这五次使用没有一次与通常所理解的现代主权理论相关。作为现代分权理论鼻祖的洛克，通过竭力避免使用 sovereignty 这个词，表明了他对现代主权理论的不赞同。See John Locke, *Two Treatises of Government*, Cambridge: Cambridge University Press, 1988。

③ 〔法〕孟德斯鸠：《论法的精神》（上册），张雁深译，商务印书馆，1995，第155~166页。

这种创新直接影响到了现代联邦主义理论的实质，使其具有了巨大的内在不稳定性。

要把握麦迪逊新联邦主义理论的创新，首先要理解人民主权在麦迪逊思考中的位置。麦迪逊所创建的美国联邦制度表述在美国宪法之中，而美国宪法的开篇正是"我们联邦人民"（We the People of the United States）。麦迪逊自己也反复强调政府的一切权力都来源于人民。[①]

美国新全国政府的全部权力都来自美国人民。[②] 也就是说，享有主权的是美国人民，而非各州政府。麦迪逊理论的一个重要内在含义是，美国各州并不握有主权，当然美国全国政府也并不握有主权。因此，不存在主权在联邦政府和州政府之间如何分割的问题。在这个问题上，麦迪逊和威尔逊的看法一致。如雷克夫所说，"威尔逊认为，把主权作为任一政府的属性基本上是错误的，并且美国人民采用书面宪法表明已拒绝了这个观念"[③]。主权不属于任何政府、州政府或全国政府，而是属于人民。麦迪逊通过这种巧妙的理论创新，全盘否定了旧邦联所依赖的主权国家之联盟的理论，为新联邦的建立奠定了基础。

总之，麦迪逊的联邦主义，不是一种主权如何在邦与联邦之间分割的理论，而是握有主权的美国人民如何具体地将权力分配给州政府和全国政府的理论。需要在州政府和全国政府之间分配的，不是主权，而是具体的立法权、执行权和司法权。[④]

---

① See James Madison, "Speech in the Virginia Ratifying Convention in Defense of the Constitution", in Gaillard Hunt（ed.）, *The Writings of James Madison*, Vol. 5, New York: G. P. Putnam's Sons, 1904, pp. 123-137.

② Alexander Hamilton, James Madison and John Jay, *The Federalist Papers*, edited with an Introduction and Notes by Lawrence Goldman, New York: Oxford University Press, 2008, p. 188.

③ 〔美〕杰克·N. 雷克夫：《宪法的原始含义：美国制宪中的政治与理念》，王晔、柏亚琴等译，江苏人民出版社，2008，第 192 页。

④ 麦迪逊认为，在批准宪法的时候，州或一个州的人民还是作为主权实体在行动。参见〔美〕汉密尔顿、〔美〕杰伊、〔美〕麦迪逊《联邦党人文集》，程逢如、在汉、舒逊译，商务印书馆，1995，第 195 页。在宪法批准之后，主权转而由美国人民整体享有。当然，参议院的各州平等立法权是个例外，麦迪逊在《联邦党人文集》中不得不用州主权来解释这个例外。但是麦迪逊本人是反对这种例外和这种权力的，所以以上解释仍然能够成立。

（二）联邦与邦的具体分权安排

麦迪逊是费城制宪会议上"弗吉尼亚方案"的主要作者，他在其中提出了自己联邦主义的制度设想。[①]

第一，立法权。两院制的全国议会拥有立法权。具体包括四项权力：（1）邦联议会的既得立法权；（2）对各邦单独无能为力立法的所有事务，对执行各邦议会立法可能干扰联邦和谐的情况，都具有立法权；（3）如果认为各邦立法违背联邦条款，可以否定；（4）可以征召联盟的武装力量，对付任何一个不履行联邦条款规定义务的成员。

具体来说，《邦联条款》规定的邦联议会的立法权包括：与外国缔结条约权，监护各邦相互缔结条约权；审核同意各邦武装力量的规模；宣战权；国库开支权（税收由各邦自主征收）；外交权；征进口税和关税的权力；审理各邦之间的争议；规范货币的铸造和币值（实际上后来各邦自行其是，造成货币混乱和恶性通货膨胀）；统一度量衡；等等。其中第九条第六款规定，最重要的军事和财政权力（包括宣战权、缔约权、铸币权等权力）的行使必须由各邦一致同意。

第二，行政权。全国议会选出的全国行政官，拥有两项执行权：（1）邦联条款赋予邦联议会的既得行政权；（2）执行各项全国性法律的一般权威。

第三，司法权。全国司法机构享有的司法权包括：（1）部分成员与行政官组成复决会议，复审全国议会尚未实施的法案，和各邦议会的每项立法，并具有最后否决权，但议会可再次通过法案压倒否决；（2）审理海盗罪、重罪、俘获案、适用于外国人和他邦公民的案件、涉及全国岁入的征税案件、弹劾全国政府官员等权力。

麦迪逊提案的一大关键在于否定《邦联条款》中的各州一致同意条款，反过来让全国政府有权控制州议会的立法。如雷克夫所总结的，"这

---

① 〔美〕麦迪逊：《辩论：美国制宪会议记录》，尹宣译，辽宁教育出版社，2003，第15~19页。

个计划的总体目标是使联邦政治上独立于各州，各州在法律上依赖于国家监督。"①

麦迪逊的设想大都在最后通过的美国宪法中得到了体现，但是在一个关键问题上存在重要的例外：如何解决联邦政府与州政府的冲突？在弗吉尼亚方案中，解决方案是授予联邦议会否定各邦立法（如果它违背《邦联条款》）、武力强制各邦履行联邦义务（如果他们不自觉履行）的权力，以及授予司法机构与行政官共同组织的复决会议的法案复审权和否决权。而最终通过的宪法否定了前者，缩减了后者。美国宪法的措辞是，最高法院的审理范围"延伸到宪法引起的所有案件、联邦立法引起的所有案件"等。

这一条款正是著名的违宪审查权的来源。新宪法的反对者认识到了这一条款的重要性。雷克夫转述"布鲁图斯"的话说，司法审查权将"发挥实效，以最确定的，但是无声的和难以理解的方式来进行。宪法最明显的趋势是什么：我的意思是，它就是完全地破坏个别州的立法、行政和司法权"②。

也就是说，由于这一权力的存在，麦迪逊设想的联邦主义制度存在内在的不稳定。这个新的联邦政府结构复杂。麦迪逊以绕口令一般的段落来刻画其复杂性：

> 因此，拟议中的宪法严格说来既不是一部国家宪法，也不是一部联邦宪法，而是两者的结合。其基础是联邦性的不是国家性的；在政府一般权力的来源方面，它部分是联邦性的，部分是国家性的；在行使这些权力方面，它是国家性的，不是联邦性的；在权力范围方面，它又是联邦性的，不是国家性的。最后，在修改权的方式方面，它既不完全是联邦性的，也不完全是国家性的。③

---

① 〔美〕杰克·N. 雷克夫：《宪法的原始含义：美国制宪中的政治与理念》，王晔、柏亚琴等译，江苏人民出版社，2008，第173页。

② 〔美〕杰克·N. 雷克夫：《宪法的原始含义：美国制宪中的政治与理念》，王晔、柏亚琴等译，江苏人民出版社，2008，第189页。

③ 〔美〕汉密尔顿、〔美〕杰伊、〔美〕麦迪逊：《联邦党人文集》，程逢如、在汉、舒逊译，商务印书馆，1995，第198页。

这一复杂制度的内在问题在运行中暴露了出来。本书下一章第四节将考察麦迪逊联邦主义理论的内在不稳定性。

四 麦迪逊关于《权利法案》的理论

（一）《权利法案》的提出

《权利法案》（*Bill of Rights*）是指由麦迪逊起草、经美国国会两院先后讨论并小幅修改、最终在 1791 年 12 月 15 日通过的美国宪法修正案第一到第十条。麦迪逊在今天被看成《权利法案》之父，但他对《权利法案》的态度并非始终如一，而是经历了从反对到赞成的根本变化。

梅森的反对意见

学者们对与《权利法案》的建立有关的主要事实并无争议。[①] 大致故事可以概述如下：费城制宪会议的参与者中，多数并没有要提出一个权利法案的想法，权利法案也并不在会议的议程之内。直到宪法已经定稿之后的 1787 年 9 月 12 日，弗吉尼亚代表梅森突然临时提出动议要求增加一个权利法案："不过，现在已经建立起一个一般原则，再增加一些规定就够了。他希望，宪法之前有一份公民权利法案，如果有人提议，他就附议。这会给人民带来极大的安宁；有各邦的权利宣言作为借鉴，几小时就可以把法案拟好。"[②] 梅

---

① Jack N. Rakove, "James Madison and the Bill of Rights: A Broader Context," *Presidential Studies Quarterly*, Vol. 22, No. 4, (Fall, 1992), pp. 667-677. Kenneth R. Bowling, "'A Tub to the Whale': The Founding Fathers and Adoption of the Federal Bill of Rights," *Journal of the Early Republic*, Vol. 8, No. 3 (Autumn, 1988), pp. 223-251. Lance Banning, *The Sacred Fire of Liberty: James Madison and the Founding of the Federal Republic*, Ithaca: Cornell University Press, 1995.

② 〔美〕麦迪逊：《辩论：美国制宪会议记录》，尹宣译，辽宁教育出版社，2003，第 743 页。梅森是弗吉尼亚邦的代表，在 1776 年负责起草了弗吉尼亚邦的《权利法案》，这一方案被认为是美国宪法修正案中的权利法案的蓝本。参见〔美〕克里斯托弗·科利尔、〔美〕詹姆斯·林肯·科利尔《费城抉择：美国制宪会议始末》，高玉明译，上海人民出版社，2017，第 232 页。

森之所以特意强调"几小时"就可以把权利法案拟好，是因为在数月漫长艰苦的会议并且最终确定新宪法细节之后，代表们已经疲惫不堪，而费城制宪会议也即将在5天之后的9月17日闭会了。这种情况下自然不会有很多议员愿意节外生枝支持梅森的动议。对梅森动议的表决结果是0邦赞成，10邦反对，1邦不在场。梅森在自己临时提出的动议被否决之后，并未失态，而是开始探讨限制征收出口税的问题。第二天，9月13日，梅森谴责铺张浪费，提议设立一个委员会，"鼓励生活简朴，多用美国自己制造的产品"①。他还提议制定检查法，"控制各地滥用权力"②。代表们显然已经筋疲力尽，对此两项提议未作辩论，直接表决通过。

也许出乎所有人意料的是，梅森竟然最终拒绝签署宪法。梅森的反对意见大致如下：新政府的权力过于强大，而且本身极不民主。众议员仅有代议制的阴影，而没有代议制的实质。立法将由毫不关心人民、也不了解立法后果和效果的人制定。这个政府将从温和的贵族制开端，之后将在君主制和腐败、压迫的贵族制之间摇摆若干年，告终于两者之一。因此，有必要在宪法中加入权利法案，保障人民的权利不受这个不民主政府的侵犯。③

新国会

在今天看来，梅森的反对意见显然过于夸张。在当时的新宪法支持者，即所谓"联邦党人"看来，这种意见也因其夸张而难以认真对待。因此，联邦党人并没有将修订宪法加入《权利法案》列入自己的议程。不过，由于制宪会议的秘密性质，由于制宪者们多数属于社会上层，由于新宪法若干不民主的特点，人民确实容易猜疑新政府可能变成（温和的）贵族制。

反联邦党人利用了人民的这种情绪，将《权利法案》作为口号来增加

---

① 〔美〕麦迪逊：《辩论：美国制宪会议记录》，尹宣译，辽宁教育出版社，2003，第747页。

② 〔美〕麦迪逊：《辩论：美国制宪会议记录》，尹宣译，辽宁教育出版社，2003，第747页。

③ 〔美〕麦迪逊：《辩论：美国制宪会议记录》，尹宣译，辽宁教育出版社，2003，第771~773页。

他们自己的政治资本。许多人声称没有《权利法案》就不应该批准新宪法。其实反联邦党人真正反对的是一个新的强大的联邦政府本身，而不是真心实意地要求在通过《权利法案》之后建立新政府。

反联邦党人的抗议最终被联邦党人击败，宪法得以通过，而且在新一届国会中联邦党人占据了绝对优势。

新一届国会面临许多极为棘手而且已经延续多年的问题，包括美国政府债券的债务人已经多年没有收到应得款项，美国在国际债券市场的信用也接近破产，西班牙关闭了密西西比河，英国还占据着西北的一些港口，人均 GDP 据估计还不到战前一半，以及新政府的具体组织还全无头绪。麦迪逊在 1789 年认为，新国会的成员们面对的是一片无前人足迹可追寻的蛮荒之地。①

在这种情况下，国会自然不会把《权利法案》列入优先议程。而且可以合理地相信，随着政府建成时间的增长，国内的舆论也将趋于平稳，反对新宪法并要求通过《权利法案》修正案的提议自然会渐渐消失。因此，如果没有麦迪逊，作为新宪法的主要设计者和新国会中能力得到公认的声誉很高的成员，一个人强硬地把《权利法案》列入国会的优先议程，那么美国很可能就不会有《权利法案》。历史学家公认，麦迪逊在《权利法案》的通过中扮演了最关键的角色，是《权利法案》之父。

《权利法案》之父

唯一有争议的地方在于，麦迪逊为什么转变自己的立场，在新国会上强烈要求并一力推动通过《权利法案》？② 麦迪逊的不太乐意被麦迪逊推着走的同代人相信，这跟麦迪逊在弗吉尼亚遇到的选举斗争有关。

在弗吉尼亚通过新宪法和第一届联邦国会召开之间的那一年，帕特里克·亨利（Patrick Henry）——重要的反联邦党人，麦迪逊在弗吉尼亚州制宪会议上的主要对手——希望组织一个能建议对宪法做重大修正，或建

---

① Lance Banning, *The Sacred Fire of Liberty: James Madison and the Founding of the Federal Republic*, Ithaca: Cornell University Press, 1995, p. 265.

② Jack N. Rakove, "James Madison and the Bill of Rights: A Broader Context," *Presidential Studies Quarterly*, Vol. 22, No. 4, (Fall, 1992), p. 667.

议召集第二次联邦制宪会议的国会。因此，他组织了专门的努力来将麦迪逊排除在代表弗吉尼亚州的国会议员的选举之外。

麦迪逊的许多赞同新宪法的联邦党人同盟都相信，这场斗争吓坏了麦迪逊，导致他转变了十余年前就持有的立场。[①] 但是，朗斯·班宁指出，虽然许多当代分析者们都接受了麦迪逊同代人的这种批判，但是并没有证据表明反联邦党人的伎俩严重威胁到了麦迪逊的政治生涯。班宁认为，麦迪逊之所以转变立场，是由于在竞选过程中更深切地体会到了人民的忧虑，而且麦迪逊从来都不会对少数派的权利与诉求表示轻蔑。[②]

总之，这次国会议员的竞选，成为麦迪逊转变立场的关键时刻。

此前，他认为《权利法案》是不必要的。麦迪逊在 1787 年 10 月 17 日致信杰斐逊，谈到自己对《权利法案》的看法："我自己的意见一直总是偏爱一部权利法案，希望它能如此构造，以使得［政府］不会有不在宪法一一列举的范围之内的权力。"[③]麦迪逊用这种双重否定句式，对杰斐逊委婉地表示，在宪法一一列举权力之后，权利法案并没有太大的必要。麦迪逊如此委婉用词，显然是为了顾全与杰斐逊的长年友谊（两位美国总统的持久而温暖的君子式友谊在美国政治史中是非常引人注目的）。[④] 麦迪逊继续写道，"同时，我从不认为宪法中缺乏权利法案是一项实质性的缺陷，也从不焦急地希望通过随后的修正案来提供这一法案。尽管其他人出于其他理由想要这么做。"[⑤]麦迪逊对其他人赞成《权利法案》的理由显然并不欣赏。麦迪逊继续表明自己所赞同的理由："我现在偏爱它，是因为我认为它可能会有用，而且如果恰当执行的话可能不会有害。"[⑥] 所谓有用，是指可以平息反联邦党人的反对，并促成其他两个尚未通过新宪法的州尽快

---

① 关于这场斗争的更多细节，请参见 Lance Banning, *The Sacred Fire of Liberty: James Madison and the Founding of the Federal Republic*, Ithaca: Cornell University Press, 1995, pp. 267-274。

② Lance Banning, *The Sacred Fire of Liberty: James Madison and the Founding of the Federal Republic*, Ithaca: Cornell University Press, 1995, p. 274.

③ James Madison, "To Thomas Jefferson," in Gaillard Hunt, ed., *The Writings of James Madison*, Vol. 5, New York: G. P. Putnam's Sons, 1904, p. 271.

④ Andrew Burstein and Nancy Isenberg, *Madison and Jefferson*, New York: Random House, 2010.

⑤ James Madison, "To Thomas Jefferson," in Gaillard Hunt, ed., *The Writings of James Madison*, Vol. 5, New York: G. P. Putnam's Sons, 1904, p. 271.

⑥ James Madison, "To Thomas Jefferson," in Gaillard Hunt, ed., *The Writings of James Madison*, Vol. 5, New York: G. P. Putnam's Sons, 1904, p. 271.

通过。这些理由长远来看分量并不够，与宪法立足久远的身份并不匹配。而且，麦迪逊还希望恰当构造权利法案，以使其无害，这意味着，一部《权利法案》事实上可能是有害的。

麦迪逊列出了《权利法案》并不必要而且可能有害的四种理由。

第一，如威尔逊所言，宪法授予联邦权力的方式已经保障了那些权利。

第二，有强大的理由相信，对某些核心权利的正面声明无法覆盖所需的范围。例如良心自由的权利，公开说明之后总是会缩减应有的范围。例证之一是，在新英格兰（因受迫害而逃离英国的清教徒主导的地区），宪法禁止宗教测验，结果为犹太教徒、穆斯林和无神论者开了方便之门（没理解错的话，麦迪逊的意思是，本地区本来是不欢迎这些非基督教徒的）。

第三，因为联邦政府只得到有限权力，还受到下级政府的制约，为权利提供了各州政府没能提供的额外保障（因而并不需要外加权利法案）。

第四，经验证明，权利法案在其最需要发挥作用的情形上是无效的。压倒性的多数对这些羊皮纸篱笆的重复侵犯，在每个州中都有。在弗吉尼亚，在任何事情上，只要权利法案违背了人民的流行看法，它就必然受到侵犯。麦迪逊举了弗吉尼亚想要拨款支持某些宗教的例子，说只要立法机构中的多数想要这么做，而人民中的多数也支持，那么他们就会这样毫不犹豫地侵犯宗教自由的权利。①

总之，麦迪逊对《权利法案》的看法显然纯然是负面的。事实上可以说，他认为反联邦党人对《权利法案》的支持是非理性的。美国人，在独立战争之前也还是英国人，他们对权利的看法事实上是继承了英国的传统看法。

如雷克夫所说，"对于最初的开拓者来说，权利用语是自然而然就有的；他们把这当做自己的母语。正如 18 世纪的作家反复指出，最初的英国定居者随身带来了他们所有的权利并将这些权利作为与生就有的权利和遗产留给他们的后代。"② 因此，"美国人抵达革命转折点的时候，很自信地

---

① James Madison, "To Thomas Jefferson," in Gaillard Hunt, ed., *The Writings of James Madison*, Vol. 5, New York: G. P. Putnam's Sons, 1904, pp. 271-272.

② 〔美〕杰克·N. 雷克夫：《宪法的原始含义：美国制宪中的政治与理念》，王晔、柏亚琴等译，江苏人民出版社，2008，第 285 页。

以为他们清楚自己的权利是什么；独立后，他们的看法并没有多大的改变。"① 独立后的美国人与英国人共享着相似的权利观。这种权利观是英国人民在与国王的斗争中发展起来的。1689 年，光荣革命之后，非君主召集的议会向新统治者威廉和玛丽提交了后来被称为《权利法案》的《公告》，并随后被确认为法律。美国反联邦党人所要求的《权利法案》正是以此为模板。

麦迪逊批评他同时代人对权利的继承自英国经验的传统看法。麦迪逊指出，真正掌握权力的人都可能侵犯权利。在英国，国王控制着政府，因此可能成为重要的侵权者。或者用韦伯的术语来说，当时的英国还是家产制国家，或有强烈的家产制国家成分，政府和国王是一体的。但是在美国，政府掌握在多数人而非国王的手中，只不过是多数人的工具。应该防范的是多数人对少数人权利的侵犯，而非政府对其选民的侵权。麦迪逊强调，"这是一条极为重要，但尚未得到人们充分注意的真理。"② 麦迪逊感到那些提议通过《权利法案》以抵制政府侵权的人都是没能把握住这条真理的人。麦迪逊指出，在英国和美国，《权利法案》具有完全不同的效果。在英国的君主制度下，人民的潜在力量要胜过主权者＝君主（我们可以补充说，这一点已经为光荣革命所证明），因此一部声明人民权利的庄严宪章，作为检验政府行动之正当性的标准，以及唤起和联合社群的更高力量的信号，必定会拥有重大效果。但是在美国这样的人民政府之下，政治的权力和暴力（political and physical power）都掌握在人民中的多数派手中，因此，诉诸社群中的任何其他力量去反对主权者的暴政意志就都是无效的。《权利法案》在这样一个民主政府之下会有什么用呢？③ 反联邦党人既延续传统看法而误解了英美两国在权力滥用的可能性上的重大不同，也误解了《权利法案》所能起到的作用。

麦迪逊指出，《权利法案》的用处不在于防止当时的美国政府滥用权力——麦迪逊声称他看不出来新政府有变成暴政的倾向——而在于别处。

---

① 〔美〕杰克·N. 雷克夫：《宪法的原始含义：美国制宪中的政治与理念》，王晖、柏亚琴等译，江苏人民出版社，2008，第 285 页。

② James Madison, "To Thomas Jefferson," in Gaillard Hunt, ed., *The Writings of James Madison*, Vol. 5, New York：G. P. Putnam's Sons, 1904, p. 272.

③ James Madison, "To Thomas Jefferson," in Gaillard Hunt, ed., *The Writings of James Madison*, Vol. 5, New York：G. P. Putnam's Sons, 1904, p. 273.

第一，这些政治真理，如果这样庄严地宣布，可以逐渐地获得自由政府的基本原则的性质，而且它们将被整合进民族的感情中。这两点都有助于对抗利益和激情的冲击。第二，尽管压迫的危险更来自追求利益的人民中的多数派而非政府的篡夺行动，但政府确实也可能滥权。而且的确有手腕高超又野心勃勃的统治者，可能颠覆自由，建立压迫性政府。不管这种可能性大不大，提前预防总不会有错。[1]

因此，麦迪逊决心推动《权利法案》的通过。然而，他对《权利法案》本身的看法，却仍然颇为令人困惑。

（二）麦迪逊的《权利法案》观

"权利"的含义在当代极富争议，关于"权利"的争论自然影响到了对麦迪逊《权利法案》的理解。如埃里克·卡斯帕所说，美国最高法院，作为美国宪法的最终阐释者，也搞不清麦迪逊撰写《权利法案》时心中的含义是什么。关键的难点之一，是麦迪逊想要保护自由主义的权利，还是古典共和主义的权利？[2] 亦即关键在于，麦迪逊认为权利是与生俱来的，还是由其他事物（如共和主义美德）派生而来的，因而是第二位的？

卡斯帕的看法是，麦迪逊持有一种自由主义而非共和主义的权利观。

他认为，麦迪逊在其早年教育中深受休谟、洛克、斯密、曼德维尔等人的影响，而受古典共和主义影响不多，是一个典型的自由派而非共和派。卡斯帕认为，通过研究麦迪逊的公开言论和私人书信，也可以证明这一点。[3]

然而，即使麦迪逊是一个主张自然权利论的自由派，他也是一个不被当代主流自由主义接纳的自由派。

---

[1]　James Madison, "To Thomas Jefferson," in Gaillard Hunt, ed., *The Writings of James Madison*, Vol. 5, New York: G. P. Putnam's Sons, 1904, p. 273.

[2]　Eric T. Kasper, "The Enjoyment of Life and Liberty: James Madison's Liberal Design for the Bill of Rights," Ph. D Dissertation: University of Wisconsin-Madison, 2007, p. 4.

[3]　Eric T. Kasper, "The Enjoyment of Life and Liberty: James Madison's Liberal Design for the Bill of Rights," Ph. D Dissertation: University of Wisconsin-Madison, 2007, p. 4.

第一，今天权利的范围相比麦迪逊时代也已经大为扩展。[1] 整个《权利法案》只包含了 T. H. 马歇尔所谓的现代权利观中的"公民要素"，而不包含完整的"政治要素"（没有赋予黑人和妇女选举权），也不包含与福利国家相连的"社会要素"。[2] 从今天的视角看，麦迪逊的权利观狭隘而片面，是一种过时的权利观。

第二，麦迪逊的权利观不仅将被认为是过时的，而且还会被认为存在根本的严重缺陷。今天主流的自由主义权利观是以平等观念为核心的，而麦迪逊的权利观被认为内含着不平等的因素。麦迪逊观念中的不平等，特别表现在他所设计的宪法（包括《权利法案》）没有保护黑人奴隶与妇女的权利。无可否认，在美国宪法第十三条修正案之前，黑人奴隶没有任何权利得到保障，在第十九条修正案之前，妇女完全没有选举权。[3] 这样，如果麦迪逊持有的是一种自然权利观，那它也是一种将大半人类排除在外的自然权利观。更何况麦迪逊自身还是一个大奴隶主，显然参与了弗吉尼亚奴隶主统治阶层维持奴隶制度的合谋。

因此，如果麦迪逊是一个自由主义的权利论者，那么他的权利观不仅是狭隘过时的，而且是自相矛盾和虚伪的。然而，自由主义这个词在 19 世纪之前根本不存在，将麦迪逊看成一个自由主义者无疑是将我们的想法强加给无法反抗的逝者，不可能不造成歪曲。

作为制度的《权利法案》

与当代自由主义的看法不同，麦迪逊的《权利法案》并不仅仅旨在保护内在的权利，而且也旨在确立一系列外在于人内心的制度。

《权利法案》的第三条为我们理解《权利法案》的性质提供了一个重要的入口："一支管理良好的民兵，对一个自由国家的安全是必要的，人

---

[1] 〔英〕T. H. 马歇尔:《公民身份与社会阶级》，刘训练译，载郭忠华、刘训练编《公民身份与社会阶级》，江苏人民出版社，2008，第 10 页。

[2] 〔英〕T. H. 马歇尔:《公民身份与社会阶级》，刘训练译，载郭忠华、刘训练编《公民身份与社会阶级》，江苏人民出版社，2008，第 10~11 页。

[3] Robert A. Goldwin, "Why Blacks, Women and Jews Are Not Mentioned in the Constitution, and Other Unorthodox Views," in *Why Blacks, Women and Jews Are Not Mentioned in the Constitution, and Other Unorthodox Views*, Washington: The AEI Press, 1990, pp. 9-20.

民保有并装备武器的权利，不得被侵犯。"它指明暴力并非垄断于"国家"之手，因此打破了韦伯的国家定义，也相应打破了韦伯的强加给个人的外在秩序和个人行动的二元论。个人是否自由持有武器，近年来在美国成为一个激烈辩论的主题。这个问题超出本书范围，此处仅限于指出，《权利法案》第三条想要保证的，既不仅仅是内在的权利，也不仅仅是外在的制度。持有武器的权利、管理良好的民兵和自由国家融为一体，缺一不可。与韦伯所认为的不同，一个正当的秩序（"自由国家"）并非由国家暴力机器为后盾确保，而是由人民自身的武装民兵确保。麦迪逊所理解的权利，并非作为制度对立物的权利。

可以看到，麦迪逊所设计的《权利法案》所要确保的，既不仅仅是个人内在的或所谓"自由主义的与生俱来的"权利，也不仅仅是民兵这种政治制度。麦迪逊并未将两者割裂开来理解，强行规定何者具有更高的本体论地位。当代对美国宪法的解释，强行要将其置于自由主义或共和主义的理论基础之上，但是都忽略了这个重要的根本现象：美国宪法，包括《权利法案》，并没有任何将自身置于自由主义或共和主义的理论基础之上的论述。诚然，麦迪逊在《联邦党人文集》中为新制度的共和主义性质极力辩护。但是麦迪逊作为不倦的历史研究者，也清楚地知道，罗马共和制度的出现先于罗马共和理论数百年。因此，认为共和制度建立在共和理论的基础之上岂非荒谬？并且，现代共和理论的最初形成往往以"马基雅维利时刻"知名[1]，但是马基雅维利最重要的共和主义理论著作《李维史论》是对罗马共和制度的研究。[2] 因此，说现代共和理论建立在古代共和制度的基础上可能还更顺理成章一点。麦迪逊可能从未有过这种奇怪的颠倒想法，即将美国新政治制度建立在自己的新共和主义政治理论的基础之上。再次重复，麦迪逊工作的中心是新制度而非新理论。

《权利法案》各条款

排除这种理论定见之后，可以重新审视《权利法案》各条款。

---

[1] 〔新西兰〕J·G.A. 波考克：《马基雅维里时刻：佛罗伦萨政治思想和大西洋共和主义传统》，冯克利、傅乾译，译林出版社，2013。

[2] 〔意〕马基雅维利：《君主论·李维史论》，潘汉典、薛军译，吉林出版集团有限责任公司，2011。

第一条主要旨在确立宗教自由和言论自由，但同时也旨在确立多种教派的制度（其对立面是国教制度）、确保"人民和平集会、为纠正冤屈而向政府请愿"的权利。如果没有宗教这种制度，那么建立宗教自由可以说毫无意义。如果没有人民和平集会这种行动，确保其权利也就沦为空谈了。权利、制度与行动在此融为一体。

第二条前已论述，试图同时确立自由国家、民兵制度和自由持有武器的权利。行动、制度与权利同样融为一体。

第三条，保证士兵不得在和平时期住入民宅，在战时进驻，需要按法定方式。一方面确保人民的权利；另一方面制定了战时士兵可以按法定方式驻扎民宅的制度。

第四条到第八条是所谓司法权利。第四条主要确保人身和财产权，但是同时也确定了在先宣誓或保证有适当理由，并且具体说明搜查地点、需要缉拿的人或物之后签发搜捕证的制度。

第五条可以说主要是确保公民不受非法审判的权利，同时也确立了陪审团等制度。

第六条确保被告在刑事诉讼中的权利，同时也是确保律师协助、中立陪审团尽快举行公开审讯的制度。

第七条主要确保在习惯法诉讼中，若索赔价值超过 20 美元，则应保留案件由陪审团审讯的权利，同时也是确立陪审团在此情况下审讯的制度。

第八条，"不得要求超出正常范围的保释金，不得课以超出正常范围的罚款，不得强加残酷或异乎寻常的惩罚。"同样是在确立权利的同时确立了施加正常保释金、正常罚款和正常惩罚的制度。①

第九条和第十条为补充条款。

总之，麦迪逊提出的《权利法案》在确立一系列权利的同时也确立了一系列的相应制度。因此，《权利法案》可以被视为麦迪逊所帮助建立的复合共和制政治制度的一个重要组成部分。而麦迪逊关于《权利法案》的理论也是他的复合共和制政治理论的重要成分。

---

① 《权利法案》的文本为作者自译，参考了尹宣的翻译（麦迪逊：《辩论：美国制宪会议记录》，尹宣译，辽宁教育出版社，2003）。

第四章　麦迪逊政治
理论的转变

在宪法包括《权利法案》通过、美国新政府正式成立并运行起来的
1790 年之后，麦迪逊政治理论发展的第一阶段结束，第二阶段开始。

第一阶段：正式制度

在第一阶段，麦迪逊关注的中心是这一问题，即应该为美国这样一个
新的共和国建立何种政治制度？如本书前两章所论述的，麦迪逊对这一问
题的回答，是美国应该建立一种新的联邦制的、代议制的、三权分立的复
合共和制政治制度。建立这种新政治制度，不仅意味着制定一部相应的新
宪法，而且意味着要建立一个相应的新政府。麦迪逊并没有将宪法与政府
分开思考，事实上，宪法的全部条款（修正案除外），都是旨在确立这个
新政府的。制定新宪法与建立新政府，是建立这个新政治制度的不可分的
一体两面。

麦迪逊政治理论中的这一部分，在国内外都被探讨最多，也最为广大
读者所熟知。20 世纪影响最广泛的若干麦迪逊研究，包括比尔德《美国宪
法的经济观》、达尔《民主理论的前言》、文森特·奥斯特罗姆《复合共和
制的政治理论》和桑德尔《民主的不满》，所研究的麦迪逊理论也只限于

这一部分。① 当代政治科学之接受麦迪逊政治理论，也主要是通过上述这几面透镜所进行的。② 当代政治科学吸收麦迪逊理论所使用的另一面重要透镜是理性选择理论。③ 而理性选择学派的代表性论著，如《〈联邦党人文集〉与新制度主义》，也大致局限于探讨麦迪逊关于正式制度的论述。④

因此，麦迪逊在当代政治科学中的形象，主要是一个论述正式政治制度的重要作家。随着"新制度主义"的兴起，麦迪逊很容易被漫不经心地看作一个"旧制度主义者"。盖伊·彼得斯比较新旧制度主义："旧制度主义满足于描述制度，新制度主义却努力将其解释为一种因变量，更重要的是，新制度主义试图将其他的制度现象解释为形成政策和行政行为的一种自变量。"⑤而且，"现代的制度分析所关注的是实际的行为而不是制度的正式的、结构的方面"。⑥ 麦迪逊很容易被认为缺乏当代新制度主义的问题意识，局限于描述制度并且只关心制度的正式的、结构的方面。然而，这种判断虽然看上去很有道理，但麦迪逊实际上完全不是如此这般的一个旧制度主义者。

麦迪逊第一阶段的政治理论主要关心政治制度的正式的、结构的静态方面，并不是因为他的思考局限于这一方面，而是因为一个实体性的动态政府尚不存在。麦迪逊在其政治理论发展的第一阶段，当然不可能关注一个尚不存在的政府的实际运动。并且当美国新宪法得到接受、新政府正式建立起来之后，麦迪逊作为长期任职的国会议员和执行官，自然地将其政治思考的重点转向了政治制度的动态运行方面。麦迪逊政治理论发展的第二阶段由此开始。

---

① 〔美〕查尔斯·A. 比尔德：《美国宪法的经济观》，何希齐译，商务印书馆，1989；〔美〕达尔：《民主理论的前言》，顾昕、朱丹译，三联书店，1999；〔美〕文森特·奥斯特罗姆：《复合共和制的政治理论》，毛寿龙译，上海三联书店，1999；〔美〕迈克尔·桑德尔：《民主的不满：美国在寻求一种公共哲学》，曾纪茂译，刘训练校，江苏人民出版社，2008。

② 张福建：《在自由主义与共和主义之外：麦迪逊早期宪政思想探索》，《政治思想史》2010年第1期，第56~79页。

③ 〔美〕哈维·C. 曼斯菲尔德：《社会科学与美国宪法》，汪庆华译，载赵晓力编《宪法与公民》，上海人民出版社，2004，第104~143页。

④ Bernard Grofman and Donald Wittman, eds., *The Federalist Papers and the New Institutionalism*, New York: Agathon Press, 1989.

⑤ 〔美〕B. 盖伊·彼得斯：《政治制度：旧与新》，载〔美〕古丁、〔德〕克林格曼主编《政治科学新手册》，钟开斌、王洛忠、任丙强等译，三联书店，2006，第304~305页。

⑥ 〔美〕B. 盖伊·彼得斯：《政治制度：旧与新》，载〔美〕古丁、〔德〕克林格曼主编《政治科学新手册》，钟开斌、王洛忠、任丙强等译，三联书店，2006，第305页。

第二阶段：实质变化

麦迪逊政治理论从第一阶段到第二阶段的变化，不仅仅在于重心的调整，而且更重要的是还在于实质内容的变化。

第一，在第一阶段，麦迪逊希望建立的是无党派之争的联邦政府中的三权分立和制衡。而在第二阶段，麦迪逊看到，一个政党可以将三权都掌握在手中，因此而导致三权的制衡失效。因此，在这种情况下，防止暴政只能依赖两党制衡而非三权制衡。

第二，在第一阶段，麦迪逊最初希望建立的是一个国家主义的联邦政府。麦迪逊甚至希望赋予联邦政府用武力强迫各州服从的权力。在第二阶段，麦迪逊为了反对汉密尔顿等人的掌握了联邦政府三个分支的联邦党，而退回了主张州具有独立不可侵犯的主权的立场上。麦迪逊在联邦主义问题上的立场的前后摇摆，最终使他认识到了自己第一阶段所发展的联邦主义政治理论的内在不稳定性。

第三，在第一阶段，麦迪逊从静态的角度看待权力，认为政府的一切权力都来自人民。在第二阶段，麦迪逊从动态的视角看待政府和人民的相互影响，认为舆论而非人民才是真正的主权者。

本章前三节将详细研究麦迪逊政治理论的这三个方面的重要变化。本章第四节将探讨麦迪逊政治理论转变的原因，论证指出其原因在于美国政治制度的可变性。

一　从主张无党争共和国到论证政党的正当性

政党在麦迪逊政治理论中扮演着一个至关重要的核心角色。麦迪逊最重要的工作是建立一种新政治制度和一个新的国家，而建立新政治制度和建立新国家意味着把各种材料捏合、塑造成特定的形式。[①] 就美国而言，独立战争后可用的主要材料是英国留下的 13 个性质各不相同的殖民地。[②]

---

① 〔古希腊〕柏拉图：《政治家》，洪涛译，上海人民出版社，2006，第 45~46 页；〔英〕霍布斯：《引言》，《利维坦》，黎思复等译，商务印书馆，1985。

② 13 个殖民地的政治组织与经济社会基础非常不同；参见〔美〕艾伦·布林克利《美国史（1492—1997）》，邵旭东译，海南出版社，2009，第 33~94 页。

在独立战争中，美国的建国者们，以"邦联条款"将各殖民地重新定义为13个主权邦（sovereign states），并将它们捏合成一个与英国作战的松散邦联。正如麦迪逊和汉密尔顿等美国建国者所担忧的，这种邦联由于过于松散而可能走向解体，因此有必要改变政治组织的形态（见本书第二章）。麦迪逊等人希望将各邦重新组织成一个更紧密的联邦共和国。

麦迪逊在其著名的《联邦党人文集》第十篇中指出，这一新的共和国不只需要把各州联合成为一体，而且要把其他各不相同的部分也捏合到一起。麦迪逊在分析中使用了派别（faction）这一术语，指出人类文明社会不可避免要分为不同的派别："土地占有者集团、制造业集团、商业集团、金融业集团以及许多较小的集团，必然会在文明国家里形成，并使其分裂为受到不同情感和见解驱使的阶级。"① 麦迪逊继续指出："现代立法的首要任务（principal task of modern legislation），是管理这些多种多样并且互相妨碍的利益集团，而这些利益集团也会把党派精神（spirit of party and faction）带入必要的和日常的政府运行中。"② 如果没有外在约束，派别斗争将发展成狂暴的冲突（violence of faction），并给公共会议（public councils）带来不稳定、不公正和混乱（instability, injustice, and confusion）。③ 无法控制这种问题正是传统民主政府的致命疾病（mortal diseases）。④

如麦迪逊所指出的，治疗这种疾病是"现代立法的首要任务"。麦迪逊的治疗方法是为整个国家提供一种统一的政治制度：各个派别拥有不同的利益、见解和情感，但是拥有一个共同的政治制度。换言之，美国这一国家由各个部分或派别（faction）所组成、各派具有离心倾向，而统一的政治制度则提供向心力。麦迪逊认为，这种离心倾向无法完全消除，只能通过统一的政治制度对其进行压制。美国的宪法及其所建立的联邦政府，是统一的象征，因此其中完全没有派别或党派的地位——美国宪法中完全

---

① Alexander Hamilton, James Madison and John Jay, *The Federalist Papers*, edited with an Introduction and Notes by Lawrence Goldman, New York: Oxford University Press, 2008, p. 50.

② Alexander Hamilton, James Madison and John Jay, *The Federalist Papers*, edited with an Introduction and Notes by Lawrence Goldman, New York: Oxford University Press, 2008, p. 50.

③ Alexander Hamilton, James Madison and John Jay, *The Federalist Papers*, edited with an Introduction and Notes by Lawrence Goldman, New York: Oxford University Press, 2008, p. 48.

④ Alexander Hamilton, James Madison and John Jay, *The Federalist Papers*, edited with an Introduction and Notes by Lawrence Goldman, New York: Oxford University Press, 2008, p. 48.

没有提到政党。麦迪逊相信在新建立的联邦政府中不应该有党派的存在。而且正如布林克利所说，"18 世纪 90 年代，几乎所有美国人都相信在稳定的共和政体中不允许有组织的反对党存在"。①

比尔德相信，美国的宪法是某一特定派别追求自身利益的产物。② 而麦迪逊显然认为，美国的宪法将是所有人共有的，不包含任何派别因素（当然参议院的设置是例外）。麦迪逊显然也相信，新宪法所建立的联邦政府将脱离派别斗争而运行。

麦迪逊的实践和理论背道而驰。在新政府建立之后不久，他就和杰斐逊一起成立了美国第一个真正的政党——"共和党"。③ 他所建立的政党在整个 19 世纪都受人厌恶，但最终被认为是民主的代议制政府运行所必需的。④ 政治理论中难以包容政党，也难以理解政党的运行。正如萨托利所认为的，政党和政党体制在没有理论指导的情况下发展："在政治体系中政党的功能、地位和分量，不是某个理论预先设计好了的，而是由一系列共同作用所决定的。"⑤ 萨托利认为政党理论的发展非常迟缓："政党在实践中得到发展大约有 150 年的历史了，但理论方面的发展却非常滞后。"⑥ 政党（萨托利所谓的实际上进行政府治理的党）之所以难以理解——进而导致政党理论难以发展——显而易见的难点在于，使政府受一个代表社会整体中某个派别的政党的控制，必然会导致该派控制政府去打击、掠夺其他派别，因而政党的存在根本不可能是正当的。

只要麦迪逊坚守他在《联邦党人文集》第十篇中的推理，就不可能认为政党是正当的。因而，麦迪逊面对着一个两难困境：或者承认他在《联邦党人文集》第十篇中的推理是错误的，或者承认理论虽然"正确"但无法在现实中实现。亦即，麦迪逊的理论不是错误的，就是不现实的。无论

---

① 〔美〕艾伦·布林克利：《美国史（1492—1997）》，邵旭东译，海南出版社，2009，第174 页。

② 〔美〕查尔斯·A. 比尔德：《美国宪法的经济观》，何希齐译，商务印书馆，1989。

③ 刘祚昌：《杰斐逊麦迪逊与共和党的兴起》，《历史研究》1996 年第 2 期，第 134～145 页；宋腊梅：《麦迪逊的政党思想与实践》，《中央社会主义学院学报》2007 年第 6 期，第90～93 页；〔美〕小阿瑟·施莱辛格主编《美国民主党史》，复旦大学国际政治系编译，上海人民出版社，1977，第 2 页。

④ 〔美〕F.J. 古德诺：《政治与行政》，王元译、杨百揆校，华夏出版社，1987。

⑤ 〔美〕G. 萨托利：《政党与政党体制》，王明进译，商务印书馆，2006，第 41 页。

⑥ 〔美〕G. 萨托利：《政党与政党体制》，王明进译，商务印书馆，2006，第 51 页。

是采取哪一种立场，麦迪逊都与今天的我们没有太大关系了：我们不可能从一种错误或不现实的理论中得到有用的教诲。

麦迪逊建立政党这一行动本身，对他的政治理论和美国最初的政治制度都提出了重大挑战。

（一）麦迪逊和美国政党制度的形成

麦迪逊在建立美国新政治制度的过程中起了决定性作用，但是在第一届新政府中并没有占据首要位置。新政府的核心是总统华盛顿。

前将军华盛顿之所以占有这个位置，是由于他在美国独立战争中担任大陆军总司令所积累的声名。华盛顿担任总统，本身就是再一次提醒我们，建国不仅仅是制定一部宪法，而首先是一种军事行动。将这个新国家凝聚起来的，不仅仅是宪法，还是共同的军事行动的经历。言辞需要刀剑的支持。宪法作为一种新政治制度，落实成一位前军事首脑的统治，这并非偶然。

带着这一洞见，我们才能更好地真正理解美国第一届新政府的构成。坐在副总统这个位置上的是约翰·亚当斯，担任财政部部长的是前上校汉密尔顿。两人之所以能得到这个位置，共同的重要的因素是在独立战争中的贡献。新政府的另一个主要成员是国务卿杰斐逊。杰斐逊没有军队经历，他升任国务卿的一个重要原因是此前曾任美国驻法国大使，另一个重要因素是与华盛顿的弗吉尼亚同乡关系。这一同乡纽带绝非无足轻重，众所周知，从华盛顿开始，除了亚当斯的 4 年任期，弗吉尼亚人作为总统统治美国达 32 年之久，从而形成了著名的"弗吉尼亚王朝"（Virginia dynasty）。这种地域因素对政党的产生是至关重要的。[①]

---

① 华盛顿能够担任大陆军总司令也主要是由于地域因素。早期的军事斗争发生在新英格兰地区，美国南部未遭兵火，所以军事主要是东北部的州组织起来的。如琼斯所言，"华盛顿被任命为总司令与其说是考虑到他的军事经验（这是微不足道的），不如说是出于权宜之计。人们感到由一个弗吉尼亚人来指挥一支主要来自新英格兰的军队，有助于促进殖民地的团结。选择一位富有的、保守的种植园主，会满足那些担心激进主义蔓延的人。而且华盛顿曾是大陆会议的成员，似乎可以保证不致出现军事统治。在挑选华盛顿的直接下属时，政治上和派别上的考虑也起了作用。"〔英〕M. A. 琼斯：《从帝国、战略和外交诸方面看美国革命》，陈沫译，载古德温编《新编剑桥世界近代史（第 8 卷）：美国革命与法国革命（1763—1793）》，中国社会科学出版社，1999，第 623 页。

华盛顿第一届政府的主要成员如图 4-1 所示。[①]

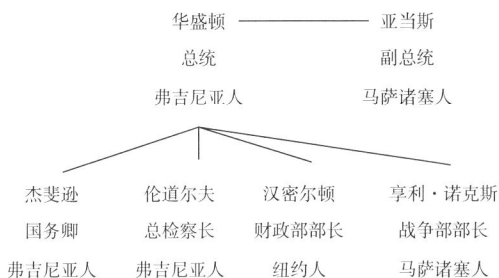

华盛顿 —————— 亚当斯
总统　　　　　　副总统
弗吉尼亚人　　　马萨诸塞人

杰斐逊　　伦道尔夫　　汉密尔顿　　享利·诺克斯
国务卿　　总检察长　　财政部部长　　战争部部长
弗吉尼亚人　弗吉尼亚人　纽约人　　马萨诸塞人

图 4-1　第一届华盛顿政府的主要成员

华盛顿之外，这一政府中最显要的人物是汉密尔顿和杰斐逊（亚当斯作为副总统无法发挥影响）。[②]

汉密尔顿的计划

历史学家公认，汉密尔顿在第一届政府中发挥了决定性的影响。如布林克利所说，"华盛顿政权的中心人物——亚历山大·汉密尔顿成为他的财政部部长，并在国内政策和外交政策上比任何人都产生了更为重大的影响。不仅在他就职期间，而且在 1794 年卸任之后他的影响仍丝毫不减"。[③]

汉密尔顿之所以能够发挥这种影响，一方面是由于华盛顿的放权；另一方面是由于他自身的活力和才华，由于他在独立战争期间与华盛顿结成的信任纽带，[④] 也由于财政部部长本身的重要地位。如马克斯·贝洛夫所说，在当时，"联邦的未来主要取决于早期采取什么样的财政政策以及这

---

① 美国第一届国会设立了三个行政部门，即国务院、财政部和战争部，此外还设立了总检察长。〔美〕艾伦·布林克利：《美国史（1492—1997）》，邵旭东译，海南出版社，2009，第 168 页。

② 美国的副总统很少能发挥实质性的重大政治影响。

③ 〔美〕艾伦·布林克利：《美国史（1492—1997）》，邵旭东译，海南出版社，2009，第 168 页。

④ 〔美〕罗恩·彻诺：《汉密尔顿传》，张向玲、高翔、何皓瑜译，浙江大学出版社，2018。

些政策与各州的关系的影响"。① 而财政政策主要由财政部部长制定。

汉密尔顿作为纽约人，自然地偏爱工商业，他的财政政策也偏向于东北部工商业群体的利益。他担任财政部部长之后立刻推出了一批计划来解决邦联遗留的问题，包括按照票面价值偿还邦联的战争债，承担并偿还各州的战争债，成立国家银行，以及建立保护本国工商业发展的关税。这一批政策明显有利于美国的工商金融业部分——这一部分集中在东北部。汉密尔顿相信，美国的未来在工商业。

在汉密尔顿开始推进他雄心勃勃的计划时，杰斐逊刚刚结束五年驻法国大使任期回国，对国内情况并不了解，并且为个人事务困扰，加上他个性极为不愿意卷入人际冲突，因此最初并没有提出特别强烈的观点。②

麦迪逊的反对

站出来反对汉密尔顿的，是时任联邦众议员的麦迪逊。麦迪逊看到，汉密尔顿推出的联邦足额支付邦联战争债的计划，有益于那些金融投机者，而对债券的原始持有人并不公平。这些原始持有人主要是独立战争中的士兵，由于缺乏经费，所以邦联开了空白支票（债券）作为他们的工资。由于看不到兑付的希望，很多人都将债券折价卖给了投机者。③ 因此，麦迪逊在众议院起身反对汉密尔顿的计划，而提出了自己区别偿付的计划。但他的计划在议会被击败（当时约一半的众议员持有公债），这使麦迪逊感到政府正在遭受银行家和金融利益集团的不公正影响。④ 汉密尔顿

---

① 〔英〕马克斯·贝洛夫：《美国革命（1763—1793年）：宪法问题面面观》，张志军译，载古德温编《新编剑桥世界近代史（第8卷）：美国革命与法国革命（1763—1793年）》，中国社会科学出版社，1999，第612页。

② 杰斐逊的夫人于1782年去世，给他个人造成了巨大的感情痛苦。〔美〕约瑟夫·艾利斯：《那一代：可敬的开国元勋》，邓海平、邓友平译，中国社会科学出版社，2003，第80、83页。麦迪逊在早期华盛顿政府中也扮演了一个独特的关键角色，参见〔美〕加利·威尔士《美国宪法之父：詹姆斯·麦迪逊传》，刘红、冉红英译，安徽教育出版社，2006，第36~37页。Lance Banning, *The Sacred Fire of Liberty: James Madison and the Founding of the Federal Republic*, Ithaca: Cornell University Press, 1995, p.293.

③ 〔美〕约瑟夫·艾利斯：《那一代：可敬的开国元勋》，邓海平、邓友平译，中国社会科学出版社，2003，第67页。

④ 〔美〕约瑟夫·艾利斯：《那一代：可敬的开国元勋》，邓海平、邓友平译，中国社会科学出版社，2003，第67~69页。

在邦联债之后的第二个议题，是由新联邦政府接收各州的战争债务。麦迪逊对这一计划同样加以反对，他指出，南部各州大都已经偿还了其战争债的大部分，汉密尔顿的这一计划将使北部州能够将其自身的义务不公平地转嫁给南部州。对弗吉尼亚，所转移的债务大约是300万美元，而支付的税收是500万美元，这显然不公平。[①] 汉密尔顿的计划激起了弗吉尼亚的强烈反对，许多弗吉尼亚人甚至直接威胁要退出联邦。

汉密尔顿的愤怒

汉密尔顿对弗吉尼亚人的反应感到愤怒。汉密尔顿相信，他的财政计划是从美国的整体利益出发来考虑的，并不怀有北方利益的私心，也非偏向他的金融家朋友。汉密尔顿雄心勃勃，着眼于辉煌的未来，而非眼前的蝇头小利。如艾利斯所说：

> 汉密尔顿在其《政府信用报告》中指出：美国那巨大的但却依然潜在的经济能量，要完全实现其潜能，需要的不仅仅是放任自流。显然，汉密尔顿并不是第一个认识到这一点的人：北美大陆的广博资源是一个巨大的宝藏，这个宝藏一旦能打开，就能够带来无与伦比的繁荣与国运。然而，他在这方面是独特的：他以为要调动这些资源，需要在国家层面上进行一贯的管理和战略协调。[②]

汉密尔顿的这种看法，无法得到美国南部人民的理解，如艾利斯所说：

> 麦迪逊似乎认为，而杰斐逊似乎在更大程度上认为，国家的经济政策应当是，不要成为经济复苏和增长的自然法则流畅运转的障碍。但是汉密尔顿认为，经济发展的条件是需要创造出来的，而且还需要

---

① 〔美〕约瑟夫·艾利斯：《那一代：可敬的开国元勋》，邓海平、邓友平译，中国社会科学出版社，2003，第69~70页。

② 〔美〕约瑟夫·艾利斯：《那一代：可敬的开国元勋》，邓海平、邓友平译，中国社会科学出版社，2003，第77页。

对之进行持续的监督。他的模式是英格兰的模式：建立国家银行，国家规制商业，并且有权倾朝野的财政大臣。当然，从波托马可河南部的人们的视角来看，这些正是美国独立战争据说要永久抛弃的制度和象征。①

在汉密尔顿看来，有必要加强中央政府的经济权力。但是弗吉尼亚等南部州的种植园主，并不希望将这种权力交给汉密尔顿等北方人。汉密尔顿希望吸取全国的经济力量发展工商业，但是弗吉尼亚等南部州的种植园主和小自耕农们，希望维持自己的农业经济基础。关于国家未来的看法分歧，植根于南北双方现有经济基础的巨大区别。这种分歧使关于联邦接管州债务的争论变得格外激烈而危险。

和解

麦迪逊和汉密尔顿的争斗，最终非常戏剧化地得到了解决。杰斐逊，作为汉密尔顿在政府中的同僚，和麦迪逊的弗吉尼亚同乡及多年好友，在家设宴，促成了两人通过政治交易而和解。交易的结果是，汉密尔顿的计划得以通过，而弗吉尼亚得到在邻近的波托马克河地区建立首都的利益。②

麦迪逊的看法

暂时的政治交易与和解，并没有解决两方的根本分歧。

麦迪逊所设想的政治制度，是在很大程度上脱离其社会基础而独立运行的。他希望新的大共和国的中央政府能轻松地对付分散的小利益集团，将党派精神排除在政府运行之外。麦迪逊的这种共和主义理论带有强烈的古典色彩，让我们想起南方种植园主的生活和古代共和国中的奴隶主生活

---

① 〔美〕约瑟夫·艾利斯：《那一代：可敬的开国元勋》，邓海平、邓友平译，中国社会科学出版社，2003，第 77 页。

② 非常明显，汉密尔顿的观点最终被证明是正确的，美国的未来在工业而非农业。参见〔英〕F. 西斯尔恩韦特：《1794—1828 年的美国与旧世界》，张大星译，载 C. W. 克劳利等编《新编剑桥世界近代史（第九卷）：动乱年代的战争与和平》，中国社会科学出版社，1999，第 783~786 页。

的相似性。身在南方、远离纽约的麦迪逊，对工商业认识不深，没有看到现代金融制度的强大作用。现代金融制度可以动员分散在全国各地的人力与财力，形成古代人也许没有见过的强大利益集团。美国的中央政府无法轻松地对付这一全国性的强大集团。事实上，正如麦迪逊所体验到的，这一金融集团在某种意义上俘获了新成立的共和政府，使其政策全面地有利于自身的利益。麦迪逊在美国革命之后所面对的这个问题，与法国大革命之后政府所面对的问题类似。① 当时现代金融业已经兴起，并且显然倾向于利用国家去掠夺国内的其他部分。

麦迪逊最初所设想的中央政府和利益集团的关系无法成立，因此他的整个政治制度都必须被重新构想。如果中央政府无法抵抗某一利益集团或派别（faction）的不正当利用，那么只能在中央政府之外发展一个强大的派别以抵消前者的影响。事实上，这正是麦迪逊所做的。

议会派别

麦迪逊首先在议会中团结了一个小的反对汉密尔顿及其金融家朋友的派别。这个集团具有密谋的性质，没有给历史学家留下他们阴谋的证据。历史学家只能根据当时的投票记录推定存在这样一个集团。可以看到，在美国第二届众议院中，有一半人具有明显的派性。他们分成两派，或者是支持汉密尔顿的方案，或者是与麦迪逊一起反对汉密尔顿，在历次投票上表现出明显的一致性。麦迪逊的派别最后发展成了公开活动的共和党，但在当时由于人们厌恶党派活动，而采取秘密活动。由于其秘密性质，汉密尔顿在较晚的时候才察觉到麦迪逊的这种党派活动。② 也由于其秘密性质，其真实起源难以查考。有论者根据表面现象，猜测共和党起源于华盛顿政府内部的汉密尔顿和杰斐逊的分歧。但是像小诺布尔·E. 坎宁安这样的论者，则根据迪维尔热对政党起源的研究相信，"虽然华盛顿内阁中的分裂同国会以及国内其他地方政治事态的发展是分不开的，但是，主要是国会中的共和党集团和联邦党集团的形成，而不是内阁中的分裂，为政党组织

---

① 〔英〕柏克：《法国革命论》，何兆武、彭刚译，商务印书馆，1998，第 144~163 页。
② 〔美〕小诺布尔·E. 坎宁安：《杰斐逊的共和党》，载〔美〕小阿瑟·施莱辛格主编《美国民主党史》，复旦大学国际政治编译，上海人民出版社，1977，第 21 页。

机构的发展打下了基础。"① 因此，共和党首先不是（作为内阁成员的）杰斐逊的党，而是（作为众议员的）麦迪逊的党。杰斐逊之所以被推举为这个党的首领，成为该党第一位总统，是由于其特殊地位。麦迪逊虽然可以被推断是党的创始人，但是他作为众议员，在正式地位上只是数十个众议员中的平等成员，得到的声望低于强势执行机构中的杰斐逊。

党争

麦迪逊最初并没有系统性地要把这一阴谋小集团发展成一个"政党"的想法，使事态如此发展的是与汉密尔顿的持续对抗。这种对抗极为激烈。如布林克利所说，"正如汉密尔顿相信他的支持者网络代表着国家唯一合法利益集团一样，共和党也相信他们的组织代表着人民的最佳利益。双方均不愿承认自己是一个政党，双方都否认对方存在的权利。"② 看来大共和国并不像麦迪逊所认为的那样可以避免党派斗争。美国这个新生的共和国，很可能像麦迪逊在《联邦党人文集》中所分析的那些古代小共和国一样，因患上党派斗争这一"致命疾病"而毁灭。

麦迪逊在《联邦党人文集》中设想的，治疗党派斗争的药方并不起效。为了拯救美国，必须借助别的力量。此刻，华盛顿的作用凸显了出来。

华盛顿总统

华盛顿在早期美国有着崇高的声望。是华盛顿，而非麦迪逊或汉密尔

---

① 〔美〕小诺布尔·E. 坎宁安：《杰斐逊的共和党》，载〔美〕小阿瑟·施莱辛格主编《美国民主党史》，复旦大学国际政治系编译，上海人民出版社，1977，第 25 页。坎宁安大致采取结构功能主义的立场，对行动者的行动做了结构主义的处理。晚近以来的政治科学同时强调结构和行动者这两个方面。参见〔美〕盖伊·彼得斯《政治科学中的"新制度主义"》，王向民、段红伟译，上海人民出版社，2011，第 131 页。结构主义往往将联邦党与共和党同等看待，平行处理，而总是遮蔽"联邦党"从未变成一个现代政党这一事实。在这一时期，活跃的不仅是"政党"这种"结构"，而且是华盛顿、亚当斯、麦迪逊等"行动者"超出结构的行动。结构主义不足以解释这一时期的政治行动，因此不足以完全解释政党的形成过程本身。

② 〔美〕艾伦·布林克利：《美国史（1492—1997）》，邵旭东译，海南出版社，2009，第 168 页。

顿，才是早期美国政治中的首要人物。[①] 华盛顿的行动与地位说明，建国不仅仅是宪法或财政问题，还有很重要的另一个方面，那就是国家的团结。他与斗争双方都有紧密的关系，他和汉密尔顿是亲密的战友，与杰斐逊和麦迪逊是弗吉尼亚同乡，因此可以站在一种公正和中立的立场上，或者更准确地说，站在一个把分裂的各部分（faction）团结在一起的中心位置上。如艾里斯所说，"正如当时的一句流行的祝酒词所说，他是'将所有的心灵团结起来的人'。"[②]

华盛顿力图调和他自己内阁中的财政部部长和国务卿的分裂，本人也被当成一个国家团结的象征来尊重。如果没有华盛顿，那么麦迪逊集团和汉密尔顿集团的冲突可能走向无解的极端冲突。[③] 但是华盛顿的调和效果有限，两者的冲突最终以共和派被排除在政府之外而告终。如布林克利所说，"18 世纪 90 年代，几乎所有美国人都相信在稳定的共和政体中不允许有组织的反对党存在，所以对联邦派来说，作为强大竞争对手的共和党的出现成为国家稳定的严重威胁。"[④] 杰斐逊很快在 1793 年被迫退休，而麦迪逊的政治生涯也陷入了危机中，于 1797 年退休。

华盛顿在同乡和战友之间最终还是选择了战友。在华盛顿看来，战友的纽带比阶级和经济的纽带更为重要。虽然华盛顿作为弗吉尼亚的奴隶主，与麦迪逊和杰斐逊利益一致，但是国家的团结先于这种个别的利益。军事斗争的含义就是为了整个国家的利益而牺牲个人的生命、自由和财产。整个国家的利益先于各个派别的利益。如艾里斯所说，"大陆军的老兵们，比如汉密尔顿和约翰·马歇尔，能够完全理解这个关键点。有趣的是，作为反对派的共和党的两个主要领袖，杰斐逊和麦迪逊，却从来没有

---

① 〔美〕约瑟夫·艾利斯：《那一代：可敬的开国元勋》，邓海平、邓友平译，中国社会科学出版社，2003，第 151 页。

② 〔美〕约瑟夫·艾利斯：《那一代：可敬的开国元勋》，邓海平、邓友平译，中国社会科学出版社，2003，第 151 页。

③ 这正是斗争双方共同担心的。当华盛顿由于厌恶党派斗争而在第一届任期结束后寻求退休时，双方都力劝华盛顿寻求连任，以免国家陷入分裂。Jack N. Rakove, *James Madison and the Creation of the American Republic*, Oscar Handlin eds. New York: Longman, 2002, p.121.

④ 〔美〕艾伦·布林克利：《美国史（1492—1997）》，邵旭东译，海南出版社，2009，第 175 页。

在大陆军中服过役。他们明显不能理解那个关键之点。"①

华盛顿很可能认为麦迪逊和杰斐逊的行为不仅是对他个人的背叛，而且危害到了整个国家的生存，因此在努力保持中立的同时偏向了联邦派。华盛顿的选择招来了共和派的报复。

如布林克利所说，对华盛顿的政治攻击是他第二个任期的特征之一。② 杰斐逊甚至在《杰伊条约》签订之后攻击华盛顿说，"作为对他的德行的一种诅咒，他们已经毁灭了他的国家。"③

这些攻击让华盛顿深受伤害。他对此做出的回应是退出第三届总统选举，以此彰显自己的共和信念。华盛顿在 1786 年 9 月 17 日发表了著名的"告别演说"，说出了自己一些"在多次思考和慎重观察后才产生"的看法。④ 这些看法的主要内容是，"政府的统一使你们组成一个民族，它对你们是十分珍贵的"。⑤ 因此：

> 极为重要的是，你们应该正当地估计全国性的联合对你们集体和个人幸福的巨大价值，你们应该对它怀有真诚的、经久不变的感情，要习于像对待护佑你们政治上的安全与繁荣的守护神那样想到它或谈到它；要小心翼翼、无微不至地保护它；要鄙视一切抛弃它的想法，即使对它保有丝毫怀疑亦不允许；要义正词严地反对刚冒头的一切可能使我国的任何部分与其他部分疏远并削弱连接全国各地的神圣纽带的种种意图。⑥

---

① 〔美〕约瑟夫·艾利斯：《那一代：可敬的开国元勋》，邓海平、邓友平译，中国社会科学出版社，2003，第 194 页。

② 〔美〕约瑟夫·艾利斯：《那一代：可敬的开国元勋》，邓海平、邓友平译，中国社会科学出版社，2003，第 158 页。

③ 转引自〔美〕约瑟夫·艾利斯《那一代：可敬的开国元勋》，邓海平、邓友平译，中国社会科学出版社，2003，第 173 页。

④ 〔美〕乔治·华盛顿：《华盛顿选集》，聂崇信、吕德本、熊希龄译，商务印书馆，1989，第 313 页。

⑤ 〔美〕乔治·华盛顿：《华盛顿选集》，聂崇信、吕德本、熊希龄译，商务印书馆，1989，第 313 页。

⑥ 〔美〕乔治·华盛顿：《华盛顿选集》，聂崇信、吕德本、熊希龄译，商务印书馆，1989，第 314 页。

因此我们国家的每一部分要把维护全国的团结奉为最神圣的宗旨。①

华盛顿特别批评因为地域分歧而造成的派别斗争：

在考虑到可能扰乱我们联邦的各种原因的同时，有一件丞须严重关注的事情，即地理差别居然成为区别党派特点的根据，如北方的和南方的，大西洋的和西部地区的；而诡谲之徒可能力图煽动人们相信，地方利益和观点的确存在差异。②

华盛顿"以最严肃的态度提出警告，决不要受到党派性的有害影响③"。

联邦党

由于华盛顿这种强烈的反对态度，也由于其他人看法相似，所以虽然汉密尔顿的"联邦党"在华盛顿任职期间始终控制着政府，但他们并没有公开地要发展一种"政党"、发展一种党派性的组织。所谓"联邦党"实际上既无组织又无纲领，并且没有专职人员，缺乏现代政党的几乎一切要素。它的本质只是一些依靠地域、友情、不多的利益联系起来的松散集团。他们甚至缺乏自己是一个"党派"、需要为这个党派服务的意识。

在亚当斯大选胜出，成为美国的第二位总统之后，情况依然如此。亚当斯虽然作为联邦派的候选人上台，但人们相信亚当斯能担任总统主要凭借的是他的德性而非政党。如坎宁安所说，在亚当斯和杰斐逊的竞选中，

---

① 〔美〕乔治·华盛顿：《华盛顿选集》，聂崇信、吕德本、熊希龄译，商务印书馆，1989，第314页。
② 〔美〕乔治·华盛顿：《华盛顿选集》，聂崇信、吕德本、熊希龄译，商务印书馆，1989，第316页。
③ 〔美〕乔治·华盛顿：《华盛顿选集》，聂崇信、吕德本、熊希龄译，商务印书馆，1989，第319页。

"议论的中心是这两位候选人的政治德性，而不是党的纲领。"① 如布林克利所说，"他是一个极端正直甚至意志难以违抗的人。他似乎觉得，凭他的善良本性和秉公办事，足以胜任总统职位，但通常情况下他都是错的"。② 亚当斯相信他凭借自身可以控制联邦派和共和党，或者至少不受其控制。

共和党的建立

因此，是麦迪逊和杰斐逊的共和党，而非与他们争斗的联邦党，要为美国政党制度的建立负主要责任。他们率先建立起了所谓的"政党机器"。他们首先建立起了跨州的政党组织，在每个州建立委员会、社团和核心小组。他们还建立起了政党的核心小组会议，并形成了完整的政纲。有了领袖、组织、政纲和遍及全国的追随者之后，共和党就真正变成了一个现代政党。联邦党试图追随共和党的发展脚步，但是由于华盛顿和亚当斯等领导人对此的反感，而总是大大落后。可以说，联邦党从未发展成一个现代政党。③ 共和党凭借其强大的组织，1800 年将杰斐逊选为总统，并且继续把持政府数十年。实际上，联邦党由于组织乏力，在政治斗争中很快崩溃消失，1812 年~1822 年，美国实际上形成了一党统治。④

政党政治的冲击

麦迪逊和杰斐逊一起推翻了华盛顿和亚当斯的政府运行模式。如艾利斯所说，"死去的是这样一种观念，共和国有一种长远的集体利益，这种

---

① 〔美〕小诺布尔·E. 坎宁安：《杰斐逊的共和党》，载〔美〕小阿瑟·施莱辛格主编《美国民主党史》，复旦大学国际政治系编译，上海人民出版社，1977，第 31 页。由于事关候选人的德性，所以选举中的人身攻击特别激烈。1800 年亚当斯和杰斐逊的竞选被认为是美国总统竞选史上最丑陋、用词最恶劣的一次。

② 〔美〕艾伦·布林克利：《美国史（1492—1997）》，邵旭东译，海南出版社，2009，第 176 页。

③ 〔美〕小诺布尔·E. 坎宁安：《杰斐逊的共和党》，载〔美〕小阿瑟·施莱辛格主编《美国民主党史》，复旦大学国际政治系编译，上海人民出版社，1977，第 18~72 页。

④ 〔美〕小阿瑟·施莱辛格主编《美国民主党史》，复旦大学国际政治系编译，上海人民出版社，1977，第 2 页。

利益应当与党派主义分离开来，而且实际上应当让它完全不受政治的影响；而美国政治家的责任就是要让这个公共利益获得神圣地位，同时还要有意地忽略、实际上是故意不在意，特定选区的党派主义的诉求。""随之一同随风而去的，还有华盛顿和亚当斯对那种可被称作'党派主义的道德'的东西的强烈蔑视。""没有哪个领袖能够可信地宣称自己能够超越在党派争吵之上。正如杰斐逊在华盛顿下台时所理解的，美国总统自此以后必须永远是某个政党的领袖。"①

麦迪逊所设计的政治制度，由于强大政党的出现而不得不进行重大调整。这一调整痛苦而漫长，直到今天仍然难言结束。不过，虽然正式的政治制度不得不为适应政党而调整，政党本身也不得不适应正式的政治制度。

麦迪逊严肃地对一个必须适应正式制度的政党本身做了思考。

（二）麦迪逊论政党

麦迪逊自己创建了美国第一个真正的政党，为此而不得不修正他在《联邦党人文集》中对政党的贬低和排斥。1792 年，麦迪逊在新成立的、将成为共和党喉舌的《国民公报》上发表系列论文公开探讨党派问题。他首先抛弃了《联邦党人文集》中纠正党派斗争的解决方案，而回到了最初思考的出发点："在每一个政治社会中，党派分化都是不可避免的。真实的或者假想的利益的不同，是党派最自然也最丰沛的源泉。"②

众所周知，麦迪逊关于党派的思考深受休谟的影响。③ 麦迪逊的这个出发点也正是休谟的出发点，但是麦迪逊发现休谟的解决方案无法成为自己的解决方案。为了理解麦迪逊对自己所面对的问题的思考，有必要先研究休谟。

① 〔美〕约瑟夫·艾利斯：《那一代：可敬的开国元勋》，邓海平、邓友平译，中国社会科学出版社，2003，第 258 页。

② James Madison, "Parties," in Gaillard Hunt, ed., *The Writings of James Madison*, Vol. 6, New York: G. P. Putnam's Sons, 1906, p. 86.

③ 〔美〕道格拉斯·阿代尔：《"政治或可化约为一种科学"：大卫·休谟、詹姆斯·麦迪逊和〈联邦主义文集〉第十篇》，陈舒婕，韩亚栋译，《政治思想史》2010 年第 4 期，第 177~190 页。

休谟的观点

正如本书第一章所论述的，休谟作为一个英国人，对英国读者写作，几乎只关心英国的现实政治问题。对休谟来说，英国的基本政治事实是共和派和君主派的党派斗争。休谟看到，英国作为当时欧洲著名的自由国家，也深受党派之争所害，对光荣革命、克伦威尔与王室复辟记忆犹新。因此，休谟和麦迪逊一样谴责党派的危害、相信这种党派之争应该加以反对，但是休谟通过分析历史发现，人类"天生强烈倾向于分成派系"①。虽然他自己"不愿自己隶属于任一党派体系"②，但是显然不可能改变当时英国两党对立的情况。休谟所要做的，是探索一种能包容党派存在的非党派政治科学的可能性。

建立这样一门包容党派的非党派性政治科学极为困难，但并不是不可能的。休谟建立这种非党派政治科学的第一步，是在其论文中摧毁英国现有两党的官方意识形态。③ 但是休谟认识到，这种摧毁有其限度。休谟可以自认为摧毁辉格党和托利党的意识形态，但他不会认为自己能够使用文字就摧毁英国传统两党本身。因此，一种非党派的政治科学只能承认现实，亦即承认政党的存在，同时在此基础之上对现状加以改进。

休谟看到，两党的对立并不一定会导致什么危险后果："两个人同在一条大路上行走，一人向东，另一人向西，如果道路够宽的话，两人可以顺利走过对方。"④ 也就是说，即使两个党派行动方向相反，他们也完全可以和平共处，而不会造成具有严重破坏性的党争。导致当时英国两党破坏性党争的，是他们激烈对立的意识形态。休谟指出，为抽象原则而殊死斗争，是现代独有的荒谬现象："从原则分歧产生的，特别是从一些抽象理论原则分歧产生的党派，只有现代才有，这或许是人类事务中迄今为止出现的最奇特最难说明的现象。"⑤ 这种荒谬以前在整个人类历史上从来没有

---

① 〔英〕休谟：《休谟政治论文选》，张若衡译，商务印书馆，2010，第40页。
② 〔英〕休谟：《休谟政治论文选》，张若衡译，商务印书馆，2010，第52页。
③ 〔英〕休谟：《休谟政治论文选》，张若衡译，商务印书馆，2010，第119~142页。
④ 〔英〕休谟：《休谟政治论文选》，张若衡译，商务印书馆，2010，第42页。
⑤ 〔英〕休谟：《休谟政治论文选》，张若衡译，商务印书馆，2010，第42页。

存在过，以后也不应该继续存在。也就是说，休谟相信，由于他已经摧毁了两党的意识形态，那么两党就可以改激烈斗争为和平共处了。休谟构思了政党之间的相处之道："支持稳健的意见，寻求所有争执的合理折中方案，说服每方相信其对方有时也可能是对的，对于双方的褒贬亦需保持平衡。"① 休谟认为，辉格党和托利党的要求在现行体制下都可以得到满足，正如在一条大路上两个人可以分别东西而行一样："人民对权利的要求仍然可以保持适当尊重君主、贵族以及一切古老的制度。"② 也就是说，休谟的无党派政治科学所支持的是一种混合了君主、贵族与平民的正当要求的有限君主制的混合政体。③ 休谟在这种现实可行的政体之外还构想了一种最完美的理想政体，并在《关于理想共和国的设想》一文中描述了其具体制度安排。④ 这个完美共和国的特征在于，"一旦建立却易于保持稳定和统一，不易发生混乱和分裂。"⑤ 也就是说，英国政体中固有的两党斗争在这个完美共和国中将不复存在。

总结休谟的论证，可以看到，休谟将两党斗争（有时甚至发展为内战）视为英国的基本政治制度，并对其做出了两步改进：第一步改进为有温和党派斗争的有限君主制的混合政体；第二步改进为消除党派斗争的完美共和国。

麦迪逊的改进

正如阿代尔等人所指出的，麦迪逊在《联邦党人文集》之中，大体上依循了休谟的这一论证逻辑。⑥ 不过，麦迪逊的推理和休谟的推理略有差别。这是因为休谟为君主制的英国推荐了温和党争的有限君主制的混合政体，而麦迪逊忠于共和制，不可能考虑这种君主政体。因此，麦迪逊跳过

① 〔英〕休谟：《休谟政治论文选》，张若衡译，商务印书馆，2010，第 143 页。
② 〔英〕休谟：《休谟政治论文选》，张若衡译，商务印书馆，2010，第 149 页。
③ 〔英〕休谟：《休谟政治论文选》，张若衡译，商务印书馆，2010，第 172 页。
④ 〔英〕休谟：《休谟政治论文选》，张若衡译，商务印书馆，2010，第 160~174 页。
⑤ 〔英〕休谟：《休谟政治论文选》，张若衡译，商务印书馆，2010，第 173 页。
⑥ 〔美〕道格拉斯·阿代尔：《"政治或可化约为一种科学"：大卫·休谟、詹姆斯·麦迪逊和〈联邦主义文集〉第十篇》，陈舒婕、韩亚栋译，《政治思想史》2010 年第 4 期，第 177~190 页。

了休谟所做的第一步改进，直接走向了第二部改进，即消除党争的完美共和国。

可悲的是，麦迪逊在立宪之后的政治斗争中很快认识到美国远远不是一个完美的共和国，美国实际上重蹈了古代共和国和现代君主国英国的覆辙，变成了一个党争激烈而危险的国家。

从头思考

麦迪逊不得不完全从头思考，该如何面对党争困局。麦迪逊首先考虑了共和主义对党争的五种解决办法，包括建立一切人的平等、剥夺积累财富的过分机会或巧妙无声地削减财富不平等而不破坏财产权等。麦迪逊认为，这显然是不合理的（this is not the language of reason）。① 这些办法没用，休谟的有限君主制的解决办法也不能用，因为它违反共和主义的原则。② 麦迪逊发现自己到了一片没有路标的荒野之上，必须自己去寻找答案。**这个必须找出解决办法的问题，正是麦迪逊第二阶段政治理论的出发点。**

麦迪逊在 1792 年 2 月 6 日发表的一篇题为《联邦政府》的论文中探讨了美国新联邦的当下状况。③ 麦迪逊指出，联邦的政治制度首先着眼于防止权力滥用，为此设计了复杂的分权结构，不仅在政府部门之间分权，而且在州与联邦政府之间分权。但是如果联邦党人同时控制了执行、立法和司法机构，并且控制了多数的州政府，那么该怎么办呢？麦迪逊不得不去寻求别的制衡力量。他声明，权力的内部制衡虽然值得颂扬，但是"同时也不应该忘记，它们既不是立宪自由的唯一保障也不是其首要保障"（neither the sole nor the chief palladium of constitutional liberty）④。人民，作

---

① James Madison, "Parties," in Gaillard Hunt, ed., *The Writings of James Madison*, Vol. 6, New York: G. P. Putnam's Sons, 1906, p.86.

② James Madison, "Parties," in Gaillard Hunt, ed., *The Writings of James Madison*, Vol. 6, New York: G. P. Putnam's Sons, 1906, p.86.

③ James Madison, "Government of the United States," in Gaillard Hunt, ed., *The Writings of James Madison*, Vol. 6, New York: G. P. Putnam's Sons, 1906, pp.91-93.

④ James Madison, "Government of the United States," in Gaillard Hunt, ed., *The Writings of James Madison*, Vol. 6, New York: G. P. Putnam's Sons, 1906, p.93.

为这部宪法的作者，也必须成为它的卫士："他们的眼睛必须永远准备留意，他们的喉嗓必须永远准备去发声，而他们的双臂必须永远准备击退或修复对他们的宪法的权威的侵犯"①。

麦迪逊的立场变化

麦迪逊的立场与早前相比明显发生了很大的变化。在《联邦党人文集》中，麦迪逊对诉诸人民持反对态度。在第四十九篇，他批评杰斐逊在《弗吉尼亚纪事》中提到的一种防止权力滥用的手段，那就是"每当政府三个部门中任何两个各由其总人数三分之二同意，认为必须开会修正宪法或纠正违宪情况时，得为此召开会议"②。麦迪逊对此持有完全否定的意见："这个理论的确有极大力量，并且必须允许证明，通向人民为某些重大特殊事件作出决定的法定道路，应该保持畅通。但是出现了如此不能排除的异议：反对把关于求助人民的提议作为在一切情况下使各权力部门保持在法定范围内的一种规定。"③

具体的反对理由有三点。

第一，"这个规定并未达到两个部门联合起来反对第三个部门的情况。如果具有许多方法来影响其他部门的动机的立法机关，能把其他两个部门中任何一个或将其三分之一的成员吸收到自己一边，剩下的一个部门就不能从其补救办法中得到什么好处了。"④

第二，"由于每次求助于人民，就意味着政府具有某些缺点，经常求助人民，就会在很大程度上使政府失去时间所给予每件事物的尊敬，没有那种尊敬，也许最英明、最自由的政府也不会具有必要的稳定。"⑤

---

① James Madison, "Government of the United States," in Gaillard Hunt, ed., *The Writings of James Madison*, Vol. 6, New York: G. P. Putnam's Sons, 1906, p. 93.
② 〔美〕汉密尔顿、〔美〕杰伊、〔美〕麦迪逊：《联邦党人文集》，程逢如、在汉、舒逊译，商务印书馆，1995，第257页。
③ 〔美〕汉密尔顿、〔美〕杰伊、〔美〕麦迪逊：《联邦党人文集》，程逢如、在汉、舒逊译，商务印书馆，1995，第257页。
④ 〔美〕汉密尔顿、〔美〕杰伊、〔美〕麦迪逊：《联邦党人文集》，程逢如、在汉、舒逊译，商务印书馆，1995，第257页。
⑤ 〔美〕汉密尔顿、〔美〕杰伊、〔美〕麦迪逊：《联邦党人文集》，程逢如、在汉、舒逊译，商务印书馆，1995，第257、258页。

而且，"由于过分关心公众热情而有破坏公众安静的危险，是反对把宪法问题经常提请全社会决定的更大反对意见。尽管对我们已建立的政体的修改获得了成功，并且这给予美国人民的道德和智慧这么大的光荣，但是必须承认，这个尝试性质太不稳定，以致不便毫无必要地重复"。①

第三，最大的反对意见是，"我们看到，共和政体的趋势是靠牺牲其他部门来加强立法机关。因此，通常是行政和司法部门向人民请求公断"。② 但是人民更倾向支持立法机关，因此无法达成宪法上的制衡目的。

麦迪逊的结论是：

> 我们在前一篇论文中看到，单是成文宪法中的声明不足以把几个部门限制在它们的合法权力范围以内。从这一点看来，偶然求助人民既不是达到该目的的一个适当规定，也不是一个有效的规定。上述方案中所包括的性质不同的规定合适的程度如何，我没有研究。其中有些规定无疑是以健全的政治原则为基础的，而且所有的规定的拟定都是独出心裁，无懈可击。③

防止权力滥用不能靠诉诸人民，而要靠三权相互制衡：

> 那末，我们到底应该采用什么方法来切实保持宪法所规定的各部门之间的权力的必要划分呢？能够作出的唯一回答是，因为发现所有这些表面规定都嫌不够，必须用下述办法来弥补缺陷：这样来设计政府的内部结构，使其某些组成部分可以由于相互关系成为各守本分的手段。我不想充分发挥这个重要的意见，只想大胆作些一般性论述，这或许会把这个意见搞得更清楚一些，并且使我们能对制宪会议所拟

① 〔美〕汉密尔顿、〔美〕杰伊、〔美〕麦迪逊：《联邦党人文集》，程逢如、在汉、舒逊译，商务印书馆，1995，第 258 页。
② 〔美〕汉密尔顿、〔美〕杰伊、〔美〕麦迪逊：《联邦党人文集》，程逢如、在汉、舒逊译，商务印书馆，1995，第 258、259 页。
③ 〔美〕汉密尔顿、〔美〕杰伊、〔美〕麦迪逊：《联邦党人文集》，程逢如、在汉、舒逊译，商务印书馆，1995，第 260 页。

定的政府原则和结构作出比较正确的判断。①

由于两党斗争在美国的重新出现，麦迪逊不得不否定自己在《联邦党人文集》中的观点，为防止权力滥用而求助于人民的双眼、声音与手臂。

转向孟德斯鸠

麦迪逊因此从休谟转向孟德斯鸠，下一篇论文开始谈论"政府的精神"。② 休谟谈论的是政府，而孟德斯鸠谈论的是风俗、是所谓法的精神。③ 休谟和孟德斯鸠都谈论立法，也都自视为人类的立法者，但是两人立法的对象不同。休谟的立法只涉及政府——麦迪逊的《联邦党人文集》相应也主要考虑政府，而孟德斯鸠的立法影响整个社会而不仅仅是政府——麦迪逊的《国民公报》中的论文相应地也考虑整个社会中的法律。

麦迪逊从休谟转向孟德斯鸠，主要是为了克服休谟只考虑政府而不考虑法律与人民关系的不足。但是麦迪逊发现，孟德斯鸠的看法也需要修正。

修正孟德斯鸠的观点

麦迪逊借用了孟德斯鸠政府"原则"的术语，认为政府的运行受特定的"原则"支配。不过，麦迪逊不同于孟德斯鸠认为政府可以划分为受恐惧、荣誉和德性三种原则支配的三种类型，而是模仿性地根据主导的原则或精神提出了自己的三种类型（according to their predominant spirit and principles into three species）。第一种类型，一个政府由常备的军事力量运行。这支常备军维持着政府，同时也被政府所维持。常备军既是人们承受重担的原因，也是迫使人民承受重担的原因。第二种类型，一个政府在腐

---

① 〔美〕汉密尔顿、〔美〕杰伊、〔美〕麦迪逊：《联邦党人文集》，程逢如、在汉、舒逊译，商务印书馆，1995，第263页。

② James Madison, "Government of the United States," in Gaillard Hunt, ed., *The Writings of James Madison*, Vol. 6, New York: G. P. Putnam's Sons, 1906, pp. 93-95.

③ 托克维尔在《论美国的民主》中继承孟德斯鸠的思考，将"民情"放在首要地位。

败的影响下运行，服务于私人的利益而非公共责任，分配金钱给宠臣，或拿去贿赂反对派，利用其政策满足一个国家中一部分人的贪婪而非满足整体的利益。第三种类型，一个政府从其社会的意志得到力量，并基于对其社会的理解和利益的衡量的这种理性来运行。笔者认为麦迪逊对孟德斯鸠的理解颇有不准确之处，不过这已经超出了本书的范围。这里仅限于指出，麦迪逊的第一种政府类型与孟德斯鸠的受恐惧支配的专制政体相对应，第二种类型实际上以当时的英国政体为原型，第三种类型以当时的美国为原型。麦迪逊之所以提出自己的分类，看来是因为认为孟德斯鸠的类型学无法包容英国和美国政体。

麦迪逊赞扬这种"从其社会的意志得到力量，并基于对其社会的理解和利益的衡量的这种理性来运行"的政府：

> 这种政府，正是有史以来哲学一直在寻求，而人类一直在为之而奋斗的。美国荣幸地发明了这样一种共和政府，而这种幸福是她所享有的最大幸福。也许她的荣耀还将由每一项由经验而来的对这一理论的改进而增加；而她的幸福将由与这种理论的纯粹性相伴随的这一行政系统而永久延续。①

麦迪逊在《联邦党人文集》中并没有对所谓"其社会的理解和利益"进行实质性的衡量。相应的，美国的宪法（特别是在添加修正案之前的宪法）也只关心政府，而不关心其社会。政治形势的发展，使麦迪逊认识到最初的考虑是有欠缺而不全面的，必须将社会与政府共同考虑，而不能只考虑社会。麦迪逊因而超越了当代的建国理论，以及国家构建（state-building）理论。对当代理论来说，国家通常总是依照韦伯的定义被看成一个行动者。② 而那些对国家做了更复杂考虑的，将国家视为"政治社会+公民社会"，或"一种社会关系"，或治国技艺与治理术的"关键场所"的

---

① James Madison, "Government of the United States," in Gaillard Hunt, ed., *The Writings of James Madison*, Vol.6, New York: G. P. Putnam's Sons, 1906, pp.94–95.

② Hendrik Spruyt, "War, Trade, and State Formation," in Carles Boix and Susan C. Stokes, eds., *The Oxford Handbook of Comparative Politics*, Oxford: Oxford University Press, 2007, pp.211–235.

理论，对建国问题又很少研究，以至于福柯近来在研究建国的时候仍然主要把国家看成一个组织和一个行动者。① 因此，麦迪逊可以说对建国理论提供了一种非凡的不同视角。

建国与生活方式

麦迪逊在此发现，建国不仅仅是建立一种政治制度、一部宪法或一个政府，而且也决定国民的生活方式。麦迪逊在《共和制下公民的权责分配》一文中，探讨了一种共和式的生活方式应该是什么样子的。② 麦迪逊指出，"最佳分配方案，应该最有利于最大多数公民们的健康、德性、智力和能力。不用说，还要加上自由和安全。"③ 麦迪逊的结论清晰简单："农民（husbandman）的生活，最适合于个人的安乐与幸福。"④ 农民的健康、德性、智力和能力（competency）都能得到保障。相反，水手的生活却极其不幸。因此，为了最大多数人的最大幸福，应该减少与国外的跨洋贸易。在农民和水手之外，美国人口中还有一小部分从事手工制造业。麦迪逊希望农民能自己制造手工产品："各类公民中，能够为他们自己提供衣食的那一类，应该被认为是最独立和最幸福的。此外，他们还是公共自由的最佳基石，是公共安全的最佳警卫。因此，这类公民在整个社会中所占比例越大，这个社会自身必定越自由、越独立、越幸福。"⑤ 至于人口中的其他部分则并不重要："高于一般的其他若干职业，商人、律师、医生、哲学家、神职人员，在每一个文明生活中都占有一定的比例，而且其数目

---

① Bob Jessop, "The State and State-building," in R. A. W. Rhodes, Sarah A. Binder and Bert A. Rockman, eds., *The Oxford Handbook of Political Institutions*, Oxford: Oxford University Press, 2006, pp. 111-130.

② James Madison, "Republican Distribution of Citizens," in Gaillard Hunt, ed., *The Writings of James Madison*, Vol. 6, New York: G. P. Putnam's Sons, 1906, pp. 96-99.

③ James Madison, "Republican Distribution of Citizens," in Gaillard Hunt, ed., *The Writings of James Madison*, Vol. 6, New York: G. P. Putnam's Sons, 1906, p. 96. 强调为原文所有。

④ James Madison, "Republican Distribution of Citizens," in Gaillard Hunt, ed., *The Writings of James Madison*, Vol. 6, New York: G. P. Putnam's Sons, 1906, p. 96.

⑤ James Madison, "Republican Distribution of Citizens," in Gaillard Hunt, ed., *The Writings of James Madison*, Vol. 6, New York: G. P. Putnam's Sons, 1906, pp. 98-99.

容易根据其社会的需求和环境而调整。"①

也就是说，麦迪逊相信，一种共和式的生活方式应该是淳朴自足的农业生活方式。在肯定了农业生活方式之后，麦迪逊又在《时尚》一文中批评工商业的生活方式。② 在麦迪逊看来，工商业意味着制造者的生活依赖于消费者的需求，这是极不可取的："一个自由国家最不需要的那种职业，是使一类公民奴性地依赖于另一类公民的职业。"③ 这种工业已经在英国发展了起来：

> 那些从时尚和奢侈的不稳定源泉获得工作和食物的人所处的条件，是所有国家和个人应该吸取的一条教训。一个民族在多大程度上由这样的公民组成，并在多大程度上依赖于对外贸易，它就在多大程度上依赖于其他民族的消费和突发奇想。如果没有妥当的法律禁止，伯明翰、瓦沙和金尔弗汉普顿的产业、如同依赖他们所诉求的那位保护者一样，也极为依赖美洲风尚的主宰。④

这种依赖如果发展成一国对另一国的依赖，那么情形将无比糟糕："一族对他族的依赖，甚至比个人对其他人的依赖更强：因为易变的时尚会同时影响两者，而易变的政策对前者还有额外的危险。"⑤

麦迪逊的论点可能会让当代读者觉得怪异，这是因为他思考的是当代读者不再思考的问题：一个国家应该选择走农业经济的道路，还是走发展工商业的道路？现代读者无疑都会选择后者，但是在18、19世纪的美国，选择生活在一个农业社会中，不管是对个人还是对南方各州都是现实而合理的。汉密尔顿认为美国的未来在工商业的大发展，但麦迪逊认为应该制

---

① James Madison, "Republican Distribution of Citizens," in Gaillard Hunt, ed., *The Writings of James Madison*, Vol. 6, New York: G. P. Putnam's Sons, 1906, p. 99.

② James Madison, "Fashion," in Gaillard Hunt, ed., *The Writings of James Madison*, Vol. 6, New York: G. P. Putnam's Sons, 1906, pp. 99-101.

③ James Madison, "Fashion," in Gaillard Hunt, ed., *The Writings of James Madison*, Vol. 6, New York: G. P. Putnam's Sons, 1906, p. 100.

④ James Madison, "Fashion," in Gaillard Hunt, ed., *The Writings of James Madison*, Vol. 6, New York: G. P. Putnam's Sons, 1906, pp. 100-101.

⑤ James Madison, "Fashion," in Gaillard Hunt, ed., *The Writings of James Madison*, Vol. 6, New York: G. P. Putnam's Sons, 1906, p. 101.

止这种发展，因为工商业的生活方式具有奴性，一方面会给其从业者带来不幸（在 19 世纪初确实如此）；另一方面会给整个国家的自由带来危险。一种自由的政治制度需要与一种自由的生活方式相匹配，也就是说，美国需要选择坚守不依赖外贸的农业经济。在麦迪逊看来，汉密尔顿发展工商业的政策，危及了整个自由政治制度的根基。因此，在他的眼中，联邦派与共和派的斗争，不只是经济利益的冲突，还是暴政和自由的原则性冲突。

麦迪逊在接下来的《财产》一文中批评了汉密尔顿的系列政策。[①] 麦迪逊这篇论文富于政治攻击性，结合了对汉密尔顿政策的刻画和对汉密尔顿可能采取的政策的想象——在政治斗争中，一方往往会力求夸大对方的缺点。麦迪逊抨击了汉密尔顿的债务政策，抨击了通过关税而促进制造业但是损害消费者的政策，抨击了政府对产业的任意限制、豁免或垄断，抨击了一种任意收税的政府，抨击了通过强加重税而迫使人民更努力地工作的经济哲学。麦迪逊的抨击结合了现实状况和他想象中在未来可能出现的事情。在麦迪逊的想象中，汉密尔顿的派别具有颠覆共和制度的潜在或现实倾向。

美国的党派斗争

在如此复杂以至于一般读者不经再三阅读就无法理解其逻辑的长篇大论之后，麦迪逊终于又回到了美国的党派斗争这一主题之上。在《联盟：谁是其真正朋友》一文中，麦迪逊图穷匕见，对汉密尔顿一派做了非常严厉的正面攻击。[②] 他抨击说联邦的朋友"不是那些偏爱耍手腕，在政府内外放纵那种投机的精神，并使联盟的朋友们恶心的人"[③]，"不是那些促进联盟债务的无必要积累，不使用最佳手段尽可能快地将其付清的人；他们因此是在增加政府腐败的理由，以及在其权威下征收新税的借口，前者破

---

① James Madison, "Property," in Gaillard Hunt, ed., *The Writings of James Madison*, Vol. 6, New York: G. P. Putnam's Sons, 1906, pp. 101-103.

② James Madison, "The Union: Who are Its real Friends?" in Gaillard Hunt, ed., *The Writings of James Madison*, Vol. 6, New York: G. P. Putnam's Sons, 1906, pp. 104-105.

③ James Madison, "The Union: Who are Its real Friends?" in Gaillard Hunt, ed., *The Writings of James Madison*, Vol. 6, New York: G. P. Putnam's Sons, 1906, p. 104.

坏了对政府的信任，后者疏远了人民的感情。"① 虽然没有指名道姓，但是当时的读者一眼就能看出这里批评的是汉密尔顿以及团结在他周围的派别。麦迪逊对汉密尔顿派别的指控不断升级，认为那是一个阴谋颠覆共和政府并建立世袭君主制政府的集团：联盟的朋友"不是那些研究如何通过任意的解释和阴险的先例颠覆联盟的有限政府、使其变成拥有无限权力的政府的人，那是违反人民的意志并且会颠覆人民的权威的。"② "不是那些君主制和贵族制的公开或隐蔽的党徒，这些制度违反联盟的共和原则和人民的共和精神；也不是拥护一个更适合于那些堕落的世袭政府形式，而不是适合我们自己的真正本性的法律政策系统的那些人。"③ 他们迫使人民二者选一："或者失去联盟，或者失去联盟被认为应该去确保的东西。"④ 他们确实已经成了联盟的敌人。

麦迪逊的这种攻击并不公正——只有超越党派斗争才可能有公正看法，在政治斗争中几乎没有人能够做到公正。⑤ 讽刺的是，在挑明了两党的势不两立之后，麦迪逊立刻又写了一篇《对政党的一份公正刻画》。⑥ 麦迪逊研究美国的政党发展史，看到它经历了三个阶段。第一个阶段是独立战争期间，支持独立的人和忠于不列颠王室的人，构成了对立两党。"1783 年的和平条约结束了事情的这种状态。从 1783 年到 1787 年，大量党派存在着，但都是地方性而非全国性的，他们不在本文关注的范围内。"⑦ 第二个阶段是联邦宪法的提出所导致的分裂：

---

① James Madison, "The Union: Who are Its Real Friends?" in Gaillard Hunt, ed., *The Writings of James Madison*, Vol. 6, New York: G. P. Putnam's Sons, 1906, p. 104.

② James Madison, "The Union: Who are Its Real Friends?" in Gaillard Hunt, ed., *The Writings of James Madison*, Vol. 6, New York: G. P. Putnam's Sons, 1906, p. 104.

③ James Madison, "The Union: Who are Its Real Friends?" in Gaillard Hunt, ed., *The Writings of James Madison*, Vol. 6, New York: G. P. Putnam's Sons, 1906, p. 104.

④ James Madison, "The Union: Who are Its Real Friends?" in Gaillard Hunt, ed., *The Writings of James Madison*, Vol. 6, New York: G. P. Putnam's Sons, 1906, p. 104.

⑤ 〔美〕约瑟夫·艾利斯：《那一代：可敬的开国元勋》，邓海平、邓友平译，中国社会科学出版社，2003；〔英〕休谟：《休谟政治论文选》，张若衡译，商务印书馆，2010，第52页。

⑥ James Madison, "A Candid State of Parties," in Gaillard Hunt, ed., *The Writings of James Madison*, Vol. 6, New York: G. P. Putnam's Sons, 1906, pp. 106–119.

⑦ James Madison, "A Candid State of Parties," in Gaillard Hunt, ed., *The Writings of James Madison*, Vol. 6, New York: G. P. Putnam's Sons, 1906, pp. 109–110.

在那些拥护宪法的人中，最大的一部分无疑是共和式自由的朋友；尽管无疑存在一些公开或秘密地支持君主制和贵族制，并且希望把宪法变成那些世袭制度的摇篮的人。在反对宪法的人中，最大的一部分是热爱联盟和好政府的，尽管可能有少数人是反对这两者的。这种政党的状况，由于在 1788 年适当而有效地建立了联邦政府而结束了。①

第三个阶段是由于联邦政府的行政管理而导致的分裂。

麦迪逊批评第三个阶段的反对党，认为该党是由这些人构成的：具有特殊利益、偏向富人，相信人没有能力自我统治的人。政府只能通过有身份之人的虚饰，金钱和工资的影响，以及军事权力的恐怖来运行。偏爱少数而非多数的利益，偏爱其软弱而非理智，政府自身落在更少之人的手中，并通向世袭制度。而麦迪逊自己的党由这样的人构成：他们相信人类有能力统治他们自己，痛恨侮辱理智并凌辱人的权利的世袭制度，他们自然地攻击每一种并非诉诸理解和社群的普遍利益的公共政策，或并非严格符合那种原则并有助于共和政府之保存的政策。麦迪逊声称，"这就是我们中间的党派（parties）的真实情况"②。

麦迪逊这种分析的含义在于，正如前两个阶段的党派迅速消失，他的共和党和汉密尔顿的"反共和党"几乎也必定会在一段时间后消失。一个永久长存的两党对立并不需要考虑，需要考虑的只是这种对立结束之后哪一党会占上风？麦迪逊对自己的共和党的获胜表示乐观：

在共和党一边，他们的人数如此之多，感情如此坚定，而在存在一种共同情感和共同利益的情况下进行一种制造共同目标的实践又得到了如此之好的理解（尽管他们之间存在着环境性的和人为的不同），以至于如果现有状况被颠覆，而政府在人民的主体部分赞许的精神和

① James Madison, "A Candid State of Parties," in Gaillard Hunt, ed., *The Writings of James Madison*, Vol. 6, New York: G. P. Putnam's Sons, 1906, pp. 111-114.

② James Madison, "A Candid State of Parties," in Gaillard Hunt, ed., *The Writings of James Madison*, Vol. 6, New York: G. P. Putnam's Sons, 1906, p. 119.

形式之下运行，也不会有任何温和的人类事务观察者会感到吃惊。"①

麦迪逊思考党派问题的这一系列论文以《谁是人民自由的最佳保卫者》作结。② 在其中，他进一步强化了对汉密尔顿派别之反共和性质的指责，也强化了自身共和党的人民自由之保卫者的形象。在最后的段落中，麦迪逊的指责登峰造极，称反共和党为"人民权利的亵渎者和暴政的崇拜者"③。

政党政治的最终形成

麦迪逊对美国政党问题的思考中，有一部分是正确的。他正确地预见到了共和党的胜利和联邦党的消失，但是他没有预见到共和党的长久存在以及美国两党制的最终形成。回顾麦迪逊的政党理论，我们看到，麦迪逊为了反对汉密尔顿的党派性的政府，而违反《联邦党人文集》中的推理，将人民的积极参与引入了美国的政治中。麦迪逊并不认为这种积极参与将变成制度化的，而认为这种积极参与只在国家自由处于危险之中的紧迫关头才会发生作用：他只是希望人民成为国家自由的保护者，在危急关头，例如在汉密尔顿当政期间站出来。他根据历史现象得出了自己的看法。在美国历史上，政党斗争都是在危机时刻出现的，争论的也是一个特定的议题，一旦危机过去，议题消失，政党也就消失了。麦迪逊设想的这种政治模式与他设想的美国的农业生活方式相对应。在一个由小型、同质、自足的农业社区组成的国家中，各社区之间当然不会存在经常的利益纠葛，因此人民也不会有经常积极参与国家政治的兴趣和动机。但是时代已变，古典的农业共和国的理想，必须让位于现代的工商业社会。现代工商金融业

---

① James Madison, "A Candid State of Parties," in Gaillard Hunt, ed., *The Writings of James Madison*, Vol. 6, New York: G. P. Putnam's Sons, 1906, p. 119.
② James Madison, "Who are the Best Keepers of the People's Liberties," in Gaillard Hunt, ed., *The Writings of James Madison*, Vol. 6, New York: G. P. Putnam's Sons, 1906, pp. 120-123.
③ James Madison, "Who are the Best Keepers of the People's Liberties," in Gaillard Hunt, ed., *The Writings of James Madison*, Vol. 6, New York: G. P. Putnam's Sons, 1906, p. 123.

不仅将全国连为一体，而且将世界各国连为一体。① 这种一体化既带来了持久的全国性的相互依赖，也带来了持久的全国性的相互冲突，因而使人民的积极的持久的政治参与变得不可避免。美国的宪法并没有为人民的持久积极参与提供一种固定的渠道或工具，因而这种工具只可能在宪法之外发展起来：它就是宪法完全没有提到的政党。

麦迪逊看到，汉密尔顿的政党破坏了美国正式政治制度的运行，使其基本的三权分立和制衡的机制都大为失效。这一外在于宪法的组织的破坏性影响出乎所有人的意料。为了抵抗这种破坏性影响，唯一的现实方法是组织他自己的共和派政党。麦迪逊认识到，为了使政党特别是自己的政党不至于变得与对手类似，必须把政党变成一个代表全面利益而非特殊利益的党，必须使政党将全国的利益置于地方和派别的利益之上，将国家的存在置于政党的存在之前。正如萨托利在事后所看到的，"如果政党是一个不能为整体而执政（也就是考虑到普遍的利益）的部分，那么它就和宗派无异。尽管政党仅仅代表一部分，这个部分对整体则必须采取非偏私的立场"。② 这种宣称可能被认为是虚伪的，但有着实际效果：它限制了政党对派别利益的（可能会肆无忌惮的）追逐，从而使现代共和国与麦迪逊所分析的那些古代共和国不同，在很大程度上保证了内部的和平与稳定。

因此，麦迪逊的政党理论虽然有所欠缺，但他对自己的政党事业无疑有着极为清醒的明智思考。他清醒地认识到政党的出现必将极大地改变宪法所建立的正式政治制度的运行。

二　从主张单一制国家到主张州权

为了对抗同时控制了政府的行政、立法和司法分支，并导致三权的相互制衡失效的联邦党，麦迪逊与杰斐逊一起创立了共和党。自此以后，美国政府中的制衡更多的是与三权制衡结合在一起的两党相互制衡。但是两党制衡仍然是不够的，面对联邦党的打压，麦迪逊及其共和党选择了诉诸

---

① 凯恩斯描述了 19 世纪末叶的全球　体化的社会，参见〔英〕约翰·梅纳德·凯恩斯《和约的经济后果》，张军、贾晓屹译，华夏出版社，2008，第 8~19 页。

② 〔意〕G. 萨托利：《政党与政党体制》，王明进译，商务印书馆，2006，第 41 页。

州权去反对他们所认为的联邦政府的暴政。麦迪逊在其政治理论发展的第二阶段，主张州拥有不可侵犯的主权，从而颠覆了他在其政治理论发展的第一阶段所持的国家主义立场。

（一）麦迪逊在单一制国家与州权之间的摇摆

联邦主义制度并非脱离环境独立运行，而是嵌套在更广泛的外交、政治、社会经济背景中运行的。联邦制度在理论上被设计得平衡稳定，在联邦和州之间进行了恰当的分权，但外部环境带来的挑战使其实际运转很快变得惊险万状。

在宪法通过、新联邦成立之后，联邦主义制度很快遇到了重大的运行危机。美国第一任总统由华盛顿担任。人们选择华盛顿是因为认为他可以代表全美国的利益，而非代表某一地方或党派的利益。华盛顿自己也力求超越党派政治，在政府中试图平衡南北方的利益。他任用北方人亚当斯和汉密尔顿分别担任副总统和财政部部长，同时平衡地任用南部州弗吉尼亚人伦道尔夫和杰斐逊分别担任司法部部长和国务卿。但是华盛顿自身的威望并不足以把控南北方的矛盾，其政府很快就分化为钩心斗角、分别以汉密尔顿和杰斐逊为首的联邦派和共和派。

两党的分歧

汉密尔顿力图促进美国工商业的发展，而杰斐逊对一个农业共和国情有独钟。两人的分歧植根于南北方经济的不同。美国南方，包括弗吉尼亚州，都通行以奴隶制为基础的大种植园经济，而北方，特别是汉密尔顿所在的纽约，由于清教占主导地位，资本主义工商金融业不仅相对发达，而且还有着广阔的前景。汉密尔顿和杰斐逊的分歧，并不仅在于他们代表了北部工商金融业和南部种植园农业的不同利益，而且在于他们对美国未来发展的不同愿景。这种愿望不仅关乎利益，而且关乎原则。

围绕两人形成的联邦党和共和党的冲突让华盛顿苦恼不堪，在第一任期结束之后就打算退休。美国的领导集团对此感到恐惧，深恐华盛顿的缺席会使党争不受控制，最终导致联邦解体。华盛顿接受劝告，勉强再任一届，之后的总统职位即由两党竞争。

亚当斯的立场

亚当斯在竞选中胜过杰斐逊，成为华盛顿之后的美国第二任总统，这标志着联邦党的胜利。如果说在华盛顿治下，共和党虽然对联邦党处在劣势，但竞争还相对平缓，那么可以说在亚当斯治下，共和党由于被驱逐出执行部门而居于很恶劣的地位，而且党争也变得更激烈。并且，内部利益的冲突，由于外部因素的火上浇油而愈演愈烈。1789 年，法国革命爆发，法国旧制度、贵族阶级、财产和人身权利都受到了猛烈攻击。杰斐逊一向赞赏法国启蒙运动，对法国革命表示同情。而亚当斯对法国一向不抱好感，对法国革命更是深恶痛绝。两人的个人倾向，在外交政策上发展成严重的冲突。亚当斯希望废弃与法国的同盟，而与英国结盟，杰斐逊及其派别亲法国，希望继续在独立战争中结成的与法国的同盟。

外侨与惩治叛乱法案

由于联邦派掌握政权，所以杰斐逊派只能借助舆论。共和派的报纸对亚当斯及其政策极尽丑化攻击之能事，导致亚当斯派进行反击，提出了《外侨与惩治叛乱法案》。这一法案的公开目的在于驱逐美国内部的颠覆分子——主要是法国人，政府担心法国人传播他们的革命学说攻击既有财产权（北方人对谢伊叛乱记忆犹新）。该法案赋予总统驱逐对联邦的和平与安全有威胁的外国人的权力，以及更重要的通过禁止反对派报纸的出版而打击总统的国内反对派（而非外国人）的权力（目标明确地指向杰斐逊的共和派）。这个法案通过之后立即付诸实施，仅仅在 1799 年一年，政府就禁了共和派的八家报纸（罪名主要是辱骂亚当斯）。①

共和派已经在政府中失势，如果再失去舆论阵地，那么将无法继续存在，因此他们极为愤怒，采取了极端反击手段。

---

① Garrett Ward Sheldon, *The Political Philosophy of James Madison*, Baltimore: The John Hopkins University Press, 2001, p. 83.

麦迪逊和共和派的反击

麦迪逊在共和派的反击中扮演了关键角色。麦迪逊最初认为政府三个部门的分权制衡已经足够，因此对州和联邦的分权并未多加留意。如上一小节所说，麦迪逊希望建立一个凌驾于各州之上的全国政府。但是，出乎麦迪逊的意料，联邦党控制下的行政权竟然如此强势，而三权分立在政党集权之下竟然如此不堪一击：一旦联邦党人同时控制了执行、立法和司法部门，他们竟然可以对共和党人为所欲为。在反对外敌的借口之下，亚当斯看似可以轻松地越过宪法的分权樊篱，变成一个强大的拥有无限权力的君主。①

既然全国政府的三权分立已经不可靠，那么只能依赖州权来抵制暴政。麦迪逊转变立场，从早年的所谓国家主义者，变成了现在所谓州权主义者。为了反对《外侨与惩治叛乱法》，麦迪逊在弗吉尼亚议会主导通过了反对该法案的决议案，② 并且为回击决议案的批评者而写出了长篇答辩。③ 麦迪逊的精彩论述被认为是这一法案得以废除的主要原因。

州的主权

麦迪逊的主要主张是，联邦是州而非人民的结合体，州拥有主权，有权主张《外侨与惩治叛乱法》违宪，各州有权联合起来废除联邦议会通过的这种法案。麦迪逊在此极为戏剧性地采纳了他过去反对的反联邦党人的理论和措辞（麦迪逊写作《联邦党人文集》正是要驳倒这些人的理论）。同样戏剧性的是，麦迪逊的反对者，亦即此时的联邦党人，援引麦迪逊曾经赞赏的宪法中的司法审查权条款，认为此法案是否违宪作为有关宪法争

---

① 麦迪逊一度担忧君主制在美国迅速兴起。参见 Garrett Ward Sheldon, *The Political Philosophy of James Madison*, Baltimore: The John Hopkins University Press, 2001, p. 79。

② James Madison, "Virginia Resolutions Against the Alien and Sedition Acts," in Gaillard Hunt, ed., *The Writings of James Madison*, Vol. 6, New York: G. P. Putnam's Sons, 1906, pp. 326-331.

③ James Madison, "Report On the Resolutions," in Gaillard Hunt, ed., *The Writings of James Madison*, Vol. 6, New York: G. P. Putnam's Sons, 1906, pp. 341-406.

议的问题，应该提交联邦最高法院来审理（当时联邦派也掌握着这个机构）。

麦迪逊此时的理论腐蚀了他原本的联邦主义构想，而他推动州来推翻全国议会立法权的行动则对联邦的稳定运行造成了严重的挑战。好在亚当斯不得人心，任职一届之后就在总统选举中败给了杰斐逊，州与联邦冲突的危机得以暂时解除。

联邦主义的衰落

联邦制度勉强度过这次危机，随后在 19 世纪很快再次遇到挑战。美国南方和北方的冲突有时低落，但从未消失。1828 年，南卡罗来纳的一群国会议员，提出州可以否定联邦立法的理论（nullification）。如果这一理论可以成立，那么意味着美国的联邦（United States）最终将会解体。讽刺的是，这一理论的支持者经常援引麦迪逊的弗吉尼亚决议案来支持自己的观点。麦迪逊不得不尴尬地面对自己立场的前后不一致。他强调弗吉尼亚决议案意在保存联邦，只是企图求助于各邦的一致同意来否定全国议会的滥权，而后起的这种否定论指向联邦的毁灭。麦迪逊在临终前所写的《给我国家的建议》中，再次强调了自己希望保存联邦制度的愿望。①

麦迪逊的愿望以联邦主义制度本身的衰落或毁灭为代价才得以实现：美国南北方的冲突在麦迪逊身后发展成美国内战。麦迪逊所提议，但是在宪法中被删去的武力强制条款被付诸现实。州的主权被否定，联邦政治制度的联邦主义色彩减淡，单一政府色彩加强。

（二）麦迪逊联邦主义理论的内在不稳定性

联邦主义的衰落本身，已经证明麦迪逊所设想的半全国性质半联邦性质的联邦政府是不稳定的。麦迪逊联邦主义理论的本质特征之一正是其内在的不稳定性。麦迪逊对这种内在不稳定性有着极为清醒的认识。1821

---

① James Madison, "Advice to My Country," in Jack N. Rakove, ed., *Writings*, New York: Library of America, 1999, p. 866.

年，在退休多年后，他在一封致约翰·杰克逊的信中，以相对超然的态度探讨美国政治制度的利弊得失。他看到美国联邦主义的政治制度缺乏内在的稳定性："美国的宪法，将政府的权力在州和联邦之间分割。美国政治制度，将来会演变成一个压迫性的强大全国政府，还是会演变成各州之间相互独立的无政府状态，是一个只有时间能够决断的问题。"①

麦迪逊对联邦主义不稳定性的认识，部分来自他自身在政治生涯中的立场摇摆。在新联邦创立之前的旧邦联时期，麦迪逊深刻体验到了一个软弱全国政府所造成的诸多弊病。因此，在赶赴费城制宪会议之前和费城制宪会议期间，麦迪逊的观点呈现出强烈的国家主义性质。这一时期的麦迪逊被认为是一个国家主义者（nationalist）。而在新联邦成立之后，华盛顿和亚当斯任职总统的若干年间，麦迪逊作为政治上的反对派，主要体验到的是一个强大中央政府的可怕。针对这个"联邦党"的政权，麦迪逊以弗吉尼亚州为基地发起了反击。在此期间，麦迪逊持有一种强州权的观点，认为州应该在全国政治中扮演更重要的角色。这一时期的麦迪逊，被认为是一个州权主义者。麦迪逊政治生涯中的这种摇摆，反映了美国联邦体制是一种不稳定的妥协。麦迪逊所设想的那种半全国性质半联邦性质的政府，并没有解决州和全国政府的内在冲突或州之间的冲突，因而处在一种不稳定的平衡状态，随时可能倒向全国政府一端或松散邦联一端。

这种不稳定的联邦主义制度难以长存，事实上今天在美国也早已衰落。如雷克夫所说，"不到 100 年，经过内战和国家经济的转型，联邦终于从一个邦联转变为更类似于单一民族国家的结构"。② 或者如文森特·奥斯特罗姆这样的学者所认为的，在 20 世纪的美国，联邦主义传统已经中断。③ 在当今美国，全国政府的权威相对麦迪逊时代已经大为扩展，可以说已经完全凌驾于州政府之上。或者如文森特·奥斯特罗姆所言："'美国政府'一词已经逐渐成为美国全国政府的称谓，而不再是美国联邦体制的称谓了。20 世纪后半叶的学者可以这样来研究美国政府，只关注全国政

① James Madison, "To John G. Jackson," in Gaillard Hunt, ed., *The Writings of James Madison*, Vol. 9, New York: G. P. Putnam's Sons, 1910, p. 75.

② 〔美〕杰克·N. 雷克夫：《宪法的原始含义：美国制宪中的政治与理念》，王晔、柏亚琴等译，江苏人民出版社，2008，第 203 页。

③ 〔美〕文森特·奥斯特罗姆：《复合共和制的政治理论》，毛寿龙译，上海三联书店，1999，第 183~189 页。

府，认为处理所有政府事务的适当的终极权威在华盛顿特区。"① 当然，在比较研究的视角之下，美国政府比例如英国政府有更多的联邦主义色彩。②

三 从主张人民主权到强调舆论的重要性

麦迪逊为了反抗联邦党而诉诸州权的办法在当时并不奏效。使麦迪逊和杰斐逊以及他们的共和党最终胜过联邦党的，是 1800 年的总统大选。在这次大选中，共和党获得大胜，自此统治美国数十年。大选之后，杰斐逊成为总统，而麦迪逊的政治身份也从立法者变成了执行官，先是担任国务卿，然后继任总统。

麦迪逊相信，共和党和联邦党的斗争，关涉到共和制度的成败。而在这一关键时刻发挥了决定性作用的，既不是三权制衡也不是州主权，而是美国人民在选举中的选择。

美国人民在关键时刻的这种决定性作用，与麦迪逊在其政治理论发展的第一阶段的思考在一定程度上是一致的。正如麦迪逊在《联邦党人文集》第四十九篇中所言：

> 由于人民是权力的唯一合法源泉，政府各部门据以掌权的宪法来自人民，因此不仅在必须扩大、减少或重新确定政府权力，而且在任何部门侵犯其他部门的既定权力时，求助于同一原始权威似乎是完全符合共和政体的理论的。③

因此：

---

① 〔美〕文森特·奥斯特罗姆：《复合共和制的政治理论》，毛寿龙译，上海三联书店，1999，第 189 页。
② Desmond S. King, "The Establishment of Work-Welfare Programs in the United States and Britain: Politics, Ideas and Institutions," in Sven Steinmo, Kathleen Thelen and Frank Longstreth, eds., *Structuring Politics: Historical Institutionalism in Comparative Analysis*. Cambridge: Cambridge University Press, 1992, pp. 241-242.
③ 〔美〕汉密尔顿、〔美〕杰伊、〔美〕麦迪逊：《联邦党人文集》，程逢如、在汉、舒逊译，商务印书馆，1995，第 257 页。

必须在宪法中指出一条道路，并保持这条道路的开放，使在某些特定的重大而超常的情况下，能够由人民来做出决定。①

但是，与麦迪逊在第一阶段所设想的不同，诉诸人民的并不是政府三权中的某一权，而是一个全新的政党。在麦迪逊原本的设想中，三权分别运行在各自的领域，又都拥有宪法赋予的防止侵权的手段，因此三权中的任一权很少需要去诉诸人民。但是两个政党的冲突是全方位且不间断的，其冲突的频率与三权冲突的频率不能相提并论。因此，与麦迪逊最初所设想的不同，需要诉诸人民的，不仅仅是"某些特定的重大而超常的情况"，而是几乎所有的情况。

因此，人民在日常政治中不再仅仅扮演消极被动的角色，只在历史的重要关头出场，而是需要经常性地在政治领域中在场。麦迪逊因此在其政治理论发展的第二阶段相信，美国人民作为美国宪法的作者，必须时刻担任这部共和制宪法的卫士："他们的眼睛必须永远准备留意，他们的喉嗓必须永远准备去发声，而他们的双臂必须永远准备击退或修复对他们的宪法的权威的侵犯"②。

但是麦迪逊并不打算彻底颠覆其第一阶段限制人民的政治参与的立场，转向一种古典共和主义那样的允许全体公民经常性保持积极政治参与的立场。这是因为，古代共和国大都只是城市共和国，因此经常性的政治参与是可能的。但是在美国这样一个幅员广阔的现代共和国，人民的居住分散而相隔遥远，经常性的积极政治参与根本是不可能的。在这样一种既需要经常性地诉诸人民，而人民经常性的积极政治参与又不现实的两难之中，麦迪逊最终诉诸舆论（Public Opinion 在今天既被译为公共意见，也被译为舆论。两种译法各有优长，本书将视情况交替使用这两种译法）。

麦迪逊在其政治理论发展的第一阶段，相信人民是主权者，而在其政治理论发展的第二阶段，将舆论称为真正的"主权者"，转而去强调舆论

---

① Alexander Hamilton, James Madison and John Jay, *The Federalist Papers*, edited with an Introduction and Notes by Lawrence Goldman, New York: Oxford University Press, 2008, p. 239.

② James Madison, "Government of the United States," in Gaillard Hunt, ed., *The Writings of James Madison*, Vol. 6, New York: G. P. Putnam's Sons, 1906, p. 93.

的重要性。本节将探究麦迪逊政治理论的这一转换。

（一）政党、人民和舆论

政党问题改变了麦迪逊对人民在共和制度中的地位的设想。正如本章第一节所论证的，麦迪逊后来认为国家自由的最终保障者是人民而非三权分立制度，在危机时刻需要人民站出来保卫自由。麦迪逊理论的这一转变得到了当代学者的注意，但没有得到充分理解。

科琳·席汉（Colleen A. Sheehan）认为麦迪逊在《联邦党人文集》中的理论和他后来的理论是一致的，后者只不过是对前者的"阐述、澄清与超越"。[①] 席汉得出这种结论是因为她在当代问题的背景下，用共和主义的透镜去审视麦迪逊理论。在 20 世纪中期以后的美国，参与民主兴起，改变了早期"精英民主"下群众参与不多的状态。在这一背景下，麦迪逊所设想的是一个人民充分参与还是拒绝人民参与的政治制度自然成为争议的焦点。[②] 但是学者们思考这一问题却在使用共和主义这一不合用的工具。

使用以制度为中心的视角，而非共和主义的视角，才能更好地理解麦迪逊的理论。

在共和主义的视角下，政党的出现无法真正得到理解，因为在古代并不存在真正的政党。因此，在共和主义视角下，也就无法看到，政党的出现彻底改变了《联邦党人文集》所设想的三权分立以及联邦主义制度的运转。麦迪逊的理论绝非像席汉所设想的那样是前后一致的。席汉误解了政党问题在麦迪逊理论及其转变之中的关键地位，也就无法真正理解麦迪逊是如何看待人民在共和国中的政治参与的。

正如本章上节所指出的，麦迪逊看到，美国的政党都是在危机时刻出现，也都在危机之后迅速消失。因此，麦迪逊所希望的，是人民在危机时刻能够参与，在其他时刻则去过自己宁静的生活。并且，他希望美国能够

[①] Colleen A. Sheehan, " The Politics of Public Opinion：James Madison's ' Notes on Government'," *The William and Mary Quarterly*, Vol. 49, No. 4 (1992), p. 610.

[②] Colleen A. Sheehan, " The Politics of Public Opinion：James Madison's ' Notes on Government'," *The William and Mary Quarterly*, Vol. 49, No. 4 (1992), pp. 609-610. Teena Gabrielson, " James Madison's Psychology of Public Opinion," *Political Research Quarterly*. Volume 62, Issue 3 (2008), p. 431.

成为一个由自足农业社区组成的国家。在这样的经济基础之上，经常性的政治参与是完全不可能的。麦迪逊绝不是一个认为人民需要经常性参与政治的共和主义者。

误解了麦迪逊对人民的看法，也就误解了麦迪逊对公共意见（public opinion）的看法。论者很容易注意到，麦迪逊在《国民公报》中的系列文章在接近开端的部分就着重强调了公共意见的重要性：人民的普遍的沉默和漠不关心，将导致政府自由地行动，而政府自由行动的结果就是权力集中在单人执行官手中，并使他转变成一个国王。① 但是论者很难注意到，麦迪逊相信，人民的声音和感情，必须结合成一个公共意见之后才能生效。②

这一过程绝非无关紧要：麦迪逊明确地认识到，没有恰当的组织，"集体行动不可能"（the impossibility of acting together），而如果集体行动不可能，那么人民也就懒得对不可能改变的事情说什么，因而也就没有什么公共意见了。③ 麦迪逊可以说是超前地认识到了当代政治科学中极为重要的"集体行动难题"。

由于认识到了集体行动的难题，所以麦迪逊并不是像卢梭那样的，简单地认为人民的共同意志将统治国家的民主主义者。

当代学者普遍没有注意到麦迪逊思考了这一难题。科琳·席汉由于没有注意到这个难题，而错误地将麦迪逊的思想简化如下：人民应该在共和国中活跃地参与政治，他们的公共意见将主宰共和国。④ 而阿兰·吉布森也相信，麦迪逊认为，人民将使用公共意见去影响和监视其代表的行动。⑤ 最后，加布里尔森认为，麦迪逊的公共意见是与生活在自足农业社区中的共和制公民联系在一起的，这些公民将持有恒定的维护共和制度反对政府

---

① James Madison, "Consolidation," in Gaillard Hunt, ed., *The Writings of James Madison*, Vol. 6, New York: G. P. Putnam's Sons, 1906, p. 67.

② James Madison, "Consolidation," in Gaillard Hunt, ed., *The Writings of James Madison*, Vol. 6, New York: G. P. Putnam's Sons, 1906, p. 67.

③ James Madison, "Consolidation," in Gaillard Hunt, ed., *The Writings of James Madison*, Vol. 6, New York: G. P. Putnam's Sons, 1906, p. 67.

④ Colleen A. Sheehan, "Madison v. Hamilton: The Battle over Republicanism and the Role of Public Opinion," *American Political Science Review*, Vol. 98, No. 3 (2004), pp. 405-424.

⑤ Alan Gibson, "Veneration and Vigilance: James Madison and Public Opinion, 1785-1800," *The Review of Politics*, Vol. 67, No. 1 (2005), pp. 5-35.

侵权的公共意见。①

三位学者都注意到麦迪逊的这些论文是在党派斗争的背景下写的，而辛和加布里尔森都将麦迪逊发表在《国民公报》上的这一系列论文称为"发表在党派报纸上的论文"（Party Press Essays），但是三位学者都没有看出公共意见和党派的关系，在其对麦迪逊公共意见观的考察中完全忽视了政党。事实上，由于集体行动的难题，必须有党派这样的中间制度，公共意见才有可能形成。

学者们没有理解到党派在公共意见形成中的关键地位，部分是由于麦迪逊的误导。麦迪逊从《联合》一文开始强调公共意见的重要性，这一篇也为论者格外看重。② 但是论者很少注意到，这一篇实际上是以休谟的理论为背景的。如上一节所证明的，麦迪逊和休谟共享着同一个理论出发点，那就是党派的现实存在。但是休谟可以大模大样地以党派斗争为现实出发点，而麦迪逊不能这么做。因为英国人已经将他们之间的党派斗争视为长期存在的熟悉的政治现实，而美国人在麦迪逊所处的 18 世纪 90 年代普遍认为党派和党派之争不应该在美国存在——甚至麦迪逊自己在写作《联邦党人文集》期间也一直持有这种观点（见本章上一节）。因此，麦迪逊不能在一开始就大声主张要建立一个共和党，而必须小心地逐渐证明他和杰斐逊正在创建的共和党是正当的。

因此，麦迪逊虽然在《联合》一文中借用了休谟的思想，但小心地抹去了其中的政党痕迹。

为了理解麦迪逊的真正意图，我们必须先理解休谟更坦率的陈述。

---

① Teena Gabrielson, "James Madison's Psychology of Public Opinion," *Political Research Quarterly*. Volume 62, Issue 3 (2008), pp. 431–444. 加布里尔森的论证应该说最为偏离麦迪逊的原意。首先，一个分布在广大地域上的由自足农业社区组成的社会居然能形成统一的公共意见，在世界历史上真是闻所未闻，麦迪逊也不做此想。其次，加布里尔森误会了麦迪逊对将来和对现实的看法。麦迪逊认为美国将来应该成为一个纯粹农业社会，但麦迪逊也清楚地意识到美国的现实是存在强大的工商金融业利益集团。如我们所知，舆论成为"第四权"，都是在现代工商业大幅发展的情况下才有可能的。也就是说，强大舆论和纯粹农业社会是互相矛盾、不能共同存在的。麦迪逊的思想中没有这种矛盾，是因为他清楚地知道现实和未来的区别，加布里尔森的解释中存在这种矛盾，是因为他没有注意到这种区别的重要性。

② James Madison, "Consolidation," in Gaillard Hunt, ed., *The Writings of James Madison*, Vol. 6, New York: G. P. Putnam's Sons, 1906, pp. 67–69.

休谟的论述

休谟的《休谟政治论文选》以《关于新闻自由》一文开篇。① 休谟强调英国享有特别的新闻自由：

> 没有什么比我们这个国家中人们所享有的极端新闻自由更易使外国人吃惊的了。我们可以任意向公众报道一切，并可公开指责国王及其大臣们所采取的每项措施。假如政府当局决定打仗，人们便断言他们误解了民族利益，若非别有用心，便是愚昧无知；而且宣称在当前情况下和平最为可取。假若大臣们热衷于和平，我们的政论家便一味散布战争气氛，鼓吹杀伐，并把政府的和解措施说成是卑怯行为。②

休谟认为，英国之所以拥有他国所无的这种极端新闻自由，是由于其政体是共和制和君主制的混合。其具体的机制在于："英国政府虽然与君主制混合，但共和制部分居于优势；为了保存自己，它不能不对行政官员保持戒备、猜忌，排除一切专断之权，并以通用而又固定的法律，保障人人生命财产的安全。"③

他认为：

> 为了约束宫廷野心，必须经常鼓舞人民的精神意气，必须利用宫廷害怕唤起人民的心情遏制其野心。而要达到这个目的没有什么比新闻自由更有效了。通过新闻自由，整个民族的学识、智能和天才可以用来维护自由，激励人人都来保卫自由。因此只要我们政府的共和部分能够持续抵制君权，它自然会认真保持新闻开放，这对它自身的生存至关重要。④

---

① 〔英〕休谟:《休谟政治论文选》，张若衡译，商务印书馆，2010，第1~4页。
② 〔英〕休谟:《休谟政治论文选》，张若衡译，商务印书馆，2010，第1页。
③ 〔英〕休谟:《休谟政治论文选》，张若衡译，商务印书馆，2010，第3页。
④ 〔英〕休谟:《休谟政治论文选》，张若衡译，商务印书馆，2010，第4页。

很显然，休谟论述的重点是"政府中的共和部分"，这当然是指当时活跃在议会中的辉格党。

麦迪逊的观点

比较麦迪逊的《联合》一文，可以清楚地看到，麦迪逊所真正关心的，是美国政府中的共和部分，如何抵抗其君主制部分，也就是公然鼓吹君主制度优越性的汉密尔顿和约翰·亚当斯的"联邦党"的可能侵权。在《联邦党人文集》中，麦迪逊曾经设想，为了对抗三权之一的侵权野心，必须依赖其他权力部门中的官员的野心："野心必须用野心来对抗"[①]。但是这种预防办法在理论和实践上都是不成功的。在理论上，正如罗伯特·达尔所批评的，要对抗其他部门的侵权，必须有具体的手段，但是宪法并没有提供这种手段，因此"以野心对抗野心"根本不会起到作用。麦迪逊并没有证明，也不可能证明，这一手段足以阻止暴政。[②] 在实践上，一旦国会分为两党，而联邦党又占据多数，那么谈论立法权对执行权的制约也就没有太大意义了。

美国政府中的"共和部分"，也就是麦迪逊的共和党，至此发现他们只能依赖公共意见的帮助。因而，麦迪逊《联合》一文的真正含义是，在美国政府分裂为共和部分和君主部分的情况下（见本章上一节），其共和部分必须依赖新闻自由，通过塑造和鼓舞共和主义的公共意见，来激励人民保卫自由，以抵抗其君主制部分的侵权和美国向君主制演化的倾向。

麦迪逊在此处言行一致，他与杰斐逊在创建共和党的同时创建了《国民公报》。[③] 麦迪逊的这一系列论文正是发在这份党派报纸上。创建共和党、创建报纸、撰文强调公共意见的重要性，麦迪逊的这一系列行动有着清晰可见的共同政治目的：抵抗"政府中的君主部分"亦即联邦派的侵犯企图。

---

① 〔美〕汉密尔顿、〔美〕杰伊、〔美〕麦迪逊：《联邦党人文集》，程逢如、在汉、舒逊译，商务印书馆，1995，第47页。
② 〔英〕达尔：《民主理论的前言》，顾昕、朱丹译，三联书店，1999，第25~27页。
③ 〔美〕加利·威尔士：《美国宪法之父：詹姆斯·麦迪逊传》，刘红、冉红英译，安徽教育出版社，2006，第42~43页。

政党与公共意见

因此，前述几位学者对公共意见的论述，不仅没能与麦迪逊的这一政治意图联系起来，而且脱离了政党和媒体这两种实质性的组织或制度。在这种孤立的视角下，公共意见被看成是一般性的人民的公共意见。但是麦迪逊看重的并不是这种一般性的公共意见，而是在政党操纵下的媒体（即报纸）上形成的具体的、特殊的公共意见。

论者不仅误解了麦迪逊对公共意见的看法，而且因此不能完全把握麦迪逊对政党的看法。正如休谟所说，新闻自由对英国辉格党"自身的生存至关重要"①，新闻自由对美国共和党的生存同样至关重要。如果联邦党同时控制了执行、立法和司法机构，共和党将沦为在政府中不起任何作用的少数派。这样一个不能发挥任何功能的少数派会自然地消亡——颇为讽刺的是，这正是联邦党后来所遭受的命运。共和党要想生存，只能发挥新的功能。正如萨托利所说的，政党是作为纷繁多样的"传达声音"的方法和途径之一而进入人们关注的中心的，政党是"执行表达功能的表达工具"②。当麦迪逊的共和党作为政府中的反对党和少数派的时候，只有通过报纸、舆论和公共意见才能发挥其表达功能，才能继续存在。因此，当约翰·亚当斯政府通过《外侨与惩治叛乱法案》并且依法关闭了多家共和派的报纸的时候，麦迪逊等人才会表现得那么愤怒：亚当斯政府的这一行为确实威胁到了共和党的生存。

因此，麦迪逊对公共意见或舆论的看法，必须与他对政党和媒体（在当时主要是报纸）的看法联系起来看待。

（二）麦迪逊论舆论的重要性

麦迪逊对舆论的看法至关重要。由于对舆论的思考，他极大地改变了《联邦党人文集》中对正式政治制度的看法。在《国民公报》上，麦

---

① 〔英〕休谟：《休谟政治论文选》，张若衡译，商务印书馆，2010，第4页。
② 〔意〕G. 萨托利：《政党与政党体制》，王明进译，商务印书馆，2006，第57页。

迪逊撰写了一篇题为《舆论》（Public Opinion）的专文讨论舆论。[1] 再一次地，如果不能理解休谟的更直白坦率的讨论，我们就不能理解麦迪逊的看法。

休谟的问题

休谟像其他伟大哲学家一样思考最为根本的问题。在《论政府的首要建基原则》一文中，他思考的问题是，为什么"多数人居然轻易地为少数人所治理，而且人们竟能压抑自己的情绪和爱好，顺从统治者的喜爱"？[2]

休谟思考此问题得出的结论是："我们如果探索这种奇迹是如何实现的，就会发现：由于力量总是在被统治者的一边，统治者除了公众信念的支持，别无依靠。因此政府是完全建基在公众信念之上的。"[3] 休谟认为，这个道理既适用于最自由的政府，也适用于最专制的政府（只是适用的程度不同，专制政府在依赖公众信念之外也极为依赖暴力）。正如韦伯所说，统治者要维持其统治，必须以公众相信其统治是正当的为前提："达成团结一致的习俗、个人利益、纯粹的情感或理想动机，对于一种既定的支配来说，并不能构成足够可靠的基础。除了这些以外，通常还需要一个更深层的要素——对正当性的信仰。""经验表明，没有任何支配会自愿地仅仅限于诉诸物质、情感或理想动机作为其存续的基础。除此之外，每个这样的体系都会试图建立并培育人们对其正当性的信仰。"[4]

休谟继续分析，为什么多数人会认为受少数人统治是正当的？他从三个方面分析这个问题。第一，利益方面，如果多数人认为自己能从中得到好处，那么他们就愿意服从少数的统治。第二，权力方面，如果多数人认为政府的行事是正义的，那么他们也会服从，反之则会流血反抗。第三，权利方面，如果多数人认为政府保障了他们自己的财产权，那么也会乐意服从少数人的现政府。休谟因此推理说，"所有的政府以及少数人赖以统

① James Madison, "Public opinion," in Gaillard Hunt, ed., *The Writings of James Madison*, Vol. 6. New York: G. P. Putnam's Sons, 1906, p. 70.

② 〔英〕休谟：《休谟政论论文选》，张若衡译，商务印书馆，2010，第19页。

③ 〔英〕休谟：《休谟政论论文选》，张若衡译，商务印书馆，2010，第19页。

④ 〔德〕马克斯·韦伯：《经济与社会》（第一卷），阎克文译，上海人民出版社，2009，第319页。

治多数人的权威都是建立在关于公共利益的看法、关于权力之权的看法和关于财产权的看法基础之上的。"①

权力理论的革新

麦迪逊再次追随休谟而改变了他在《联邦党人文集》中的思考模式。

麦迪逊在《联邦党人文集》中很少提到舆论，是因为他当时采取了"权力"的思考模式。现代的"权力政治观"由霍布斯和洛克发展起来，他们的基本思路是，人在自然状态中为所欲为，随后为了摆脱自然状态而订立契约、建立一个拥有主权或权力的政府。

权力归属于政府，人民没有权力。霍布斯的利维坦拥有绝对的主权，而洛克的"权力分立"也只考虑了政府而没有考虑人民。

孟德斯鸠将这种抽象理论应用到了广泛的历史分析中。他虽然没有抛弃社会契约论，但是也发现，人们为什么会生活在专制政府之下，是一个无法用社会契约论来解释的问题。

休谟对此问题的进一步思考，导致他彻底抛弃了社会契约论。休谟由于抛弃了社会契约论，就不能不重新思考霍布斯和洛克思考过并且已经给出答案的根本政治问题：为什么人们会服从政府？霍布斯和洛克的回答是，人民通过社会契约自愿授权给政府，而休谟的回答是，人民认为它是正当的。

这两个回答看起来很相似，但是有着实质性的重要区别：前者是一次性的、非空间性的，而后者是在时间中不断延续、在空间中广泛分布而多样可变的。这两种思考模式的区别，在两者关于舆论的看法上最为清楚可见：对前者来说，权力只包括主权、两权或三权，而对后者来说，舆论或公共意见（均为 public opinion 的译文）却是最重要的。社会契约是一次性的，而公共意见是持续存在、不断演变，并且在整个国家广泛

---

① 〔英〕休谟：《休谟政治论文选》，张若衡译，商务印书馆，2010，第 20 页。

分布的。①

麦迪逊的转变

因此，当麦迪逊在《公共意见》这篇文章的开篇这么说的时候，的确意味着他的政治理论经历了一种深刻的转变："公共意见为每一个政府树立边界，而且是每一个自由政府的真正主权者。"②

在《联邦党人文集》，以及在讨论《权利法案》的过程中，麦迪逊受限于洛克和孟德斯鸠的政治理论，始终无法说明，何以共和制的政府既是人民的工具，又不是人民的工具？在追随休谟转变了思考模式之后，麦迪逊不再认为是人民控制着政府，或者政府统治着人民，而是如上所述，认为公共意见"是每一个自由政府的真正主权者"。

麦迪逊看到，引入公共意见这一新因素之后，就能解决之前看来无解的政府与人民的关系的问题：

> 正如存在一些情况，在其中政府必须服从公共意见；也存在另一些情况，在其中公共意见并不固定，而可能受到政府的影响。如果能考虑到这种区别，关于政府应该在何种程度上尊重人民情感的许多论辩，就可能被避免，或者得出定论。③

在旧的思考模式下，人民和正式的政治制度都是固定的，但是在新的思考模式下，由于引入了明显可变的公共意见而使两者都可以发生变化：

---

① 从今天的视角来看，休谟的观点与社会契约论的观点可以互为补充。例如，美国宪法的正文是一次通过，不再变更，是一种社会契约论式的行为。而在宪法通过之后的长达两百多年的时间里，美国政府和美国人民通过公共意见而不断进行的互动，是一种休谟式的政治行为。休谟的观点和社会契约论看似互相矛盾，但是在现实政治中是互补的。此外，休谟和社会契约论的提出者都是英国人，他们的论述也是在英国的语境下出现的。从更大的视野来看，人民服从政府不一定是由于社会契约和公共舆论的语言说服，而有可能是迫于武力的威胁。这种可能性并不有损于休谟理论和社会契约论的魅力，因为它较为罕见，且不受欢迎。

② James Madison, "Public Opinion," in Gaillard Hunt, ed., *The Writings of James Madison*, Vol. 6, New York: G. P. Putnam's Sons, 1906, p. 70.

③ James Madison, "Public Opinion," in Gaillard Hunt, ed., *The Writings of James Madison*, Vol. 6, New York: G. P. Putnam's Sons, 1906, p. 70.

"政府在多大程度上受公共意见的影响，就必定会在多大程度上影响公共意见。这就决定了，宪法中的《权利法案》是用来影响政府的，而要做到这一点必须使它变成公共意见的一部分。"①

政府和人民之间的关系并非固定不变，而是通过公共意见互相影响，因此不存在哪一方支配另一方的问题。

麦迪逊在《联邦党人文集》中，指出宪法所建立的正式政治制度应该尽量不受外部影响地平静运行，而在《国民公报》中，他转而认为正式政治制度的运行受到非正式的、未制度化的公共意见的影响和支配。

与此相应，麦迪逊在《联邦党人文集》中，认为现代的大国家凭借其代议制和三权分立制度就可以建立在古代只有小国家才有的共和制度，而他在《国民公报》中则认为，在大国家建立共和制度所面对的挑战和解决方案都与之前设想的有所不同。

大国家的问题在于：

国家越大，弄清其真实的公共意见也就越难，而伪造公共意见也就越容易；而不管它是真实的还是推测的，它在个人眼里都会更值得尊敬。——这有利于政府的权威。出于同样的原因，一个国家越是广大，在其眼中每一个人越是渺小。——这对自由可能是不利的。②

而解决方案也不仅仅在于正式的政治制度：

使感情的交流更容易的那些事物，道路、国内贸易、自由出版业以及特别是新闻报纸的在整个人民中的流传，以及议员代表们从人民的每一个部分中选出并在任期结束后回到那个部分，都将在同等程度上缩窄地方局限，并且对自由是有利的。③

---

① James Madison, "Public Opinion," in Gaillard Hunt, ed., *The Writings of James Madison*, Vol. 6, New York: G. P. Putnam's Sons, 1906, p. 70.

② James Madison, "Public Opinion," in Gaillard Hunt, ed., *The Writings of James Madison*, Vol. 6, New York: G. P. Putnam's Sons, 1906, p. 70.

③ James Madison, "Public Opinion," in Gaillard Hunt, ed., *The Writings of James Madison*, Vol. 6, New York: G. P. Putnam's Sons, 1906, p. 70.

这些有利条件使在大国家建立正式的共和政治制度成为可能，而这种制度的维持还需要人民的维护："为了保卫这样一个系统的一切优点，每一个好公民都要成为同时保卫人民权利、保卫联邦共和国的权威、保卫中级政府［当指州政府］的权利和权威的哨兵。"①

正式制度与非正式制度

麦迪逊在此将正式的政治制度与公共意见和人民的政治参与这样的制度外因素结合起来考虑，由此超出了他在《联邦党人文集》中专论正式政治制度的政治理论。这些制度外因素并不是附加在正式政治制度之上的可以分离的外在因素，而是与正式政治制度难解难分的。

麦迪逊之所以在《联邦党人文集》中主要只考虑正式的政治制度、考虑与其社会和外在环境相分离的正式政治制度，是因为麦迪逊关注的是一个静止的宪法。然而，政治制度从来不是静态的，而是存在于运动之中的。

正式政治制度一旦运动起来，它与其他因素的表面上的分离也就无法维持了。麦迪逊在《联邦党人文集》中所设想的的确是一种静止的政治制度，但是与汉密尔顿的政治斗争很快就迫使他认识到，不能满足于静止地、割裂地看待正式的政治制度。

因此，可以总结说，麦迪逊政治理论中存在一个重大的前后转变，也就是从《联邦党人文集》时期静态地、割裂地关注正式的政治制度，转变为《国民公报》时期动态地关注正式政治制度及其与其他非正式、非制度因素的关系。

在《政府》一文中，麦迪逊比较了君主制、寡头制和代议共和制这三种正式的政治制度，并且认为后者是最好的。但是也在结尾提到，这种正式政治制度需要人民非制度化参与的保卫。② 在《宪章》一文，麦迪逊重述了自己在《联邦党人文集》中的主要观点：宪法所确立的分权制衡的正式政治制度值得尊重。但是麦迪逊在此也提出了不见于《联邦党人文集》之中的重要新观点：

---

① James Madison, "Government," in Gaillard Hunt, ed., *The Writings of James Madison*, Vol. 6, New York: G. P. Putnam's Sons, 1906, p. 82.

② James Madison, "Government," in Gaillard Hunt, ed., *The Writings of James Madison*, Vol. 6, New York: G. P. Putnam's Sons, 1906, pp. 80–82.

所有的权力都被追溯到意见。政府的稳定和所有权利的保障都被追诉到同一源泉。在意见确定的地方，最专制的政府也受约束。拜占庭的暴君不敢征一种新税，因为每一个奴隶都认为他不应该这样做。最系统化运行的政府，也会被最微小的力量推得偏离通常运行的轨道，如果公共意见不再支持它运行在这条轨道上的话。①

在此，麦迪逊从关注静态制度到关注制度"运行"的转变清晰可见。

正式制度的稳定性

不管是政党还是舆论，都无法影响到静态的宪法以及宪法所确立的静态政治制度——美国宪法以稳定著称，在建国 200 多年来从未经历根本性的改变，其最初通过的七条，以及修正案前十条即《权利法案》，更是从未变动过。没有哪个政党敢于废止或更改这些麦迪逊和其他建国者共同订立的条款，而朝更夕易变化无常的公共意见也从未能够撼动这些条款。这些静态的制度（关于宪法和制度，请参见本书上一章）为美国政府和社会提供了稳定的保障，是美国一直是美国而没有变成另一个国家的原因，是美国得以相对平稳地度过工业化、大萧条、两次世界大战这样的惊涛骇浪的极为重要的稳定器。正如麦迪逊带着自豪所说的，"美国建立了为自由所认可的权力宪章［译者按：指美国宪法］的榜样，而法国追随这个榜样。世界政治实践中的这一革命，可能被公正地赞美为宣告了世界历史中最令人欢欣鼓舞的时刻，也是这个世界的幸福的最令人安慰的预兆。"② 这部静态美国宪法及其所确立的正式的美国政治制度不应该受到任何轻视。

制度在运动中的偏移

但是，真实的世界总是比我们的任何理论思考都更为复杂。一旦转到

---

① James Madison, "Charters," in Gaillard Hunt, ed., *The Writings of James Madison*, Vol. 6, New York: G. P. Putnam's Sons, 1906, p. 85.

② James Madison, "Charters," in Gaillard Hunt, ed., *The Writings of James Madison*, Vol. 6, New York: G. P. Putnam's Sons, 1906, p. 83.

现实的动态政治实践，这份设计优美的宪法带给人们的心灵宁静也就难以保持了。如麦迪逊所说，设计得最为完善系统的政府，"也会被最微小的力量推得偏离通常运行的轨道，如果公共意见不再支持它运行在这条轨道上的话。"①

在麦迪逊看来，汉密尔顿等很小一部分人表面看来也许并非特别有害的所作所为，就可能导致共和制政府的彻底倾覆。

汉密尔顿和麦迪逊曾经为推动联邦宪法的通过而并肩奋斗，合作撰写《联邦党人文集》。汉密尔顿因此理所当然地把麦迪逊算作联邦党人和政治盟友，完全没有预料到建国之后麦迪逊会立即在国会领导一个反对他的派别。

汉密尔顿一度无法理解麦迪逊的行为，将之视为由其个人的政治野心导致的背叛。汉密尔顿，以及联邦派的其他主要人物，并不认为自己的经济和外交政策旨在颠覆宪法所确立的共和制度。在他们看来，麦迪逊以及他和杰斐逊共同领导的派别完全是反应过激了。② 但是，麦迪逊所着眼的，已经不再仅仅是静态正式政治制度，而是运行在其他因素影响下的动态政治制度。麦迪逊对汉密尔顿等人行为之危害性的判断，并不仅仅着眼于对静态政治制度的影响，而且也着眼于其动态运行。

政府性质的改变

也就是说，麦迪逊对正式政治制度的看法已经极大地改变了。麦迪逊并没有抛弃静态看待政治制度的视角——在《政府》一文中，他仍然继承传统的静态视角把政府划为君主制、寡头制和共和制三类。③ 但是，在《政府的精神》一文中，麦迪逊已经开始采用动态的视角，从"运行"的角度对政府做了全新的认识。④ 在该文中，麦迪逊抛弃了传统的政体类型

① James Madison, "Charters," in Gaillard Hunt, ed., *The Writings of James Madison*, Vol. 6, New York: G. P. Putnam's Sons, 1906, p. 85.

② 关于麦迪逊和联邦派在建国初期关于政府政策的连续斗争，参见 Colleen A. Sheehan, *James Madison and the Spirit of Republican Self-Government*, Cambridge: Cambridge University Press, 2009, pp. 107–123。

③ James Madison, "Government," in Gaillard Hunt, ed., *The Writings of James Madison*, Vol. 6, New York: G. P. Putnam's Sons, 1906, pp. 80–82.

④ James Madison, "Spirit of Governments," in Gaillard Hunt, ed., *The Writings of James Madison*, Vol. 6, New York: G. P. Putnam's Sons, 1906, pp. 93–95.

学，认为政府应该根据主导性"运行原则"划为全新的三类。

第一类是一个由常备军运行的政府。这支常备军维持着政府，同时也被政府所维持。常备军既是人民承受重担的原因，也是迫使人民承受重担的原因。麦迪逊以此取代了传统的"专制主义国家"的范畴（在前现代国家，各国政府的大部分税收确实都用来维持军队）。

第二类是由腐败的影响所运行的。麦迪逊在此考虑到的实际上是英国政府。英国政府与其他大陆国家的一个被当时所有人熟知的重大区别是没有常备陆军，所以英国政府并不是在军队的支配下运行。此外，英国政府的腐败在当时臭名昭著，众所周知，所以麦迪逊说它在腐败的影响下运行。① 麦迪逊指责这种政府服务于私人的利益而非公共责任，分配金钱给宠臣，或拿去贿赂反对派，利用其政策满足一个国家中一部分人的贪婪而非满足整体的利益。

第三种政府是一种新的政府："一个政府从其社会的意志得到力量，并基于对其社会的理解和利益的衡量的这种理性来运行。这种政府，正是有史以来哲学一直在寻求，而人类一直在为之而奋斗的。美国荣幸地发明了这样一种共和政府，而这种幸福是她所享有的最大幸福。"②

麦迪逊并非根据旧的静态政体类型学谴责汉密尔顿等人的行为改变了正式的政治制度，而是根据新的着眼于"运行"的动态政体类型学谴责汉密尔顿的行为改变了政府的性质：麦迪逊谴责汉密尔顿及其联邦派"利用其政策满足一个国家中一部分人的贪婪而非满足整体的利益"。

也就是说，在旧的静态视角下，汉密尔顿的行为没有改变政府的共和性质，但是在新的动态视角下，汉密尔顿的行为的确改变了政府的性质。

补救之法

在麦迪逊的估计中，汉密尔顿等联邦派的力量是微小的——因而他的共和党有很大把握可以战而胜之。麦迪逊认为，这一微小的力量之所以能

---

① 关于当时的英国政府如何在腐败影响下运行的较为委婉的陈述，参见〔英〕休谟《休谟政治论文选》，张若衡译，商务印书馆，2010，第29页。

② James Madison, "Spirit of Governments," in Gaillard Hunt, ed., *The Writings of James Madison*, Vol. 6, New York: G. P. Putnam's Sons, 1906, p. 94.

够改变政府运行的轨道，是因为"公共意见不再支持它运行在这条轨道上"了。为了维持和保存这一自由的政治制度，唯一可行的办法只有一个，那就是启蒙人民，唤起人民维持自由共和的政治制度的意识，形成维护共和制度、反对联邦党的公共意见：

> 因而，多么虔诚地愿望着，合众国的公共意见将会被启蒙；多么虔诚地愿望着，合众国的公共意见将会支持大宪章［当指美国宪法——作者按］所描绘的派生自人民的正当权威，而非国王的非法篡夺的权力的政府；多么虔诚地愿望着，它将会带着一种神圣的热情保护这些神圣的政治条款、击退增删它们的每一次企图。①

麦迪逊在此用了一个无明确主语的句子"多么虔诚地愿望着"（How devoutly is it to be wished...）。显然，这里做出虔诚愿望的主体，正是麦迪逊和他的共和党同道。政党肩负着启蒙人民、鼓舞公共意见、辨识其社会真正利益的政治重任，从此政党成为政治制度的运行所无法脱离的非正式部分。除了沙特阿拉伯等特殊的君主制国家，绝大多数现代国家是在政党的控制之下所运行的。然而，政党并非政府和人民的统治者。如麦迪逊所强调的，公共意见或舆论限制和改变着政府的运行。公共意见是如此频繁多变、起伏不定，人民不可能形成一致且长期稳定的公共意见，同时也没有哪一个政党或政府可以完全控制它。因此，正式的政治制度及其运行从来不是处在稳定的静态中的。

这也意味着，要维持一个自由的共和政治制度，不能仅仅依赖形式的宪法，同时也必须依靠一代又一代受过启蒙的明智之士的努力奋斗。同时，这些受过启蒙的明智之士的最重要任务，正是把他们对国家的真正利益的理解传递给公众，并唤起公众支持其正当制度的热情。这正是麦迪逊通过他关于"公共意见"的言与行传递给现代人的一个重要政治教训。

---

① James Madison, "Charters," in Gaillard Hunt, ed., *The Writings of James Madison*, Vol. 6, New York: G. P. Putnam's Sons, 1906, p. 85.

四　麦迪逊政治理论转变的原因

（一）转变原因是政治制度的可变性

本章已经证明，麦迪逊政治理论从第一阶段到第二阶段的发展，不仅是在视角和重心上的，而且也是实质上的。表4-1总结了麦迪逊政治理论两个阶段在众多方面的巨大转变。

表4-1　麦迪逊政治理论的转变

	第一阶段	第二阶段
重心	应该为美国建立什么样的政治制度？	美国新政府应该如何运行？
看待政治制度的视角	侧重制度的静态方面，特别是宪法	侧重制度的动态方面，特别是政府的实际运动
要解决的首要现实政治问题	邦联政府过于软弱	联邦党的反共和行为
联邦政府与利益集团的关系	联邦政府控制并削弱利益集团的影响	联邦政府被联邦党所代表的金融-商业利益集团俘获
党争问题	消除党争是现代立法的首要任务	两党斗争是难以消除的美国政治现实
政治家是否进行党争	应该超脱于党争之外	应该发展自己的政党
联邦与州的关系	倾向单一制国家	倾向州主权
主权者	人民	舆论
三权分立的效力	防止暴政的最重要保障	因为一个政党可以同掌三权而变得脆弱
人民的政治参与	仅限于选举和重大历史关头的干预	共和政府经常需要人民的舆论支持
共和制的含义	共和制的政治制度	不仅包含共和制政治制度，而且也包含一种共和主义的自给自足的农业生活方式
政体类型	根据主权者分为共和制和君主制	根据"运行原则"分为三类：由常备军运行的政府；由腐败的影响所运行；由理性运行

可以看到，麦迪逊政治理论第一阶段所提出的复合共和制政治制度的基本结构并没有发生大的变化。麦迪逊在其政治理论发展的第二阶段，仍然相信政府的权力应该是有限的，相信美国应该采取联邦主义的政治制度（虽然联邦主义将走向何方仍然悬而未决），相信联邦政府应该采取三权分立的结构，并且相信公民的权利应该得到保障。与此相应，麦迪逊在其政治理论发展的第二阶段，并不认为他在其政治理论发展的第一阶段所提出的美国宪法需要修改。

理论和实践的挑战

但是，麦迪逊看到，即使美国的宪法暂时保持不变，联邦党还是可以通过对美国新政府之三权的全面把持，使美国的政治制度从共和制转变为君主制。① 美国政治制度的这种内在的可变性，在理论和实践两方面都对麦迪逊提出了巨大的挑战。

在实践方面，麦迪逊面对这种挑战而调整了自己的政治立场：从反对和厌恶党争，到积极参与政党斗争甚至自己建立一个政党；从倾向于单一制国家，到强调州拥有主权，可以否决联邦政府的立法。

在理论方面，麦迪逊面对这种挑战而彻底重构了自己的政治理论，发展了自己政治理论的第二阶段。

麦迪逊政治理论发展的两个阶段，都是以同一个美国的政治制度为中心的。不同的是，麦迪逊看待政治制度的视角发生了变化。在第一阶段，

---

① 麦迪逊对汉密尔顿及联邦党的这种攻击并不完全公正，但也并非全无根据。在美国独立战争的过程中，有为数众多的美国人拥护英王统治而反对共和派的反抗。参见〔英〕迈克尔·曼《社会权力的来源：第 2 卷》，陈海宏等译，上海人民出版社，2007，第 156~185 页。对美国曾经存在君主派这一事实，麦迪逊等经历过独立战争的一代人都记忆犹新。因此，当汉密尔顿在费城制宪会议上声称，"大不列颠政府，是世界上最好的政府"的时候，人们很容易把他和君主派联系起来。参见〔美〕麦迪逊《辩论：美国制宪会议记录》，尹宣译，辽宁教育出版社，2003，第 144 页。对汉密尔顿的怀疑，由于他在建国之后的亲英国倾向、由于拥戴华盛顿为君主的某些失败密谋而加强。也因此，麦迪逊在激烈的政治斗争中，最终怀疑汉密尔顿的联邦派深怀颠覆共和制度的险恶用心。参见 James Madison, "A Candid State of Parties," in Gaillard Hunt, ed., *The Writings of James Madison*, Vol. 6, New York: G. P. Putnam's Sons, 1906, pp. 106-119；今天看来，麦迪逊对联邦党的指责未免过分，但考虑到当时两党激烈斗争的政治现实，麦迪逊的立场并非不可理解。

麦迪逊主要是从静态的视角看政治制度，所关注的主要是政治制度的静态方面。麦迪逊在这一阶段主要作为立法者活动。他最重要的政治活动是为美国建立一个可以经得起时间考验的稳定宪法。麦迪逊所建立的美国宪法，作为美国政治制度的静态方面，也不负所望，一直以稳定著称。自最初建立以来，它在 200 多年间都保持了稳定。

在第二阶段，当美国新政府正式建立起来之后，麦迪逊主要是从动态的视角看政治制度，所关注的主要是政治制度的动态方面。麦迪逊在第二阶段，主要作为政党政治家和执行官活动。他最重要的政治活动是保证美国政府像一个共和国政府那样运行。政府绝不是静态的，而是每时每刻都在不停运动的。这种运动为政治制度带来了可变性。这种可变性在今天看来至为明显：在最初建立的时候，美国联邦政府只拥有三个部门，预算很有限，仅仅运行在军事、外交和财政这三个领域之内；而在其建立 200 多年之后的今天，美国政府的规模相比早期已经变得极为庞大，预算也大为膨胀，运行的范围更是遍及社会与经济各主要领域。

美国政府的变化不仅在 21 世纪的今天看来十分明显，而且在建国之后的数年间对麦迪逊来说也已经变得十分明显。正如戈登·伍德所言，麦迪逊"想要这样一个政府，它将像一个无偏私的法官、无感情的裁判那样行动，在社会中多样的利益间进行裁夺"[1]。麦迪逊认为宪法所意图建立的正是这样一个政府。但是正如伍德所认为的，实际上存在的政府与麦迪逊所设想的完全不同：麦迪逊在 18 世纪 90 年代发现，"〔华盛顿政府的成员〕所追求的并不是一个法官一般的裁判，而是一个真正的欧洲式的政府，有着一个官僚机构、一支常备军和一个强大的独立的执行机构"[2]。政治制度发生了如此巨大的变化，意味着宪法的含义发生了巨大的变化。事实上，正如本章所指出的，麦迪逊在宪法建立之后的政治行动，特别是建立共和党的政治行动，极大地改变了美国的政治制度和宪法的意义。

---

[1] Gordon S. Wood, "Is There a 'James Madsion Problem'?" in *Liberty and American Experience in the Eighteenth Century*, edited and with an Introduction by David Womersley, Indianapolis: Liberty Fund, 2006, p. 437.

[2] Gordon S. Wood, "Is There a 'James Madsion Problem'?" in *Liberty and American Experience in the Eighteenth Century*, edited and with an Introduction by David Womersley, Indianapolis: Liberty Fund, 2006, p. 439.

麦迪逊的理论重构

如果说麦迪逊在其政治理论的第一阶段主要考虑的是政治制度的稳定性，那么可以说，在其政治理论发展的第二阶段，麦迪逊同时考虑了这同一个政治制度的稳定性与可变性。由此带来的结果是，麦迪逊在第二阶段彻底重构了第一阶段的政治理论。

在第一阶段，麦迪逊主要从静态的视角处理复合共和制的政治制度，他思考的是权力的安排。他的限权政府理论，考虑的是赋予联邦政府有限的权力。他的三权分立理论考虑的是权力（power）和制衡（balance）。可以相信，他实际上是在采用静力学的思考模式来思考。也就是说，他实际上思考的是三个力（power）的平衡（balance）。他的联邦主义理论，考虑的是如何为联邦和州分配权力。他的《权利法案》，目的也可以认为是限制政府的权力。

总结起来，对第一阶段的麦迪逊来说，建立政治制度，就是赋予政府固定数量的力（power），将这些力分配给联邦和州，再将联邦所拥有的力分配给三个政府部门，并使这些力能够互相平衡而不至于倾斜摔倒。

为了维持这样一个静态的、平衡地竖立起来的政治制度，其他干扰因素必须被排除在外。利益集团的斗争、党争、人民的冲突、关于奴隶制的争论，必须被隔离在政治制度之外。可以想象，有了外力，原本的平衡就无法维持了。所以，麦迪逊心目中的这种制度，是不受外力干扰的制度。相应的，宪法中排除了关于利益集团、政党、人民的内部冲突和奴隶制的字眼，而新政府也被预期将不受这些因素干扰地运行。

在第二阶段，麦迪逊发现，新政府并不是在脱离外部环境的干扰下运行的。

事实上，麦迪逊并非没有根据地相信（可参考本章前几节的讨论），美国的金融-商业利益集团，通过汉密尔顿等人的联邦党，已经俘获了新政府，使其运行偏向这一集团的利益。关键的政治问题不再是各种权力如何分配和平衡，而变成了财政、外交、军事等领域的具体而重大的问题。

　　●如何清偿独立战争期间所欠债务（有利于普通人民，还是有利于大投机者)？

　　●与君主制的从事海洋贸易的英国友好，还是与共和制的从事陆地战争的法国结盟？

　　●以何种原则决定战争与和平？

　　●美国未来应该变成一个工商业发达的社会，还是变成一个自给自足的农业社会？

　　在所有这些重大问题上，麦迪逊及其共和党都与联邦党意见迥异。这些问题并不是由不受利益集团干扰的启蒙了的政治家决定的，而是由代表社会整体中若干特定部分的政党决定的。

　　在第一阶段，麦迪逊努力将党争排除在政治制度之外。在第二阶段，麦迪逊看到政治制度本身不可避免地变成了两党斗争的场所。由于党争，原有的分权制衡都已经大为失效。当联邦党同时控制联邦政府的立法、执行和司法部门的时候，这三种"权力"不再互相平衡，而是共同压向共和党。而当麦迪逊及其共和党为了抗衡联邦党控制的联邦政府的权力而诉诸州权的时候，也为内战和联邦的解体打开了大门。因此，为了美国共和制度的稳定长存，麦迪逊不得不对原有的政治理论进行彻底重构。

　　本章前三节讨论了麦迪逊这种重构最重要的三个方面：从希望建立无党争共和国，转向承认党派政治的不可避免，并重新思考了政党的意义；从主张一个更接近单一制国家的联邦，转向强调州拥有自己的主权，可以否决联邦政府的立法；从相信人民是主权者，到认为舆论是真正的主权者。[①]

　　本小节说明，麦迪逊政治理论的转变，是由于美国政治制度内在的可变性而带来的。因此，为了理解麦迪逊政治理论的转变，有必要理解，美国的政治制度为什么具有可变性？

[①]　学者们逐渐认识到了麦迪逊第一阶段政治理论的固有局限。马克斯·艾德林批评对美国建国的"麦迪逊式的解释"，认为作为立法者的麦迪逊其实并不那么重要。艾德林认为，麦迪逊并不是一个典型的联邦党人，他与其他联邦党人的看法非常不同。因此，将麦迪逊对宪法的理解，解读为赞成新联邦的联邦党人的理解，甚至进一步解读为对宪法的主流解释，并不是恰当的做法。Max M. Edling, *A Revolution in Favor of Government: Origins of the U. S. Constitution and the Making of the American State*, New York: Oxford University Press, 2003. 亦可参见本书第五章。

本节的后两个小节，将分别通过一般和具体两种不同的方式来研究这个问题。第二小节将一般性地探讨美国早期政治制度为什么会具有可变性，第三小节将研究麦迪逊对美国政治制度可变性的具体思考。

（二）美国早期政治制度的可变性

美国早期政治制度之所以是可变的，最重要的原因是它结合了各种异质的要素。这些要素有时候可以互相协调，有时候却会互相冲突。这种制度内部各要素的内在冲突，使美国的政治制度本身成为内在可变的。

第一，美国的政治制度混合了大州和小州互相冲突的要求。

麦迪逊最初对美国新政治制度的设想，体现到了费城制宪会议上所提出的"弗吉尼亚方案"之中。这一法案经过费城制宪会议上代表们的审议、争论与修改，最终形成了美国宪法。美国宪法的这一形成过程，已由法仑德在其经典的《美国宪法的制订》做了概括。[①] 法仑德指出，麦迪逊等人的弗吉尼亚方案遭到了小州的集体反对。在一段时间的酝酿之后，小州提出了他们的"新泽西方案"与"弗吉尼亚方案"抗衡。

两种方案的首要分歧是，大州希望按比例选举新联邦的代表，而小州希望各州有平等的票数。麦迪逊作为当时首屈一指的大州弗吉尼亚的代表，理所当然地站在大州一边，对小州的方案极力反对，一点都不愿意妥协。

麦迪逊在会议上表示，"他坚信，应该把人口数作为席位分配的永久性标准，对这项指标的任何反对意见，他都不会同意。"[②] 他警告小州：

> 如果坚持要用席位平等取代比例代议制，摧毁政府的适当基础，就树立不起一个适当的上层建筑。如果小邦确实需要一个政府，配备保障它们的安全所需要的权力，迫使大邦和它们自己都服从，他不能不认为它们的手段极其错误。他提请小邦考虑，把现存的结盟置于不适当的原则上，会带来什么后果。所有涉事的主要各方，会汇集拢

---

① 〔美〕马克斯·法仑德：《美国宪法的制订》，董成美译，中国人民大学出版社，1987。
② 〔美〕麦迪逊：《辩论：美国制宪会议记录》，尹宣译，辽宁教育出版社，2003，第310页。

来，立即对政府加以砍手断足、投入桎梏，这种做法的结果，就是使寄托于政府的每一个希望都化为泡影。①

无论如何，在激烈的斗争之后，最终通过的还是妥协方案，亦即众议员比例选举，参议院各州席位平等。麦迪逊在《联邦党人文集》中对此评论道："所有各方都会承认，我们的宪法并不是什么抽象理论的产物，而是'我们政治形势特点所不可或缺的互相尊重忍让、友好敦睦精神'的产物，既然如此，从理论上去考察这部宪法的任何部分，也就是多余无用的。"②

在理论上说不通的方案，在现实上却可以接受。麦迪逊在此将对理论明晰性的要求和现实政治的灵活融为一体。更有甚者，麦迪逊将现实中互相冲突的东西在理论上融为一体。正如戴维·罗伯特森所言，"麦迪逊在《联邦党人文集》中非常有说服力的那些论文，给人留下一种错误的印象，即宪法的最终形式紧贴他自己关于美国政府的想法，并且这些想法实质性地塑造了宪法。"③ 宪法在很大程度上是政治斗争及妥协的意外产物，而非某项单一计划的结果。

第二，美国的这种政治制度混合了君主制和共和制，混合了强制和自由。

麦迪逊指出，"在制宪会议遇到的困难中，一个非常重要的困难是，如何把政府所必需的稳定和能量，与对不容侵犯的自由和共和政府形式结合起来。"④ 对立法者来说，这是一个必须克服的困难："如果他们没有真正完成他们任务中的这一部分，那么他们就不能非常完满地实现他们被指定去实现的目标，也不能达到公众的期望。"⑤ 这种困难极其难以克服：

① 〔美〕麦迪逊：《辩论：美国制宪会议记录》，尹宣译，辽宁教育出版社，2003，第334页。

② 〔美〕汉密尔顿、〔美〕杰伊、〔美〕麦迪逊：《联邦党人文集》，程逢如、在汉、舒逊译，商务印书馆，1995，第314页。

③ David Brian Robertson，"Madison's Opponents and Constitutional Design," *American Political Science Review*，Vol. 99，No. 2（2005），p. 225.

④ Alexander Hamilton, James Madison and John Jay, *The Federalist Papers*, edited with an Introduction and Notes by Lawrence Goldman, New York: Oxford University Press, 2008, p. 175.

⑤ Alexander Hamilton, James Madison and John Jay, *The Federalist Papers*, edited with an Introduction and Notes by Lawrence Goldman, New York: Oxford University Press, 2008, pp. 175-176.

"一个人如果不愿意表现出自己对这个问题的无知，就不会否认这件事是不容易完成的。"①

麦迪逊指出，政府的能量是极为重要的："一个好政府必须能够防御国内外威胁，并且迅速而有效地执行法律，为此它必须具有能量（energy）。"② 同时，政府必须具有稳定性："国家的声望和与它分不开的利益，以及人民思想上的安定和信任，位列一个文明社会的首要福祉之中，而政府的稳定对两者都必不可少。不稳定而多变的立法，不仅令人民憎恶，而且自身就是一种邪恶。"③

麦迪逊相信，美国当时各州的行政正是以易变和不稳定为特征的，而已经被启蒙、理解好政府的性质和特征的人民，确实对此极为不满，并且渴求一种补救办法。麦迪逊指出，共和政体的这一缺陷，只能通过引入非共和主义的因素来补救：

> 然而，在把这些宝贵的成分与自由的重要原则进行比较时，我们一定会立刻看出，以适当的比例把它们混合起来是困难的。共和政体的自由的性质，似乎一方面是要求不仅一切权力应当来自人民，而且通过短期的任职，使被授与全权的人始终依赖于人民；而且即使在这短时期内，权力也不应该委托给少数人，而应该委托给许多人。可是稳定却要求被授权的人的掌权时间要持久。经常选举造成经常更换人选；经常更换人选又造成措施的经常改变。而政府的坚强有力不仅需要权力的某种持续，而且需要由一个人执行权力。④

---

① Alexander Hamilton, James Madison and John Jay, *The Federalist Papers*, edited with an Introduction and Notes by Lawrence Goldman, New York: Oxford University Press, 2008, pp. 175–176.

② Alexander Hamilton, James Madison and John Jay, *The Federalist Papers*, edited with an Introduction and Notes by Lawrence Goldman, New York: Oxford University Press, 2008, p. 176.

③ Alexander Hamilton, James Madison and John Jay, *The Federalist Papers*, edited with an Introduction and Notes by Lawrence Goldman, New York: Oxford University Press, 2008, p. 176.

④ 〔美〕汉密尔顿、〔美〕杰伊、〔美〕麦迪逊：《联邦党人文集》，程逢如、在汉、舒逊译，商务印书馆，1995，第180页。

引入单人行使的执行权，是对现代共和政府最重要的一项改进，而执行权正是来自君主制。① 麦迪逊在此小心翼翼地避免提到君主制，但是他的意图，对比孟德斯鸠的著名断语会明晰可见："要是人类没有创造出一种政制，既具有共和政体的内在优点，又具有君主政体的对外力量的话，则很可能，人类早已被迫永远生活在单人统治的政体之下了。我说的这种政制就是联邦共和国。"② 麦迪逊所参与设计的美国宪法结合了共和制与君主制的因素。

第三，美国宪法混合了民主的因素和精英的因素，成为后世"精英民主理论"所依赖的本源。

第四，美国宪法混合了南方和北方的不同要求。

第五，美国宪法混合了联邦制因素和单一国家制因素。③

第六，美国宪法结合了对国内军事、贸易、经济、社会的不同考虑。

这些不同因素并非自然地彼此和谐，相反，它们天然地互相冲突。如图 4-2 所示。不同的因素将政府拉向不同的方向。

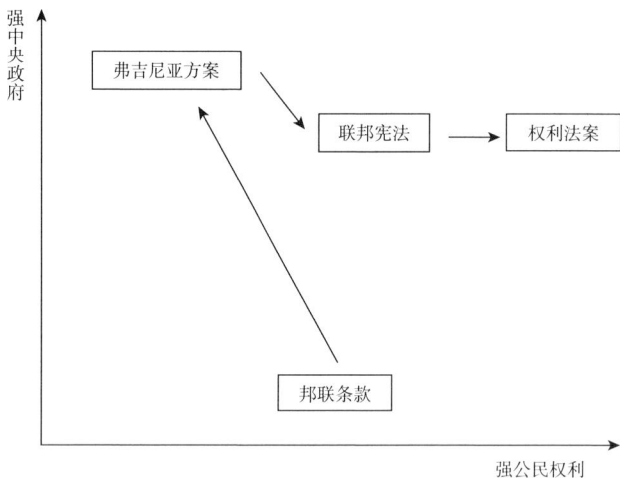

图 4-2　美国新政治制度形成的三种逻辑

---

① 〔美〕哈维·曼斯菲尔德：《驯化君主》，冯克利译，译林出版社，2005。
② 〔法〕孟德斯鸠：《论法的精神》（上册），张雁深译，商务印书馆，1959，第 154 页。
③ 联邦制给了地方政府更充分的自主权，这一点的重要性，参见〔法〕托克维尔《论美国的民主》，董果良译，商务印书馆，1988。

首先，迫使美国发起独立战争脱离英国的是军事–财政问题。如迈克尔·曼所总结的，英国在北美的军事财政支出"迫使英国政府采取政策，以清楚表明美国的特殊性。反过来，这迫使许多北美人民首次认为殖民地政府是重要的，而后来又认为它是不合理的。然后他们推翻了它并建立起完全不同的政权"①。独立战争留下的重要遗产极大地影响了美国的政治发展。一方面，战争早期没有形成统一的军事机构，而是形成了地方性的类似游击队的东西，因此动摇了地方殖民庇护网络并扩充了普遍的、民主的地方殖民权力关系。参军的无产者要求公民权，民主的力量由此扩大。另一方面，在战争的后期，军事行动更加统一，南方那些开国元勋成为控制爱国战争结果的权力顶层。他们在南方种植园主中为他们的社会保守主义找到了支持，而他们的权力也来自大陆军。地方的激进业主可以控制地方会议，但是不能控制这个顶层。由此产生了民主化和非民主化两种倾向的冲突。先是民主化的倾向：各州采取激进政治经济改革，取消了债务，实行累进税收以及土地特许状。然后是显贵们的反应：由于受到地方阶级激进主义的威胁，所以组织起来强化中央政府的权力。由邦联条款向弗吉尼亚方案的运动，正是受到这一逻辑的支配。

其次，从弗吉尼亚方案向联邦宪法所规定的权力更加有限的政府的运动，体现了地区因素的影响。美国宪法调和而非消除了不同地区之间的差异，但这一差异最终导向了惨烈的 19 世纪的美国南北战争。

最后，从联邦宪法到《权利法案》修正案的运动，体现了人民对强大的政府抱有警惕、要求维护自身权利的要求。

总之，宪法是不同力量互相冲突的最终产物。麦迪逊希望宪法能够容纳不同集团的不同诉求，能够消除国内的派别斗争。他吸收了现代社会契约论的思想——毕竟，现代成文宪法只能被看成人民彼此约定要共同遵守的契约——力图对人类根本的政治问题给出一个明智的能够长存的解决方案。麦迪逊拥有很强说服力的《联邦党人文集》中的论文，以及宪法本身的简洁一致的形式，都给人留下极为成功的印象。

但是，美国宪法并没有能够完全容纳、吸收、掩盖各种因素的冲突。在

---

① 〔英〕迈克尔·曼：《社会权力的来源：第 2 卷》，陈海宏等译，上海人民出版社，2007，第163 页。

被建立之后，宪法及其建立的政府，立刻就成为冲突和斗争的场所。麦迪逊在《联邦党人文集》中认为新宪法可以控制党争，但是宪法通过不过寥寥数年，他就和杰斐逊一起成立了共和党，与汉密尔顿为首的联邦党进行了极为激烈的斗争。麦迪逊所建立的政党，此后成为美国政治系统中永久存在的因素。政党这种现实存在的、发挥着极为重要的政治功能的机构，在宪法中毫无地位，这正说明了宪法的有限作用。这种有限性在美国南北战争中彻底爆发。美国内战之后，不论是学者还是政治家都不再认为，宪法可以脱离社会经济条件以及现实政治行动，而仅仅依靠字面来理解。

（三）麦迪逊论美国政治制度的可变性

麦迪逊充分认识到了美国政治制度的内在可变性。虽然麦迪逊很容易被看成一个关心正式的静态政治制度的"旧制度主义者"，但本书已经证明这完全是一种误解。麦迪逊在《联邦党人文集》中确实主要关注一种正式的静态政治制度，但是随后也对政治制度的运行、维持与变迁做了全新的思考。麦迪逊关于制度的维持和变迁的思想特别值得做进一步的深入讨论。

在当代政治科学关于制度的理论中，制度的维持与变迁已经成为重要的常规主题。[①] 通过比较当代政治科学的相关理论，我们可以更好地理解麦迪逊的论述。在当代政治科学的视野中，制度的一个一般特性是同时具有稳定性和可变性。解释制度为何同时具备稳定性和可变性，也是政治科学的核心难题。如彼得斯所总结的，当代政治科学制度从两种不同的角度来处理这个难题："在各种制度流派的最重要分歧中，有一个就是它们关于变迁的概念以及不同制度流派思考变迁的方式。最根本的问题是，变迁是被当做制度生活中的一个普通部分，还是被当作稳定甚至可能超稳定规则的一个例外。"[②] 分析彼得斯对此问题的论述，可以看到，问题的关键在

---

① 〔美〕盖伊·彼得斯：《政治科学中的"新制度主义"》，王向民、段红伟译，上海人民出版社，2011，第22页。

② 〔美〕盖伊·彼得斯：《政治科学中的"新制度主义"》，王向民、段红伟译，上海人民出版社，2011，第160页。当代政治科学并没有发展出统一的制度理论，而是发展出了多样的制度理论，可见 Sven Steinmo, "Historical Institutionalism," in Donatella Della Porta and Michael Keating, eds., *Approaches in the Social Sciences*, Cambridge: Cambridge University Press, 2008, pp.113-138。

于观察的尺度。在社会学制度主义和历史制度主义看来，制度的稳定是常态，这是因为它们在大的尺度下看待制度。关于社会学制度主义，可以功能主义的视角为例。[1] 在这种视角下，制度之所以存在是因为对社会整体承担了某种功能，而制度之所以变迁是因为整个社会所处的环境发生了变化。关于历史制度主义，可以说它正是以重视大尺度下的结构性因素而著称。在这种大的观察尺度下，制度自然保持着稳定。这就正如用人眼观察普通尺度的事物，会看到很多事物都是稳定的，但是用显微镜去观察小尺度的世界，会看到那里没有任何事物是稳定的。确实，在理性选择制度主义的视角下，制度并不稳定，原因也正在于它习惯于在小的尺度下观察事物。理性选择主义是在个人主义的行为主义的基础上发展起来的，本身在很大程度上继承了后者的个人主义本体论，研究对象也偏于国会内部运行这样的小尺度现象。个人的尺度当然要比社会结构的尺度小得多，也因此在理性选择制度主义看来，"制度差不多天生就是非均衡结构"[2]。正如彼得斯所总结的，在威廉·赖克和其他一些理性选择学派的学者看来，制度及其规则是人类建构的，因而制度也正是最初发明它们的那批人的奇思怪想的产物。"在这种观点看来，规则都是施加于行为的短期制约，最多是在制度成员之间，或者也可能是在几个制度之间，进行在某种程度上的不断协商。""许多理性选择主义者都认为，只要通过对规则和结构的选择，制度就具有几乎无限的可变性。"[3]

通过以上分析可以看到，当代政治科学中的制度理论给我们的一个重要启示是，制度的稳定和变迁都是相对的：不存在永远不变的制度，也不存在全无稳定可言的制度。[4] 制度的稳定和变迁无法分离考虑，而是应该整合在同一个问题之中：制度在多大范围多长时间维持基本的稳定之后才会开始变迁？也就是说，制度的稳定与变迁必须放在具体的时空尺度中考

---

[1] 〔美〕盖伊·彼得斯：《政治科学中的"新制度主义"》，王向民、段红伟译，上海人民出版社，2011，第117页。

[2] 〔美〕盖伊·彼得斯：《政治科学中的"新制度主义"》，王向民、段红伟译，上海人民出版社，2011，第160页。

[3] 〔美〕盖伊·彼得斯：《政治科学中的"新制度主义"》，王向民、段红伟译，上海人民出版社，2011，第160页。

[4] 彼得斯批评了理性选择制度主义中一种认为制度全无稳定可言的夸张看法。参见〔美〕盖伊·彼得斯《政治科学中的"新制度主义"》，王向民、段红伟译，上海人民出版社，2011，第160页。

虑，而不能完全抽象地考虑。

但是，为了更好地理解制度，还必须对以上分析再推进一步，问出这个问题：制度到底是在大尺度还是在小尺度上存在并发挥作用的？如果是前者，那么社会学制度主义和历史制度主义就是正确的，如果是后者，那么理性选择制度主义的分析路径显然更为可取。对此问题的回答是，制度可以同时在大尺度和小尺度上存在并发挥作用。可以用托克维尔对平等的杰出研究来说明这一事实。制度在今天被认为主要是"规则"，而平等无疑是一条重要规则，因此本身可以说是一种重要的制度，或者可以说人与人的平等是当代政治制度最核心的成分。托克维尔在其《论美国的民主》中分析了平等的影响：平等既影响国家政治，也影响乡镇生活；既影响整个社会的风貌，也影响到个人在哲学上对一般观念的偏好；既影响哲学，也影响宗教；平等影响建筑、影响文学、影响戏剧、影响语言、影响演讲方式；影响个人的从业偏好，也影响个人的精神状态；影响工资、影响家庭，也影响礼仪；影响和平与战争，也影响军队的纪律。[1] 也就是说，一种制度可以在国家政治这种最大的尺度、文学风格这种中等尺度以及个人的精神状态这种小尺度的事情上都可以发挥影响。

由此自然产生的一个难题是：如果一种制度可以存在于不同的尺度上，那么它会是像在小尺度上表现出来的那样更易变，还是像在大尺度上表现出来的那样更稳定？通过这个问题的透镜，我们可以更好地理解麦迪逊当时所面对的难题：汉密尔顿个人的行为（小尺度事件）影响了整个政府的性质（大尺度事件），而他的共和党反对派必须依赖办报纸制造舆论（中尺度事件）去影响众多公民个人（小尺度事件），促使他们共同行动起来保卫自由的共和政体（大尺度事件）。这种局面的确令人迷惑，美国政治制度是继续保持稳定还是就此转变，的确成了一个无法预料的问题。麦迪逊的预期是，在他的共和党及其所团结的共和派人民的反对下，美国的共和制度可能继续维持，但是也有一定的较小概率变迁为君主制度。

正如本章之前所论述的，麦迪逊由于这种制度变迁的紧迫可能性，而对他的共和主义理论重新做了构想。在《联邦党人文集》中，麦迪逊所设想的共和主义制度主要存在于政治制度这一领域。而在《国民公报》时

---

① 〔法〕托克维尔：《论美国的民主》，董果良译，商务印书馆，1988。

期，共和主义制度不再仅仅被认为是存在于政府层面上的、表现为三权分立和联邦主义的政治制度，而且是存在于社会经济领域内的，同时也是存在于公民的个人认知这种小尺度上的。共和主义在众多领域和尺度上发挥影响，同时自然也会受到这些领域和尺度上的因素的反作用。共和制度的稳定性因而不再是一个单一的问题，而是应该多维度考虑的复杂问题：共和主义制度可能在小尺度上表现出可观的变迁——一部分公民可能不再支持它，同时又在大尺度上表现出稳定（宪法不变）；共和主义制度可能在大尺度上变迁——联邦派使政府的运行变成非共和式的，同时又在小尺度上表现稳定——绝大多数人民仍然支持共和制度。

因此，可以说，没有哪种尺度上的因素会表现出主权地位，也就是说，表现出对其他尺度上因素的支配地位。也就是说，麦迪逊所说的，公共意见是真正的主权者，是言过其实了。公共意见或舆论确实是影响共和制度维持或变迁的一个中等尺度上的重要因素，但并不具有决定性地支配其他层面上的因素的特殊地位。

舆论或公共意见确实可能影响政治制度的稳定和变迁，麦迪逊在这一点上是正确的。戈登·伍德对美国建国时期制度变迁的研究支持了这种看法。伍德的《美国共和国的创建：1776—1787》是美国史领域最重要的著作之一。这本著作全书分为六部分，前两部分讲美国革命："革命的意识形态"和"各州的宪法"。后两部分讲美国立宪："联邦宪法"和"革命成就"。中间两部分讲这两个端点中间的变迁阶段。也就是说，该书按时间分为三部分，然后每一部分又分为意识形态和政体两小部分。比较重要的是，各部分中意识形态和政体这两小部分的前后顺序是不一样的。作者的用心在于，在最开始的阶段（美国革命），意识形态的变化在前，政体的变化更慢一点，大体上吸收了殖民地时期的遗产；在中间阶段，意识形态继续改变，旧制度的不足充分暴露；在最后阶段（立宪），宪法以及政体（Constitution）实现了变迁，而这种变迁促成了意识形态的进一步改变或沉淀。[①] 因此，意识形态或公共意见或舆论的确会影响制度的稳定和变迁。

---

① Gordon S. Wood, *The Creation of the American Republic*, 1776-1787, Chapel Hill: University of North Carolina Press, 1969.

但公共意见绝非在政治生活中具有"主权者"的地位，麦迪逊在这一点上是错误的。这一点在奴隶制的问题上特别明显。在建国时期，宪法及其所确立的政治制度得以维持稳定的一个重要条件是公共意见或舆论在奴隶制问题上保持沉默——宪法本身对奴隶制未置一词。后来，当奴隶制问题在公共舆论越来越成为美国政治生活中的争论焦点时，内战终于爆发，美国的政治制度也经历了危机和变迁（如果不是短暂毁灭和再次重生的话）。在此，与其说是舆论支配了政治生活，不如说是奴隶制问题影响了政治生活，并反过来为政治力量所消灭。因此，赋予某种因素以支配性"主权者"的本体论地位并不恰当，应该做的是考虑各种因素的互相影响和"共同演化"。① 麦迪逊深刻地认识到了制度的内在可变性。

---

① 关于制度分析中的共同演化的思想，参见 Sven Steinmo，"Historical Institutionalism," in Donatella Della Porta and Michael Keating（eds.），*Approaches in the Social Sciences*，Cambridge：Cambridge University Press，2008，pp. 113-138。

第五章 麦迪逊论政治 制度的运行

麦迪逊长达数十年的政治生涯主要包括三个不同的阶段。在本书之前论述的前两个阶段，即从 1776 年到 1800 年的 24 年间，他在正式政治制度中的角色是立法者（1776~1788 年任职于美国革命后的弗吉尼亚议会和邦联议会，其中 1787 年参加费城制宪会议制定新宪法，随后的 1789~1797 年任职于新联邦的国会众议院）。

从 1801 年到 1817 年的 16 年间，他在正式政治制度中的角色是执行官（1801~1809 年他任杰斐逊政府的国务卿，1809~1817 年他连任两届执行机构的首脑即总统）。而麦迪逊政治理论发展的第三阶段，可以认为正是从 1801 年开始。

本章将研究麦迪逊政治理论在这个第三阶段的发展。

从立法者到执行官

麦迪逊主要作为立法者受到当代学者的研究，但对麦迪逊自己来说，他的执行官角色与立法者角色至少同样重要。在今天的美国政治生活中，总统是最为显要的政治人物——比任何立法者都更为显要。在美国建国初期，情况同样如此。华盛顿总统的地位在当时高于任何其他政治人物。没有人会认为某一位立法者的地位比华盛顿更重要。对麦迪逊来说，获得总统职位同样是一件至为荣耀之事。麦迪逊在 1809 年的第一次总统就职演说中，表达了对其祖国（country）赋予他如此重大之责任的感激之情："一个自由而有德的民族，通过这次审慎而平静的投票选举，［对我］表示的如此非凡的信任，理应得到我的感激和献身，也会使我内心充满一种不应辜负这一信任的虔敬之感（an awful sense）。"① 麦迪逊和其他许多人一样都极可能认为，任职总统是他一生政治事业的顶峰。即使是当代学者也不太可能认为，作为立法者的麦迪逊比作为总统的麦迪逊更为重要。

当代视角

当代学者对作为立法者的麦迪逊的偏爱，反映了他们独特的理论视角。这种理论视角与古典政治理论家的视角存在一致之处。古典政治理论关注如何建立良好的政治制度。古典政治理论的两大杰作——柏拉图的《理想国》和亚里士多德的《政治学》，主要关心的都是这一问题。② 当他们思考这一问题的时候，自然会采取立法者或正式制度建立者的视角。休谟对立法者的赞美反映了古典政治理论这种长盛不衰的强大影响："在所有杰出的留有难忘成就的人物中，首要荣誉看来应属于立法者和国家的缔造者，因为他们为保障后代的安宁、幸福和自由，留下了法律制度和政治体制。"③ 初看起来，当代学者对作为立法者的麦迪逊的偏爱，似乎是由于和古典政治理论家一样认为，政治家中最重要的就是立法者或国家缔造者，因此麦迪逊政治生涯的最高峰就是他为新的联邦共和制的美国制定宪法的时候。但是当代学者无法如此公开承认这种观点，因为这种观点是麦迪逊自己所不赞同的。麦迪逊和汉密尔顿所发明或所继承的"新政治科学"，与古典政治理论的最重要的不同之处之一，正在于否定了立法者至高无上的观点。众所周知，在这种"新政治科学"看来，三权之间互相平等，并没有哪一权居于更高的特殊地位。这也就意味着，执行者至少与立法者处在同样的而非更低的地位。

---

① James Madison, "First Inaugural Address," in Gaillard Hunt, ed., *The Writings of James Madison*, Vol. 8, New York: G. P. Putnam's Sons, 1908, p.47.
② 〔古希腊〕柏拉图:《理想国》，郭斌和、张竹明译，商务印书馆，1986；〔古希腊〕亚里士多德:《政治学》，颜一、秦典华译，中国人民大学出版社，2003。
③ 〔英〕休谟:《休谟政治论文选》，张若衡译，商务印书馆，2010，第38页。

从麦迪逊的视角看，当代学者们的处理有些偏颇。当然，麦迪逊的看法并非判断的唯一标准，当代学者们可以辩解说他们对麦迪逊的看法比麦迪逊对自己的看法更为客观公正，更为科学准确。但是他们无法依据古典政治理论这么做。因为没有哪个研究麦迪逊的当代学者会认为，他们的主要理论关切是如何建立一种好的政治制度，并且宣言自己像麦迪逊那样居于立法者的地位。尽管如此，研究麦迪逊的当代学者，作为职业的历史学家或政治科学家而非立法者写作，他们对作为立法者的麦迪逊的偏爱有其合理之处。这种合理之处在于，作为执行官的麦迪逊的所作所为对今天的美国人的政治实践看似已经没有太大的影响了，但是作为立法者的麦迪逊的所作所为对今天的美国的政治实践仍然发挥着关键的重要影响。因此，长期看来，作为立法者的麦迪逊比作为执行官的麦迪逊更重要。

批评与转变

当代学者的这一可能辩护，会受到以下两方面的批评。

第一，立法和执行是不可分的。如果法律不会得到执行，那么立法毫无意义。法律的订立和执行是人类政治实践的不同方面，并不存在可以互相比较重要性的共同基础：用当代政治哲学的术语来说，两者是异质的，是不可通约的（incommensurable）。同时两者又是互相依存的。

第二，立法和建国并非发生在特定时间地点的一次性事件。建国（state-building）是绵延在广阔时空中的一个过程。美国的领土和人口本身在200多年的历史中一直不断变化，美国的国家能力一直在增强，国家自主性也呈现出多样性，因此，美国的建国绝不应该仅仅被理解为宪法之建立。相应的，立法也绝不应被狭隘地理解为制定宪法。休谟声言中的"立法者和国家的缔造者"这一短语反映了古典国家的立法和建国的相对简单的性质。但是现代国家的情形远为复杂。正如戈登·伍德所言，麦迪逊"想要这样一个政府，它将像一个无偏私的法官、无感情的裁判那样行动，在社会中多样的利益间进行裁夺"[①]。麦迪逊认为宪法所

---

① Gordon S. Wood, "Is There a 'James Madsion Problem'?" in *Liberty and American Experience in the Eighteenth Century*, edited and with an Introduction by David Womersley, Indianapolis: Liberty Fund, 2006, p. 437.

意图建立的正是这样一个政府。但是正如伍德所认为的，实际上存在的政府与麦迪逊所设想的完全不同：麦迪逊在 18 世纪 90 年代发现，"［华盛顿政府的成员］所追求的并不是一个法官一般的裁判，而是一个真正的欧洲式的政府，有着一个官僚机构、一支常备军和一个强大的独立的执行机构"①。政治制度发生了如此巨大的变化，意味着宪法的含义发生了巨大的变化，也就意味着立法绝非一个一蹴而就一劳永逸的过程。事实上，正如本书上一章所指出的，麦迪逊在宪法建立之后的政治行动，特别是建立共和党的政治行动，极大地改变了美国的政治制度和宪法的意义。

当代学者们对作为立法者的麦迪逊的偏爱，反映了他们对静态地看待政治制度的理论偏好。这种偏好极大地限制了我们对麦迪逊的理解，因而受到了日益强硬的批评。马克斯·艾德林批评对美国建国的"麦迪逊式的解释"，认为作为立法者的麦迪逊其实并不那么重要。② 而戈登·伍德，作为在美国史领域享誉数十年的权威学者，进一步强调，应该从研究作为立法者的麦迪逊转而去研究作为总统的麦迪逊："也许我们应该少花时间去研究作为《联邦党人文集》第十篇的作者的麦迪逊，而多花时间去研究作为总统的麦迪逊。他对战争和世界的看法，不管我们是否同意，都可能使我们对我们所生活的困惑时代有一个更好的理解。"③ 这些批评强有力地推动着我们转变视角。本章将从政治制度的运行这一维度来探讨作为执行官的麦迪逊的政治理论。

一　麦迪逊和美国早期政治制度的运行

麦迪逊参与筹划的美国宪法于 1788 年生效，随后第一届政府在 1789年产生。新政府的"三权"之中，宪法只对立法部门的组成做了明确规

---

① Gordon S. Wood, "Is There a 'James Madsion Problem'?" in *Liberty and American Experience in the Eighteenth Century*, edited and with an Introduction by David Womersley, Indianapolis: Liberty Fund, 2006, p. 439.

② Max M. Edling, *A Revolution in Favor of Government: Origins of the U. S. Constitution and the Making of the American State*, New York: Oxford University Press, 2003.

③ Gordon S. Wood, "Is There a 'James Madsion Problem'?" in *Liberty and American Experience in the Eighteenth Century*, edited and with an Introduction by David Womersley, Indianapolis: Liberty Fund, 2006, p. 447.

定。对执行和司法部门，美国宪法给了国会很大的权力去自行组织。宪法对政府三个部门的这种区别对待，一方面说明了立法部门握有相当大的权力；另一方面也说明三个部门具有不同的性质。具体来说，立法部门的职能比较固定，因而宪法可以明确其组成方式和权力范围。执行部门与立法部门不同，其职能更为不确定，而其具体组成也需要立法者根据具体情况来调整。回顾历史，可以看到美国宪法的这种安排十分明智，使美国政府的执行部门，得以较为灵活地根据不同时代的不同需要调整其形式。

三个政府部门

美国宪法所意图建立的正式政治制度即政府，在产生之后立即运行了起来。政府的运行主要是"执行"机构的事情。我们可以通过观察它的部门组成来考察它的运行。主要是根据宪法第六条第二款，第一届国会为执行机构建立了三个部门，即国务院、财政部和战争部。[①] 这种机构设置明确地说明了新政府的三个运行领域：外交、财政和军事。如果我们仅仅关注正式的宪法，以及麦迪逊对正式宪法的思考，我们将无法理解美国新政府的这种组织和运行方式。为了理解新政府的组织和运行，我们必须借助当代关于国家形成的研究。

当代对国家形成的研究，与对美国建国的传统解释的最大不同，在于前者并用国际和国内视角，而后者主要使用国内视角。对麦迪逊的几种主流解释，包括进步主义的、多元主义的和共和主义的，都主要使用国内视角。从国内视角出发，我们显然无法理解为什么美国政府 2/3 的部门主要处理国际问题。但是正如斯考克波所指出的："现代国家从来是一个由彼此竞争和相互裹挟的国家所组成之系统的一个部分。"[②] 如果认为美国的建国者们通过确立宪法来建国只是为了解决国内问题，那么显然是错过了问题的另一个重要方面：美国建国者们之所以力图确立新宪法，其主要意图

---

① 〔美〕艾伦·布林克利：《美国史（1492—1997）》，邵旭东译，海南出版社，2009，第168页。

② 〔美〕西达·斯考克波：《找回国家：当前研究的战略分析》，载〔美〕波得埃文斯、〔美〕鲁施迈耶、〔美〕西达·斯考克波编著《找回国家》，方力维、莫宜瑞、黄琪轩等译，三联书店，2009，第9页。

之一也是解决美国在这样一个国际体系中所面对的问题。① 美国第一届国会所确立的执行机构的组织，清楚地说明了后一种国际视角的优越性。通过这种视角，我们可以清楚地看到，美国政府是在这样一个国际体系中而不仅仅是在美国社会之上运行的。

财政

第一届美国政府的三个执行部门中，国务院处理外交事务，战争部处理军事事务，这也就意味着，只有财政部的工作会与一般公民发生关系。因此，对当时的大多数公民来说，政治主要是与财政相关的问题。正如迈克尔·曼所说，"在18世纪末19世纪初，政治实质上是财政斗争，与前几个世纪毫无二致"②。由此我们也可以理解为什么美国第一任财政部部长汉密尔顿在美国建国早期的政治斗争中扮演了如此重要的角色。如布林克利所说，汉密尔顿"在国内政策和外交政策上比任何人都产生了更为重大的影响。不仅是在他就职期间，而且在1794年卸任之后他的影响也丝毫不减"③。汉密尔顿和麦迪逊等人的政治斗争，焦点在于如何制定财政政策以及如何使用财政资源。汉密尔顿主张采用重商主义的政策，通过采取保护性的关税来促进美国国内制造业的发展，他还建立国家银行将商业利益和政府结合在一起。④ 汉密尔顿还想要建立庞大而永久的国债。如布林克利所说，"他相信这样做的结果是债权人——最可能借钱给政府的富裕阶层——在政府的成功事业上具有永久的利益"⑤。汉密尔顿的主张一度付诸实践，但随后受到了麦迪逊和杰斐逊等人所组织的共和党的挫败。正如本

---

① Max M. Edling, *A Revolution in Favor of Government*: *Origins of the U. S. Constitution and the Making of the American State*, New York: Oxford University Press, 2003, p. 220.

② 〔英〕迈克尔·曼：《社会权力的来源：第2卷》，陈海宏等译，上海人民出版社，2007，第46页。

③ 〔美〕艾伦·布林克利：《美国史（1492—1997）》，邵旭东译，海南出版社，2009，第168页。

④ 〔英〕F. 西斯尔恩韦特：《1794—1828年的美国与旧世界》，张大星译，载〔英〕C. W. 克劳利等编《新编剑桥世界近代史（第九卷）：动乱年代的战争与和平》，中国社会科学院世界历史研究所组译，中国社会科学出版社，1992，第784~785页。

⑤ 〔美〕艾伦·布林克利：《美国史（1492—1997）》，邵旭东译，海南出版社，2009，第169页。

书上一章所论，麦迪逊所希望建立的是由自足的农业小社群组成的与欧洲没什么贸易往来的自足美国社会。也正如布林克利所指出的，麦迪逊和杰斐逊所建立的共和党，"设想的是一个由殷实、独立的自耕农构成的幸福社会，没有手工作坊、没有工业重镇，也没有欧洲的城市暴乱"①。在共和党所设想的这种社会中，国家自然不应对经济领域多作干预。正如布林克利所说，"杰斐逊废除了联邦派于 1790 年代建立的官僚权力机构，确保联邦政府的各个部门在美国社会相对处于无足轻重的地位"②。麦迪逊和杰斐逊所领导的共和党挫败了汉密尔顿使用财政资源促进美国工商业发展的努力，使美国的财政资源集中用于军事之上。如艾德林所说，"在 1790 年代和 19 世纪早期，联邦政府的支出远远超过了各邦政府：它将几乎所有的钱都花在了偿债和防御上"③。

外交

由此我们可以明确美国早期政府的运行模式：政府主要在外交和军事领域活动，同时寻求财政支援来支持这两种活动。④ 不仅如此，美国建国早期由于其得天独厚的地理条件没有进行对外战争，因此战争部在政府运行中扮演了并不重要的角色。⑤ 也就是说，美国政府的活动一度集中于外

---

① 〔美〕艾伦·布林克利：《美国史（1492—1997）》，邵旭东译，海南出版社，2009，第 181 页。

② 〔美〕艾伦·布林克利：《美国史（1492—1997）》，邵旭东译，海南出版社，2009，第 181 页。

③ Max M. Edling, *A Revolution in Favor of Government: Origins of the U. S. Constitution and the Making of the American State*, New York: Oxford University Press, 2003, p. 228.

④ 美国早期联邦政府并不征收直接税，其主要收入来自西部公共土地的销售。其后，关税也成为重要税源。汉密尔顿增加了威士忌税等新税，1802 年这些税被杰斐逊取消，因此政府收入只剩关税和西部土地销售税。参见〔美〕艾伦·布林克利《美国史（1492—1997）》，邵旭东译，海南出版社，2009，第 198 页。

⑤ 美国建国早期陆军主要由各州民兵组成，而海军一度被裁撤到一条船都没有。参见〔英〕克里斯托弗·劳埃德《海军》，张志军译，载〔英〕古德温编《新编剑桥世界近代史（第八卷）：美国革命与法国革命（1763～1793 年）》，中国社会科学院世界历史研究所组译，中国社会科学出版社，1999，第 238～241 页。杰斐逊在当政之后缩减政府规模，将只有 4000 人的微型部队缩减到 2500 人，将海军舰船从 25 艘减到 7 艘。参见〔美〕艾伦·布林克利《美国史（1492—1997）》，邵旭东译，海南出版社，2009，第 198～199 页。

交领域。因此，才会出现西斯尔恩韦特所言的这一现象："1795 年以后，外交开始左右国内政治"。[①]

麦迪逊的三个问题

麦迪逊正是在这一背景之下开始担任美国政府的执行官的。他于1801~1809 年首次加入政府的执行部门，从立法者转变为一位执行官，担任杰斐逊政府的国务卿。考察杰斐逊任职总统期间的就职演说和国情咨文，可以看到外交事务在杰斐逊政府的运行中扮演了首要角色。[②] 麦迪逊作为国务卿，参与了杰斐逊政府所有主要的外交事务。这些事务主要包括与法国就路易斯安那领土的交涉、与西班牙就密西西比河通航问题的交涉、与西班牙就佛罗里达领土的交涉、在英法战争中力求采取中立政策、抗议英国对美国贸易的侵扰等。[③] 这一时期，麦迪逊的主要成就在于，与杰斐逊和其他同僚一起，从法国手中取得了其殖民地路易斯安那地区，使美国的领土扩大了近一倍之多。[④]

麦迪逊在国务卿任上没能解决的主要问题是：取得佛罗里达地区，保护美国的商业和贸易不受英法两国的侵犯。这些未能用外交手段解决的危机，在麦迪逊于 1809 年成功当选总统之后继续困扰着他，并最终在 1812年爆发为一场激烈的战争。这场战争主导了麦迪逊两个总统任期内的政治议程。正如本节之前所指出的，美国建国早期，政府主要运行在外交、军事和财政这三个领域内，麦迪逊担任总统即首席执行官期间也并不例外。尽管如此，美国政府运行的侧重点还是有所变化。在华盛顿任职总统期间，美国政府运行的重心在财政领域，而在杰斐逊任职总统期间，美国政府运行的重心则在外交领域，在麦迪逊任职总统期间，美国政府运行的重

① 〔英〕F. 西斯尔恩韦特：《1794—1828 年的美国与旧世界》，张大星译，载〔英〕C. W.克劳利等编《新编剑桥世界近代史（第九卷）：动乱年代的战争与和平》，中国社会科学出版社，1992，第 786 页。

② 〔美〕杰斐逊：《杰斐逊集》，彼得斯注释编辑，刘祚昌、邓红风译，三联书店，1993，第527~567 页。

③ James Madison, *The Writings of James Madison*, Vol. 7, Gaillard Hunt, ed., New York: G. P. Putnam's Sons, 1908.

④ 取得路易斯安那的具体过程，参见〔美〕艾伦·布林克利：《美国史（1492—1997）》，邵旭东译，海南出版社，2009，第 200~202 页。

心则转到了军事领域。[①]

由于本章旨在讨论麦迪逊关于政府运行的政治理论，所以，军事问题（即 1812 年的英美战争）是本章要处理的首要问题，将在第二节展开论述。

本章要处理的第二个问题是经济问题。麦迪逊所主导的 1812 年战争，[②] 造成了一些经济方面的后果。[③] 由于这场战争，麦迪逊不得不重新思考国家应该在经济发展中扮演的角色，而这将是接下来的第三节要处理的重要主题。

本章要处理的第三个问题，是美国的奴隶制问题。美国旧有的奴隶制所引发的危机，在麦迪逊政治生涯的后期越来越严重，日益影响到他帮助建立的美国政治制度的安全与稳定。麦迪逊充分意识到了这场危机的严重性，而本章第四节将深入讨论麦迪逊对此问题的思考。

二　麦迪逊和 1812 年战争

（一）总统麦迪逊和 1812 年战争

通过麦迪逊的两次总统就职演说和八次国情咨文可以清晰地看到，战争问题主导了他的八年总统任期的执政议程。[④] 在第一次总统就职演说中，麦迪逊先是表达了对选举结果的感谢和对共和制美国的忠诚，然后立刻开宗明义地说道："当前世界的情势［指英法大战］是前所未有的，而我们国家［的处境］也充满困难。"[⑤] 这再好不过地说明了麦迪逊政治理论的两面性：在著名的《联邦党人文集》第十篇，麦迪逊考虑的是如何解决内部

---

① 约翰·亚当斯总统在杰斐逊及其共和党的挑战下未能连任，只任一届。亚当斯的任期具有过渡色彩。

② 由于麦迪逊主导了这场战争，它一度被称为"麦迪逊先生的战争"（Mr. Madison's War）。参见 Kelly King Howes, *War of 1812*, Detroit: UXL, 2002, p. 31。

③ Kelly King Howes, *War of 1812*, Detroit: UXL, 2002, pp. 154–156.

④ James Madison, *The Writings of James Madison*, Vol. 8, Gaillard Hunt, ed., New York: G. P. Putnam's Sons, 1908.

⑤ James Madison, "First Inaugural Address," in Gaillard Hunt, ed., *The Writings of James Madison*, Vol. 8, New York: G. P. Putnam's Sons, 1908, p. 47.

党争所造成的困难，而在这篇就职演说中，麦迪逊主要考虑的是如何解决外部的与战争相关的问题。政治理论必须包含应对国内和国外问题这两个不同的方面，只处理其中一方面必然是片面的。这两个方面并非截然分开，在《联邦党人文集》开头杰伊和汉密尔顿负责的部分，他们明确地说明了共和国所面对的外部挑战是采纳新宪法的重要原因。① 美国新政治制度的建立，本身就是外部因素和内部因素共同作用的结果。

麦迪逊政治思想的两个方面

麦迪逊自己也并未将两者截然分开地考虑。麦迪逊之所以在《联邦党人文集》和写于总统任职期间的文献，分别主要考虑政府对内和对外的两个方面，并不是因为他认为这两个方面可以截然分开来考虑，而是因为立法和执行具有不同的性质。立法者可以针对国内问题立法，但是无法或难以对别的国家"立法"。法治可以施加于国内，但是国家之间可能长时间大规模地不受法律和理性支配，而是受暴力和贪婪的支配。立法者只能对国内事务立法，而国际事务在很大程度上只能交给执行机构去处置。"国家"在国内的行为要受法律的控制，在国际上的行为却更多地受到环境特别是其他国家的行为的影响。国家在国内事务上更受束缚，在国际事务上拥有更多自主性。国家的这种两面性，导致麦迪逊在承担立法者和执行官职责的时候，分别侧重考虑国内和国际问题。

麦迪逊并未有意识地综合他的政治理论的这两个方面，因为他从未作为一个政治理论家来写作，因而并不追求建立一种形式上完整的政治理论。他为《联邦党人文集》撰写的那些著名章节，是作为论战和宣传作品，而非政治理论或政治哲学作品而写的。可以说，贯穿其一生，麦迪逊始终是作为一个从事政治实践的政治家来写作的。作为一个政治家，麦迪逊清醒地认识到立法与执行应该具有平等的地位，并因此而帮助设计了一

---

① 〔美〕汉密尔顿、〔美〕杰伊、〔美〕麦迪逊：《联邦党人文集》，程逢如、在汉、舒逊译，商务印书馆，1995，第7~39页。亦可参见塔科夫颇富洞见的两篇论文。〔美〕纳坦·塔科夫：《〈联邦党人文集〉中的战争与和平》，胡兴建译，载赵明主编《法意》（第一辑），商务印书馆，2008；〔美〕纳坦·塔科夫：《联邦党人和反联邦党人论对外事务》，胡兴建译，载赵明主编《法意》（第二辑），商务印书馆，2008。

个"三权分立"的，也就是三权之间地位不分高下的政治制度。因此，麦迪逊关于立法的论述，与他关于执行的论述可以说具有不相上下的地位。

虽然麦迪逊并未有意识地综合他的政治理论的这两个方面，但这两个部分并不能割裂开来理解。在他第一次总统就职演说接近末尾的地方，麦迪逊赞扬他的亲密政治朋友，他的共和党同人和前总统，亦即杰斐逊，说他"在一个长期的职业生涯中，将其很高的天分，热情地贡献给了这个国家的最高利益和幸福的促进"[1]。促进"这个国家"的最高利益和幸福，是麦迪逊和杰斐逊在其一生中所同样致力追求的。也正是这一点，使麦迪逊政治理论的两个方面统一了起来。麦迪逊作为立法者和执行官的生涯，都致力于同一个目标，那就是促进美国的利益和幸福。麦迪逊所帮助设计的美国政治制度的执行和立法分支，也都服务于这同一个目标。

从和平到战争

在麦迪逊看来，威胁着这一目标之实现的，在国内是破坏性的党派斗争，在国际上则是破坏性的国家之间的斗争。麦迪逊看到，当时世界上的许多国家卷入了"血腥而浪费的战争"。[2] 在这样的战争中，人民的利益受到损害，人民的幸福无从谈起。因此，美国应该避免战争，力求在战争中保持中立。

在他执行官生涯的早期，麦迪逊一直努力以和平的方式来处理对外事务。在担任国务卿期间，麦迪逊与作为总统的杰斐逊一起，以和平的方式从拿破仑手中购买了路易斯安那地区。此外，他也积极与西班牙交涉，寻求从其手中取得佛罗里达地区。在处理北非海盗的问题上，他和杰斐逊最终也并没有诉诸战争。[3] 他和杰斐逊所在的政党，在打败联邦党、同时控

---

[1] James Madison, "First Inaugural Address," in Gaillard Hunt, ed., *The Writings of James Madison*, Vol. 8, New York: G. P. Putnam's Sons, 1908, p. 50.

[2] James Madison, "First Inaugural Address," in Gaillard Hunt, ed., *The Writings of James Madison*, Vol. 8, New York: G. P. Putnam's Sons, 1908, p. 47.

[3] 〔美〕艾伦·布林克利：《美国史（1492—1997）》，邵旭东译，海南出版社，2009，第199页。

制了立法和执行机关之后，更是以削减军备著称。①

在 1809 年接替杰斐逊担任总统的时候，麦迪逊也并未有意改变此前所采取的和平政策。在他第一次总统就职演说中，麦迪逊讲道，"在我们共和制度的有利影响之下，并且与其他一切国家保持和平的情况下（而其他国家有许多卷入了血腥而浪费的战争），一种正确的政策收获了果实，我们享受到了无与伦比的能力与资源的增长"②。麦迪逊对美国此前所采取的政策深感自豪：

> 美国没有展露任何侵犯他国的权利或安宁的激情；美国通过遵守正义而促进和平；美国通过极为不偏不倚地履行他们对交战国的中立职责，表达了对这些国家的尊重。如果在这个世界上有公正的话，那么上述陈述的真实性是不会被质疑的；至少后人会公正地评判我们。③

因此，在任职总统的初期，麦迪逊无疑试图继续之前的和平政策。但是这一政策很快告终。麦迪逊在数年之内即由和平转向战争，1812 年一力将美国拖入了被批评为"麦迪逊先生的战争"的英美战争。④ 为了理解麦迪逊思想的这一内在转变，有必要说明麦迪逊运行政治制度时所处的背景。

从亲英到亲法

麦迪逊担任执政官的时期，欧洲正处在战争时代。这场战争从 1792 年持续到 1815 年，中间只有短暂的两次休整。英国和法国是主要的作战双方，但是战争卷入了几乎所有的欧洲国家。⑤

---

① 〔美〕艾伦·布林克利：《美国史（1492—1997）》，邵旭东译，海南出版社，2009，第 198~199 页。

② James Madison, "First Inaugural Address," in Gaillard Hunt, ed., *The Writings of James Madison*, Vol. 8, New York: G. P. Putnam's Sons, 1908, p. 47.

③ James Madison, "First Inaugural Address," in Gaillard Hunt, ed., *The Writings of James Madison*, Vol. 8, New York: G. P. Putnam's Sons, 1908, p. 48.

④ Irving Brant, "Madison and the War of 1812," *The Virginia Magazine of History and Biography*, Vol. 74, No. 1, 1966, pp. 51–67.

⑤ 〔美〕孔华润主编《剑桥美国对外关系史》，王琛等译，新华出版社，2004，第 85 页。

这场战争不只关系到国家的权势和利益，也关系到制度和理想。对关心人类命运的那些人，包括麦迪逊和杰斐逊来说，这关系到共和理想和共和制度能否在世界上扩展。麦迪逊和杰斐逊所组织的共和党，在战争的开始阶段，在战争双方之间，更倾向于共和制的法国，对君主制的英国有更多敌意。英国人也预计美国会与法国合作（后两者还有因美国独立战争而签订的盟约），因此一开始就沉重打击了美国北方的商业。① 新生的美国实力弱小，无法在海上与英帝国海军对抗，加之执政的联邦党根植于北方、偏向商业利益，于是与英国求和，派出联邦党人杰伊与英国政府签订了著名的《杰伊条约》。这一条约使新生的美国避免了与英国开战，但是没能为美国争取到足够的利益。② 更重要的是，这一条约的签订被视为，联邦党人为了北方的商业利益，而放弃了对共和制法国的支持，转而在君主制的英国和共和制的法国之间寻求中立。在联邦党执政期间，即在华盛顿和亚当斯政府治下，美国的外交始终以寻求中立知名。这种中立被法国视为对共和主义事业的背叛。③

麦迪逊和杰斐逊等共和党人，由于身处农业的南方而非商业的北方，对与英国为敌可能造成的对美国商业利益的损害没有切身之痛，因此而更加怀疑联邦党人对君主制英国而非共和制法国的倾向，是他们内心感情的反应：共和党人怀疑联邦党人内心更倾向于君主制，对共和制并不忠诚。麦迪逊和杰斐逊等人的这一怀疑，是他们组建共和党的重要动力之一。麦迪逊并不视共和党与联邦党的斗争为《联邦党人文集》中所分析的党争，而是将其视为共和制度的维护者与破坏者的斗争（见本书上一章）。④

杰斐逊和麦迪逊，作为共和党的前两位总统，是怀着对法国的好感和对共和主义事业的坚定信念，以及对君主制以及君主制英国的厌恶和对亲英联邦党的警惕登上执政舞台的。可以想象，他们本来可能采取更加亲法国并敌视英国的政策。但是这种倾向由于拿破仑的出场而复杂化了。拿破

---

① 〔美〕孔华润主编《剑桥美国对外关系史》，王琛等译，新华出版社，2004，第85页。

② 〔美〕艾伦·布林克利：《美国史（1492—1997）》，邵旭东译，海南出版社，2009，第174页。

③ 〔美〕孔华润主编《剑桥美国对外关系史》，王琛等译，新华出版社，2004，第103页。

④ 〔美〕孔华润主编《剑桥美国对外关系史》，王琛等译，新华出版社，2004，第86页；〔美〕彼得·S. 奥鲁夫：《杰斐逊的帝国：美国国家的语言》，余华川译，华东师范大学出版社，2011，第115页。

仑于 1798 年开始统治法国，并且在 1804 年给自己加上了皇帝的称号。共和制的法国就这样被帝制的法国取代。并且这个新生的帝制法国还有着强烈的扩张性，一度统治了欧洲的大半地区，并且有可能征服全欧，进而征服世界（鉴于后来的历史发展，这是很有可能的），建立一个孟德斯鸠所极为担心的那种普世的专制帝国。在这种情况下，英国成了对抗这样一个扩张性帝国的主要力量，并且自视为世界自由的最后希望，甚至认为美国应该感谢英国保障了其自由的生存。① 英国的这种看法，显然没有得到执政的共和党人士特别是麦迪逊的认可，否则也不会有 1812 年战争了。

麦迪逊的困境与对策

麦迪逊在担任执行官期间，由于法国从共和制向君主制的转型，已经不再能将支持法国视为对共和主义事业的支持。因此，麦迪逊最初所试图做的，是继续他的前任杰斐逊所采取的政策，在法国和英国这两大强权之间寻求中立。② 美国寻求中立的尝试在外交方面可以说取得了成功，避免了卷入英法之间的战争；但是这一政策在贸易方面不能说是成功的。英国和法国由于隔海相望，难以进行常规的陆军战争，因此双方的作战大量采取了海战和破坏对方贸易的经济战的手段。这种非常规战争被拿破仑推向了高峰。拿破仑看到英国的经济依赖贸易，因此在称霸欧洲大陆以后，采取了在欧洲大陆禁止与英国进行贸易的手段来打击英国的经济，希望这种经济战能迫使英国屈服。英国对这一敌对行动的反应是，对欧洲的海岸进行封锁，要求对欧洲大陆的贸易必须经过英国港口中转。③ 如果英国和法国的政策被严格执行，那么美国与欧洲大陆的贸易将完全断绝。

麦迪逊上任总统的时候，面对的正是这一两难困境。面对这一困境，美国由于其海上和陆上的军事力量薄弱，无法挑战英国和法国的军事霸权，因此在无法任凭英法两国损害自身贸易的情况下，只能选择经济战的

---

① 〔美〕孔华润主编《剑桥美国对外关系史》，王琛等译，新华出版社，2004，第 84～85 页。

② James Madison, "First Inaugural Address," in Gaillard Hunt, ed., *The Writings of James Madison*, Vol. 8, New York: G. P. Putnam's Sons, 1908, p. 48.

③ 〔美〕艾伦·布林克利：《美国史（1492—1997）》，邵旭东译，海南出版社，2009，第205 页。

手段。杰斐逊对英法两国做出威胁的姿态，声称如果两国不放弃这种政策，那么美国将禁止任何对外贸易。这种两败俱伤的政策成效不大。法国并不依赖贸易，美国的这一政策影响有限，而英国虽然依赖贸易，但是可以跟自身广阔的殖民地继续贸易，因此这一打击也并不致命。英法两国都不愿意为了美国的利益放弃自身的原有政策，因此杰斐逊的这一政策只是沉重地打击了美国自身的贸易，激起了美国内部代表东北部商业利益集团的联邦党人的反抗。

麦迪逊当政以后，看到同时对付英法两国的上述强硬政策的无效，设想了一种分化英法两国的策略。麦迪逊同时派遣使者分别告知英法两国政府，声明如果有一方停止损害美国贸易的行为，那么美国将同另一方停止贸易往来。这一政策行之有效。拿破仑看到可以争取与美国一道打击英国的贸易，因此宣布不再干涉美国的对外贸易。得到拿破仑的让步之后，麦迪逊遵守了诺言，1811 年宣布禁止本国与英国的贸易。这种禁止贸易的政策，是会导致英国和美国两败俱伤的政策。美国采取这种政策，本身并不能得到利益，而是希望得到英国的让步。而英国由于正处在与拿破仑战争的生死存亡的紧急关头，一开始并不愿意为了美国的利益而破坏自身原有的政策。英国的态度极大地激怒了美国人。在看到经济手段不奏效之后，为了捍卫自己的利益，美国发出了战争的威胁。面对美国的战争威胁，为了对付拿破仑已经消耗太多资源的英国只能让步，取消了之前的法令。[1]但是由于英国和美国相距遥远，英国改变政策的消息没能及时传到美国。[2]1812 年 6 月 1 日，麦迪逊在英国已经改变政策但消息还未到达的情况下，宣布了对英国开始战争。

战争的原因

美国的战争姿态一开始就只是威胁性的，因此并没有做出认真的准备，相应的，英国也不认为美国凭借其弱小的军事力量能够对自己造成损害，因此一开始对美国的战争宣言并未理会。在这种情况下，既然两国发

---

① 〔美〕孔华润主编《剑桥美国对外关系史》，王琛等译，新华出版社，2004，第 136 页。
② Kelly King Howes, *War of 1812*, Detroit: UXL, 2002, pp. 4-5.

动战争的理由已经消失，那么两国本来可以继续保持和平。这种情况没有发生，是因为贸易战之外的其他因素。

麦迪逊使战争继续进行下去的原因，主要是美国获取领土的冲动。这种冲动并非麦迪逊所独有，而是在美国全国普遍增长。美国宪法正式通过、联邦政府正式建立起来之后，美国的人口不断增长。与人口相伴随的是领土的扩张。美国当时仍然是一个农业国家，土地是财富的主要形式。美国人追逐财富的冲动体现为对土地的渴望，并且进一步体现为对全方位扩张的渴望。19世纪初，美国的南方人渴望得到佛罗里达，而西部人渴望得到边界之外的印第安人的土地。美国这两个部分的不同渴望，共同导致了对英国的战争。

首先，西部居民向西的进一步扩张必然导致掠夺印第安人的土地，这导致印第安人向英国特别是其殖民地加拿大寻求帮助，而加拿大的英国人则顺势将印第安人视为贸易伙伴和潜在的军事同盟。英国人帮助印第安人对抗美国人，由此导致西部边界地区流血不断。美国西部地区的居民认为，为了和平，必须征服加拿大，将其与美国合并。

其次，南方白人要求得到佛罗里达地区。这一地区在当时是西班牙的殖民地，而西班牙在当时与英国结成了反法同盟，对英国开战将使美国有借口取得这一块领土。[①] 所以，获取领土的渴望激起了对英国开战的热情。这种热情由于英国的敌对行为而日益高涨。在1810年的中期选举中，美国选民特别是西部地区的选民，选出了一批主战的议员。这些议员在议会中不占多数，但是他们形成了一支重要的主战力量，在麦迪逊宣布开战之后，使战争得以真正继续下去。

也因此，麦迪逊宣战的理由是要争取海洋自由，但战争主要是在陆地之上进行的。

战争的结果

美国宣战之后，一方面开始侵略加拿大；另一方面挥军打击西南部的

---

① 〔美〕艾伦·布林克利：《美国史（1492—1997）》，邵旭东译，海南出版社，2009，第207~210页。

印第安人势力。美国人的行动最初颇有成效，这是因为他们看准了时机，选在英国与拿破仑酣战而无暇抽身的时间点来发动战争。不过，美国人没有想到，拿破仑会入侵俄国自取灭亡。1812 年，拿破仑在俄国战败，导致他最终在 1814 年缴械投降。如果没有这一意外，美国本可能得到预想中的更大利益。而这一意外的发生破坏了美国的原有计划。麦迪逊后来承认，如果他能预见到拿破仑的迅速失败，那么是不会发动战争的。[①] 新生的美国，在军事力量上是无法与老牌帝国英国相抗衡的。英国在拿破仑投降之后，很快运用其军事能力给美国以沉重的打击。1814 年 8 月 21 日，英军攻入美国首都华盛顿，将其纵火焚烧。情势在此后变得明显，美国无法通过军事手段达到兼并加拿大的目标，而英国也因拿破仑战争负债累累筋疲力尽。因此双方随后寻求和谈，1814 年，签订了和平条约。史称 1812 年战争的这场战争就此结束。

这场战争有着多方面的深远后果。第一，美国摧毁了印第安人的抵抗，为向西部的大扩张铺平了道路。第二，战争证明了民兵制度的不可靠，证明了建立一支常备军的必要性。第三，战争期间的禁运政策，促进了美国工业的发展。第四，战争说明了在美国建立一个国家银行的必要性。[②] 正如近代史上的其他大规模战争一样，这场战争极大地加强了美国的国家能力，使美国的国家在内部建设中扮演了更重要的角色。麦迪逊对国家在国内事务中所扮演的新角色的思考将在本章第三节给予讨论，本节的下一小节将集中讨论麦迪逊对政府运行的对外的军事方面的思考。

（二）麦迪逊论战争

美国宪法第一条旨在建立正式政治制度的立法分支，第二条则旨在建立其执行分支。这一条包括四款。第一款规定美国的执行权应该授予一位总统，并且规定了总统的任期、报酬和选举方式等。第二款规定美国总统的各项权力：担任各武装部队的总司令；总统有权监管各部门事务；总统有权在取得参议院 2/3 多数同意的情况下缔结条约；总统有大

---

① 〔美〕孔华润主编《剑桥美国对外关系史》，王琛等译，新华出版社，2004，第 141 页。
② Kelly King Howes, *War of 1812*, Detroit: UXL, 2002, pp. 147−156.

使、最高法院法官等的人事任命权，但人选需要参议院同意；等等。第三款主要规定美国总统和国会的关系：总统应该不断向国会提交国情咨文（Information of the State of the Union），并且向议会推荐他认为必要和可行的措施供国会考虑；情况非常时，总统可召集两院或其中任何一院开会；总统应该接见大使和其他公使；总统应该监督法律严格执行；等等。第四款规定总统的罢免程序等。

可见，美国宪法规定了总统在军事、外交和行政等领域握有重要权力，但是没有规定总统应该如何决断战争与和平，以何种方式在外交领域活动，以及采取何种财政政策。

宪法未曾规定的这些问题在美国建国之后引发了深刻的争论。在战争与和平的问题上，联邦党人更倾向于与英国保持和平并与法国进行战争，[①]而共和党人更倾向于与法国保持和平并与英国进行战争。在财政领域，联邦党人倾向于采取促进国家发展的积极政策，而共和党人则倾向于减少开支，维持最小政府。[②] 在外交领域，杰斐逊作为总统，是否有权购买取得新领土包括路易斯安那的问题，也成为一个严重挑战。

宪法对美国政治制度应该如何运行没有明确的详细规定，由此引发的这些争论，关涉到美国政治制度能否继续存在这一重大的根本问题。

好战必亡

麦迪逊本人作为古今政治制度的研习者，以及孟德斯鸠的读者和批评者，明确地知道古代共和国如雅典和罗马是如何毁灭的。雅典和其他希腊小共和国的毁灭在于其公民德性的败坏，而这些共和国公民德性的败坏是由于安逸和财富的增长。[③] 罗马共和国与此不同，其毁灭是由于战争：战争导致了军事统治者的崛起，而后者最终将共和制度转变成了君主制度。

麦迪逊对导致共和制度灭亡的两种原因都深怀警惕。首先，麦迪逊关

---

① 〔美〕孔华润主编《剑桥美国对外关系史》，王琛等译，新华出版社，2004，第107页。

② 〔美〕艾伦·布林克利：《美国史（1492—1997）》，邵旭东译，海南出版社，2009，第181页。

③ 〔法〕孟德斯鸠：《论法的精神》（上册），张雁深译，商务印书馆，1959，第41、136页；〔法〕孟德斯鸠：《论法的精神》（下册），张雁深译，商务印书馆，1963，第3页。

注对公民德性的培育。① 他在其总统就职演说和国情咨文中也屡次提到美国的有德性的公民及其有德性的国会。② 一个共和国需要有德性的公民才能维持。其次，麦迪逊关注战争对共和制度的影响。战争会明显地加强军队的力量，而一支军队对公民的自由来说永远是一种可能的威胁，可能被用来压迫人民。发生在法国的事实证实了这一点。法国革命之后发生的连续战争，导致军队在法国内部事务中的分量不断加大，最后出现了拿破仑这样的军事领袖，于短短十余年间，将共和制的法国转变成了君主制的法国。

对一个共和国来说，为了避免自身的毁灭，在战争问题上再慎重也不为过。麦迪逊在论述政治制度的运行时，一再强调了自己和美国对和平的热爱，也强调了自己对战争的厌恶。在第一次总统就职演说中，麦迪逊突出了战争的"血腥而浪费"的令人厌恶的一面，并且强调说"美国没有展露任何侵犯他国的权利或安宁的激情；美国通过遵守正义而促进和平；美国通过极为不偏不倚地履行他们对交战国的中立职责，表达了对这些国家的尊重"③。在第四次国情咨文中，麦迪逊强调：

> 首要的是，我们因知道以下事实而得到无价的安慰：我们实际上加入的这场战争，既不是出于野心，也不是出于虚荣；它并不是为了侵犯其他民族的权利而进行的，而是为了保卫我们自己民族的权利而进行的；在战争之前，我们对没完没了不断加重的错误进行了史无前例的忍受，而且我们直到避免战争的希望由于英国政府的更迭而彻底断送之后才宣战，我们一直等到不列颠的代表重申敌对我们贸易权利和我们军事独立的那一法案不会被撤销的最后一刻才宣战；而且那一法案是不会被撤销的，因为那不仅将违背大不列颠对其他强权国家的

---

① James Madison, "Republican Distribution of Citizens," in Gaillard Hunt, ed., *The Writings of James Madison*, Vol. 6, New York: G. P. Putnam's Sons, 1906, pp. 96–99.

② James Madison, *The Writings of James Madison*, Vol. 8, Gaillard Hunt, ed., New York: G. P. Putnam's Sons, 1908.

③ James Madison, "First Inaugural Address," in Gaillard Hunt, ed., *The Writings of James Madison*, Vol. 8, New York: G. P. Putnam's Sons, 1908, pp. 47–48.

责任，而且将违背大不列颠自身的利益。①

在第二次总统就职演说中，麦迪逊强调，美国是在忍无可忍的情况下才宣战的。② 在第五次国情咨文中，麦迪逊指出，美国在英美战争期间仍然寻求和平，只是在英国不想要和平的情况下，美国才不得不继续进行战争。③ 在第七次国情咨文中，麦迪逊在此强调了美国对和平的热爱和"对其他国家权利的尊重"。④

麦迪逊在战争与和平这一重大问题上，偏爱和平远过于战争。这使麦迪逊成为一个特殊的执行官。一般来说，因为战争可以扩大首席执行官的权力，是他争取荣誉的绝佳机会，而他又不需要为战争付出个人代价，所以执行官普遍有偏爱战争的强大倾向。美国宪法规定宣战权属于国会，正是为了制约执行官的这一倾向。麦迪逊之所以偏爱和平胜过战争，是因为他对国家利益和幸福的理解，压倒了他在执行官任上所受的强大影响。在就职演说和国情咨文中，麦迪逊屡次表达了对共和制度的忠诚，对共和制度的忠诚意味着偏爱和平胜过战争。

"永久和平"

在《永久和平》一文中，麦迪逊探讨了共和制度下的国家偏爱和平这一重要问题。⑤ 首先，麦迪逊批评了战争的罪恶，并强调了寻求永久结束战争的办法的必要性："战争包含了如此之多的愚蠢和邪恶，以至于我们热切地期待理智的进步能终结战争；而且，如果我们期待它，那就应该尝

---

① James Madison, "Fourth Annual Message," in Gaillard Hunt, ed., *The Writings of James Madison*, Vol. 8, New York: G. P. Putnam's Sons, 1908, p. 230.

② James Madison, "Second Inaugural Address," in Gaillard Hunt, ed., *The Writings of James Madison*, Vol. 8, New York: G. P. Putnam's Sons, 1908, pp. 235-239.

③ James Madison, "Fifth Annual Message," in Gaillard Hunt, ed., *The Writings of James Madison*, Vol. 8, New York: G. P. Putnam's Sons, 1908, pp. 265-266.

④ James Madison, "Seventh Annual Message," in Gaillard Hunt, ed., *The Writings of James Madison*, Vol. 8, New York: G. P. Putnam's Sons, 1908, p. 340.

⑤ James Madison, "Universal Peace," in Gaillard Hunt, ed., *The Writings of James Madison*, Vol. 6, New York: G. P. Putnam's Sons, 1906, pp. 88-91.

试能尝试的一切方法。"① 为了结束愚蠢而邪恶的战争，麦迪逊对战争做了分类："战争应该可以分为两类：一类仅仅来自政府的意志，另一类来自社会本身的意志。"② 麦迪逊指出，卢梭认为可以采取建立主权国家联盟的方式来结束战争，但由于前一种战争的存在，卢梭的这一方法是不够的：

> 他应该说，当战争取决于与社群的情感相违背，并且不受其控制的那些人的野心、复仇心、贪婪或者突发奇想的时候，当战争是由那些花费而非提供公共财富的那些人宣告的时候，当战争是由那些控制而非支持公共武装的人宣告的时候，当战争是由那些大权在握而非饱受约束的人宣告的时候，战争这种疾病，以及制造这种疾病的政府，必定会世代相传、绵延不绝。要治好这种疾病，第一步是要重造政府。③

麦迪逊在此无异于说，当一个国家的政治制度是君主制的时候，那么战争是不可避免的。只有当政治制度是共和制的时候，第一类战争才是可能避免的。此外，麦迪逊认为，第二类战争的避免需要有所不同的方法：

> 另一种因公共意志而起的战争，更难疗救。不过，仍有解毒剂可能有效。正如第一种战争要通过使政府的意志服从社会的意志来防止，第二种战争只能通过使社会的意志服从于社会的理智、通过建立恒久而合宪的行为准则来控制，这种准则可能胜过偶然的印象和未经熟虑的追求。④

麦迪逊进一步阐明了此处所谓恒久而合宪的行为准则的含义："战争

---

① James Madison, "Universal Peace," in Gaillard Hunt, ed., *The Writings of James Madison*, Vol. 6, New York: G. P. Putnam's Sons, 1906, pp. 88-89.

② James Madison, "Universal Peace," in Gaillard Hunt, ed., *The Writings of James Madison*, Vol. 6, New York: G. P. Putnam's Sons, 1906, p. 89.

③ James Madison, "Universal Peace," in Gaillard Hunt, ed., *The Writings of James Madison*, Vol. 6, New York: G. P. Putnam's Sons, 1906, p. 89.

④ James Madison, "Universal Peace," in Gaillard Hunt, ed., *The Writings of James Madison*, Vol. 6, New York: G. P. Putnam's Sons, 1906, pp. 89-90.

只应该由人民的权威而非政府来宣告：每一代人都应该承担他们自己战争的重负，而不应该以后代为代价将战争继续下去。"① 只要强迫每一代人都承担他们自己战争的重负，那么他们就会理智起来，不会轻易发动战争。

麦迪逊认为，在将各国政府改造为共和政府，并且使每一代人都承担自己战争的重负，通过将借债和收税设计得更为清楚透明，而不是让人们无法察觉自己正在支付战争费用的情况下，战争就会最终被消灭：

> 如果一个民族如此约束于自身，出于贪婪肯定会去计算野心的代价；这些激情互相制衡的话，理性将自由地以公共利益为目标而做决定；而国家将得到丰厚的回报：第一，它将得以避免愚蠢的战争；第二，由此节省的资源将使出于必要和防御的战争更有成效。如果所有民族都追随这个榜样，那么每一方都将得到回报；而雅努斯的神庙可以关闭，并且不再开启。②

麦迪逊在理论中清晰地表达了和平相对于战争的优先性质，表达了他对能够消灭和减少战争的共和制度的赞美和忠诚，以及最后但并非最不重要的，表达了在一个非理想世界中一个共和国家进行防御战争的必要性。

防御性的战争

麦迪逊在总统任上运行美国政治制度期间，极力贯彻了他在《永久和平》这一论文中对战争与和平这一重大主题的思考。相对于受野心、贪婪和愚蠢驱使的那些发动战争的古代和现代政治家，麦迪逊可以说是在战争这一重大问题应用理性，并在实践中贯彻一种政治理论的极少数政治家之一。

麦迪逊的所作所为体现了人类历史中的一个重要进步。麦迪逊充分意识到了他的行为在人类历史中的地位。在第四次国情咨文中，麦迪逊痛斥

---

① James Madison, "Universal Peace," in Gaillard Hunt, ed., *The Writings of James Madison*, Vol. 6, New York: G. P. Putnam's Sons, 1906, p. 90.

② James Madison, "Universal Peace," in Gaillard Hunt, ed., *The Writings of James Madison*, Vol. 6, New York: G. P. Putnam's Sons, 1906, pp. 90-91.

英国的野蛮战争行径与一个"启蒙了的时代"不相符。① 亦即麦迪逊充分意识到他是在一个启蒙了的时代进行战争。麦迪逊担任总统时所处的时代，是一个孟德斯鸠、伏尔泰、卢梭、休谟和斯密等启蒙运动思想家的时代，是贡斯当意识到现代人相对于古代人的巨大进步的时代，是西方即将迎来前所未有的巨大繁荣发展的 19 世纪的初期。在这样一个时代之前，政治问题，特别是战争与和平的问题，从未受到任何一个重要思想家的政治理论的影响。精研古今历史的当时的理论家和实践家如麦迪逊等人，为古代共和国尤其是罗马的不理智战争行为惋惜，也为现代欧洲君主国的战争狂热而感到厌恶。

麦迪逊等人，可能是有史以来想要用理智和政治理论来决定战争与和平问题的第一代人。麦迪逊对他的战争理论的忠诚，不仅寄托着对人类永久和平的美好未来的愿望，而且包含着他对美国的共和政治制度的忠诚。

麦迪逊极力避免战争，是为了美国正式政治制度的长久保存。而麦迪逊推动对英国的 1812 年战争，则是为了在一个非完美不理想的现实政治世界中保护美国的政治制度。麦迪逊的思考和实践清晰地说明，运行美国政治制度的一个至关重要的方面，是审慎明智地决定战争与和平的问题，而美国政治制度的长久保存，依赖于有德性的忠实于这种政治制度的人的运行。

麦迪逊从上任总统的第一天开始，就不得不面对战争与和平这一重大问题的挑战，也正是在一开始就确立了自己对共和主义政治制度的忠诚，并且确立了自己对维持这一政治制度所必需的对和平的偏爱。在第一次总统就职演说中，他阐明了自己应对英法战争给美国造成的艰难困境的一些基本原则，包括珍惜和平以及与一切国家的友好交往，对交战双方的公正中立，在一切情况下都偏爱友善的讨论而非诉诸武力，排除外国的对美国内部决定的有害影响，发展一种独立的精神（由于公正而不会侵犯其他国家的权利，同时由于骄傲而不会放弃自己的权利），坚信各州的联盟是其和平与幸福的基础，支持宪法（这一宪法是联盟的黏合剂，规定了联邦政

---

① James Madison, "Fourth Annual Message," in Gaillard Hunt, ed., *The Writings of James Madison*, Vol. 8, New York: G. P. Putnam's Sons, 1908, p. 223.

府的权力与所受限制），等等。①

麦迪逊在其后运行政治制度的过程中，尽力严格执行这些最初所承诺的原则。他最初尽力以外交手段解决英法两国对美国贸易、权利和公民所造成的严重的损害，同时也尽力加强美国的军备建设和军事力量。当一切外交手段都付诸无效的情况下，麦迪逊才严格按照宪法规定的流程，建议国会对英国进行一场防御性的战争。

麦迪逊在 1812 年 6 月 1 日建议国会进行战争的"特别信息"中严格地将 1812 年战争定性为一场防御性的正义战争。② 他首先说明，战争的起因是英国的不正义行为。英国对作为一个独立并中立的国家的美国，不断散播敌意，并不断进行敌对行为。这些行为主要包括强制征兵和禁运两项。首先，英国强制搜查美国船只，将船上水手强征为海军士兵，这不仅违反国际法，而且违反人的神圣权利。其次，英国禁止美国船只与欧洲大陆的贸易，这损害了美国的贸易。英国声称这两项严重损害美国利益和权利的措施，是出于对抗法国的必要。但是麦迪逊指出，英国的理由并不能自圆其说。首先，英国的船只自身就为法国提供供应，因此禁止美国船只与欧洲贸易的理由是说不过去的。麦迪逊认为，英国禁止美国与欧洲贸易的真正原因，是"美国的贸易会破坏英国非分妄想的在贸易和海运上的垄断"③。其次，麦迪逊相信，英国政府这些措施的背后，是"要阴谋颠覆我们的政府并使我们的幸福联盟解体"④。最后，英国还帮助印第安人打击美国，这显然也不能根据对法国战争的需要来解释。总之，英国是两国争端的肇事者，而美国处在防守的地位上。麦迪逊相信，美国已经尽到了最大的外交努力以使英国停止其错误行为。但是一切外交手段都付诸无用，拖延的结果只是伤害不断扩大。麦迪逊总结说，"我们相信，事实上，大不列颠这边对美国已经处在战争状态，而美国这边对大不列颠仍然

---

① James Madison, "First Inaugural Address," in Gaillard Hunt, ed., *The Writings of James Madison*, Vol. 8, New York: G. P. Putnam's Sons, 1908, p. 47.

② James Madison, "Special Message to Congress," in Gaillard Hunt, ed., *The Writings of James Madison*, Vol. 8, New York: G. P. Putnam's Sons, 1908, pp. 192-201.

③ James Madison, "Special Message to Congress," in Gaillard Hunt, ed., *The Writings of James Madison*, Vol. 8, New York: G. P. Putnam's Sons, 1908, p. 196.

④ James Madison, "Special Message to Congress," in Gaillard Hunt, ed., *The Writings of James Madison*, Vol. 8, New York: G. P. Putnam's Sons, 1908, p. 198.

处在和平状态"①。也就是说，麦迪逊相信，在这场战争中，虽然是美国首先宣战，但战争的实际发起者是英国，而美国所进行的不过是一场防御性的战争。

麦迪逊在其第四次国情咨文中，进一步强调美国是被迫进行了一场自卫反击战争："美利坚联邦已经由于一个外国强权持续不断的系统的不正义行为和侵犯行为而被迫进入了战争状态"。② 在第二次总统就职演说中，麦迪逊再次强调，美国是在忍无可忍的情况下等到最后一刻才进行战争的。③ 麦迪逊还强调，"战争的起因是正义的，其目标是必要而高贵的"。④

麦迪逊没有赋予他所主导的1812年战争以防御之外的更高意义。麦迪逊在运行政治制度进行战争的过程中，主要着眼的始终是防卫美国的利益和美国的政治制度。在战争结束之后的1815年，麦迪逊在第七次国情咨文的最后，强调指出，公共福利的护卫者们，应该保持与其他国家的友好关系，同时也应该珍惜那些"保卫着他们的安全与自由（包括公民自由和宗教自由）的政治制度"⑤。

在1816年第八次也是最后一次国情咨文的末尾，麦迪逊再次强调了美国正式政治制度的重要性。麦迪逊首先满意地评论道，美国在国内和国外目前都安享和平。他还骄傲地看到美国已经安全而成功地作为一个独立国家达40年之久，而且在接近一代人的时间里，美国人已经经验了现有宪法。然后麦迪逊评述了这个宪法所确立的政治制度的基本形式：它"结合了联邦制的原则和选举的原则，在公共力量和个人之间取得了和谐"⑥。这个政治制度使美国有能力在反击不公正的战争中保卫其自身的权利，并扩张其领土。麦迪逊为美国人民对真正的自由、对美国宪法的忠诚感到高

① James Madison, "Special Message to Congress," in Gaillard Hunt, ed., *The Writings of James Madison*, Vol. 8, New York: G. P. Putnam's Sons, 1908, p. 199.

② James Madison, "Fourth Annual Message," in Gaillard Hunt, ed., *The Writings of James Madison*, Vol. 8, New York: G. P. Putnam's Sons, 1908, p. 221.

③ James Madison, "Second Inaugural Address," in Gaillard Hunt, ed., *The Writings of James Madison*, Vol. 8, New York: G. P. Putnam's Sons, 1908, p. 236.

④ James Madison, "Second Inaugural Address," in Gaillard Hunt, ed., *The Writings of James Madison*, Vol. 8, New York: G. P. Putnam's Sons, 1908, pp. 236-237.

⑤ James Madison, "Seventh Annual Message," in Gaillard Hunt, ed., *The Writings of James Madison*, Vol. 8, New York: G. P. Putnam's Sons, 1908, p. 344.

⑥ James Madison, "Eighth Annual Message," in Gaillard Hunt, ed., *The Writings of James Madison*, Vol. 8, New York: G. P. Putnam's Sons, 1908, p. 384.

兴。麦迪逊指出，这部宪法是美国人民的自由的保障，它将使美国拥有这样一种政府，"其唯一目的是公共的善"，"它将照管选举的纯洁、言论和出版的自由、陪审团审判以及政教分离"，"它将对公共信念的准则、对个人的人身与财产安全秋毫无犯，它将鼓励知识的传播（知识的传播将保障公共自由的长存，将使有幸拥有它的人享有幸福）"，"它将避免打扰其他民族的内部安宁，将击退对其内部安宁的打扰"，它将公正地对待其他民族，而且"在一个启蒙的时代和其有德性人民的情感的规定之下"将力求安享和平。① 麦迪逊最后总结说，"一言以蔽之，这个政府在国内和国外的行为，都将昭示出人类一切野心中之最高贵者——在地球上促进和平，并促进对人类的良好意愿"②。

麦迪逊在此公开表达了他对宪法和政府的行为、对政治制度的建立和运行的思考：一个自由的共和国以明确的法律确立其政府的形式和运行规则之后，这一政府的运行应该严格遵循这些规则。政治制度的建立和运行是不可分离的一体两面：人民建立政治制度是为了让它行动起来，而政府的行为必须接受正式政治制度的明确约束。

对于这一政治制度是否能够成功，麦迪逊本人并没有万全的把握。麦迪逊在退休之后的 1817 年 5 月 22 日致前总统约翰·亚当斯的一封信中，将美国建立新政治制度的尝试称为一种"政治实验"：

> 现在需要确定的伟大问题是，关系到人类的空前重要的这一政治实验：对政府的权力在组成方式不同的实体间进行恰当的分割和分配，使其互相监督制衡，并使其存在全部来源于选举的原则，使其在确定任期之内对选民负责，是否足以实现秩序、正义和普遍的善的目的。③

麦迪逊不能确定这一实验是否能够成功，是因为这一实验没有先例：

---

① James Madison, "Eighth Annual Message," in Gaillard Hunt, ed., *The Writings of James Madison*, Vol. 8, New York: G. P. Putnam's Sons, 1908, pp. 384-385.

② James Madison, "Eighth Annual Message," in Gaillard Hunt, ed., *The Writings of James Madison*, Vol. 8, New York: G. P. Putnam's Sons, 1908, p. 385.

③ James Madison, "To John Adams," in Gaillard Hunt, ed., *The Writings of James Madison*, Vol. 8, New York: G. P. Putnam's Sons, 1908, p. 391.

麦迪逊清楚地认识到美国是世界历史上第一个采取这一新政治制度的国家。麦迪逊看到，美国的宽广幅员有利于这一制度的成功，因为它会"防止邪恶激情的恶劣影响"，而美国的联邦制度对它也是有利的，因为它使权力更为分散，并加强了政府内部的互相制衡。① 此外，麦迪逊还期待着"舆论和习惯的力量"的帮助，麦迪逊希望舆论和习惯始终能够与美国的政治制度结为同盟。② 麦迪逊作为首席执行官，在运行这一政治制度的过程中，保持了对这一制度的忠诚。③

三　麦迪逊和美国的经济发展

麦迪逊力主发动的防御性的 1812 年战争可以说取得了胜利。如欧文·布兰特所说，这场战争结束之后，美国达到了发动战争所要达到的三个主要目的：令英国取消窒息美国对外贸易的禁运政策，迫使英国放弃强制征收服务于美国船只的水手为水兵的政策，以及使英国停止武装西北地区的印第安人。④ 因此，美国人在获胜之后大都感到满意和骄傲。⑤

但是这场战争带来的不只是胜利。这场被迫进行的战争改变了麦迪逊及其领导的共和党对国内事务的看法。如威尔士所说，对共和党来说，"如果反对中央集权化、反对联邦权力、反对国家民族主义对他们的政策是至关重要的，那么约·兰道夫说他们在赢得胜利的同时失去了灵魂就是

---

① James Madison, "To John Adams," in Gaillard Hunt, ed., *The Writings of James Madison*, Vol. 8, New York: G. P. Putnam's Sons, 1908, p. 391.

② James Madison, "To John Adams," in Gaillard Hunt, ed., *The Writings of James Madison*, Vol. 8, New York: G. P. Putnam's Sons, 1908, pp. 391–392.

③ 麦迪逊不仅决定要捍卫新生的美国这一共和制的国家，而且决心要在战争中捍卫共和制的原则本身。麦迪逊对共和制原则的捍卫，有着非常重要的后果。长远来看，正是这一原则使美国最终将早期的"战争部"改称现在的"国防部"，也正是这一原则使中国传统的"兵部"最终转变为今天的"国防部"。

④ Irving Brant, "Madison and the War of 1812," *The Virginia Magazine of History and Biography*, Vol. 74, No. 1, 1966, p. 56.

⑤ Irving Brant, "Madison and the War of 1812," *The Virginia Magazine of History and Biography*, Vol. 74, No. 1, 1966, pp. 53–54. Kelly King Howes, *War of 1812*, Detroit: UXL, 2002, pp. 156–158.

很有道理的"①。

诚然，麦迪逊从未像他的一些共和党同道一样，对中央集权和联邦权力的扩大抱有如此强烈的敌视。正如本书之前所指出的，麦迪逊在建立美国新政治制度的过程中，一开始支持的"弗吉尼亚方案"所意图建立的，是一个更强大的联邦政府，甚至可以说是一个去除了联邦色彩的单一制的全国政府。美国政治制度的联邦成分，在麦迪逊看来，并不是他设计的结果，而是他不情愿接受的政治妥协的结果。但是麦迪逊在宪法通过之后，忠实于宪法本身，而不是他自己的政治蓝图，因此和杰斐逊一道反对国家银行、公共债务、正规军、制造业、过于强大的联邦政府，以及对宪法的随意解释。

所有这些主张都被这场战争颠覆了。如威尔士所说，"共和党反对的所有这些在战争后都很稳定地回到了原位。麦迪逊1816年的计划包括对制造业的关税保护、常备军队制、为海军添置新船，以及对国内进步势力的保护"②。也正如布林克利所说，麦迪逊和杰斐逊等人的计划"几乎无一得以实现"，而共和党"为适应新的事实，他们逐渐成为自身曾抵抗的美国社会改革的代理"③。

麦迪逊精研古代历史，看到战争对共和国的破坏性影响。麦迪逊没有预料到的是，在现代，战争会对共和国造成建设性的影响。在现代，由于科学、工业、资本主义的发展，战争在毁灭法国第一共和国和魏玛共和国等国的共和制度之外，也加强了美国等国的共和制度。麦迪逊看到，对美国自由的共和制度的"每一次考验都加强了美国各州的联盟，后者是全国和每一个别州的自由与安全的保卫者"④。战争不仅如麦迪逊所论述的那样，加强了作为自由与安全的保卫者的政治制度，而且加强了作为国内经济发展的促进和执行者的政治制度。

美国政治制度在运行中的这一角色变化，改变了麦迪逊对正式政治制

---

① 〔美〕加利·威尔士：《美国宪法之父：詹姆斯·麦迪逊传》，刘红、冉红英译，安徽教育出版社，2006，第161~162页。

② 〔美〕加利·威尔士：《美国宪法之父：詹姆斯·麦迪逊传》，刘红、冉红英译，安徽教育出版社，2006，第162页。

③ 〔美〕艾伦·布林克利：《美国史（1492—1997）》，邵旭东译，海南出版社，2009，第181页。

④ James Madison, "Fifth Annual Message," in Gaillard Hunt, ed., *The Writings of James Madison*, Vol. 8, New York: G. P. Putnam's Sons, 1908, p. 274.

度的看法。麦迪逊为此甚至设想，需要通过一次宪法修正案来改变原初的政治制度。这一修正案最终没有通过，使美国正式政治制度在形式上没有发生变化的情况下，在实质上发生了变化。政治制度在此表现出了易变的一面。

（一）美国的政治制度与《红利法案》

美国宪法规定政府是一种有限政府，其权力在宪法中一一列出。宪法第一条第八款列举了美国国会享有的各项权力，其中与美国国内经济建设有一定关系的只有两种：第一种是设立邮政，修筑邮路；第二种是保护著作权和专利权。宪法第二条授予美国总统的权力也集中在外交、军事和人事任免等方面。

显然，宪法并没有赋予美国政府深入干预国内经济发展的权力。因此，如果严格解释美国宪法，那么在近年来的金融危机中，美国政府多方面干预经济的做法，无疑是严重违宪的。今天的美国联邦政府的权力，运行在福山所列举的如下全部领域：提供公共产品；国防、法律及秩序；财产权保护；宏观调控；公共卫生；增进公平；保护穷人；应对经济外部性；教育、环境保护；反垄断；职业教育；社会保险；产业政策和财富再分配。[①] 美国联邦政府的这种权力扩张，并非一蹴而就，而是在两个多世纪的历史过程中逐渐实现的。

美国政府权力的这种扩张，不仅极大地改变了美国的政治制度本身，而且极大地改变了人们对宪法的理解。在建国早期，麦迪逊等人可以坚定地认为，美国宪法确立了美国的政治制度，而美国的政治制度严格地体现了美国宪法。而在今天，这种看法会被当代政治科学家贬称为"旧制度主义"，被认为是一种严重过时的看法。这种看法受到否定的基础，正是政治制度的变化，尤其是联邦政府权力的扩张导致的，宪法不再可以被看成美国政治制度的准确描述的问题。为了在今天理解麦迪逊于200多年以前所确立的这一宪法，我们不得不考虑这一重大问题。

---

① 〔美〕弗朗西斯·福山：《国家构建：21世纪的国家治理与世界秩序》，黄胜强、许铭原译，中国社会科学出版社，2007，第9页。

麦迪逊和他的许多同时代人，在1812年战争之后立刻就感受到了扩张政府权力的压力。战争暴露了美国的金融体系和运输体系的缺陷，证明了建立一个国家银行和改善全国陆地和水上交通网的必要性。[①] 战争带来的这种压力，由于经济发展的需要而加强了。19世纪，交通改善都变成了世界各地的经济发展的中心环节，美国也不自外于这一潮流。[②] 同时，战后的通货膨胀也加强了建立国家银行的必要性。[③] 政府为了完成这两项任务，必须将权力扩展到宪法所授权的领域之外。

反对政府扩权

政府权力的这种扩张受到了强烈的抵制。这种抵制有一部分来自麦迪逊所创立的共和党。麦迪逊创立共和党的初衷是反对汉密尔顿等人的联邦党。麦迪逊所针对的，主要正是汉密尔顿等人建立国家银行，以及使联邦政府在促进国内经济发展中扮演积极角色的政策。[④] 在杰斐逊担任总统、共和党在国会中也胜过联邦党的时期，他们实践的也正是自己早先所主张的政策。杰斐逊缩减了政府规模，梦想美国变成一个不需要政府进行大规模干预的自给自足的农业社会。麦迪逊在执政的早期也继续了这样的政策。麦迪逊政府在早期一直主要运行在外交与军事领域，并没有提出政府应该干预经济发展的主张。与此同时，麦迪逊的共和党中的多数也一直赞同这样一类政策。因此，当联邦党所设立的美国第一银行的营业执照有效期在1811年到期的时候，共和党控制的国会并没有为其延长。这导致了美国第一银行的解散。[⑤]

一些反对政府扩张权力的人，因为战争而改变了态度，但也有许多人

---

① 〔美〕艾伦·布林克利：《美国史（1492—1997）》，邵旭东译，海南出版社，2009，第168页。

② 〔美〕斯坦利·L.恩格尔曼、罗伯特·E.高尔曼主编《剑桥美国经济史（第2卷）：漫长的19世纪》，王珏、李淑清译，中国人民大学出版社，2008，第58页。

③ 〔美〕斯坦利·L.恩格尔曼、罗伯特·E.高尔曼主编《剑桥美国经济史（第2卷）：漫长的19世纪》，王珏、李淑清译，中国人民大学出版社，2008，第655~656页。

④ 〔美〕艾伦·布林克利：《美国史（1492—1997）》，邵旭东译，海南出版社，2009，第168~169页。

⑤ 〔美〕斯坦利·L.恩格尔曼、罗伯特·E.高尔曼主编《剑桥美国经济史（第2卷）：漫长的19世纪》，王珏、李淑清译，中国人民大学出版社，2008，第454页。

并没有因此而改变态度。后者在当时成为一种强大的反对力量，而这种反对政府扩张权力的派别在美国政治中此后一直存在，在今天也仍然是美国政治中一股不容忽视的力量。每当政府试图扩张权力的时候，他们都会站出来反对，而他们的主要根据，是美国宪法规定美国政府是一种有限政府，而非一种可以无限扩张权力的政府。①

《红利法案》

支持扩张政府权力的人们，与反对派展开了激烈的斗争。支持者后来在 19 世纪 20 年代发展为所谓的国家共和党，而杰斐逊旧观点的支持者则发展为所谓的旧共和党。② 共和党内的这种分裂，最初是在《红利法案》的问题上爆发出来的。如叶凡美所指出的，"1816 年 12 月，来自南卡罗来纳州的众议员约翰·卡尔霍恩向国会提出一项议案：将新成立的全国银行付给联邦政府的 150 万美元红利及未来该银行将陆续支付给联邦政府的股息设立为一个永久基金，用于修建全国的公路和运河；国会日后可进行相关的具体拨款"③。这一法案的正式名称是《为内部改进而采取分割并抵押资金的方式设立基金的法案》，而后世则被简称为《红利法案》。④ 这一法案在国会中引起了尖锐而激烈的斗争。在激烈斗争之后，这一法案最终以美国国会政治中惯有的妥协方式，在修改之后得到了通过。但是出乎所有人预料的是，看来赞成法案的麦迪逊，却在其任期的末尾即 1817 年 3 月 3 日，动用宪法赋予总统的否决权否决了这一法案。

麦迪逊的调整

麦迪逊的行为给人留下了自相矛盾的印象。他用以否定《红利法案》

---

① John Samples, ed., *James Madison and the Future of Limited Government*, Washington: Cato Institute, 2002.

② 〔美〕加里·纳什等编著《美国人民：创建一个国家和一种社会（第 6 版）上卷》，刘德斌主译，刘德斌、华东波审校，北京大学出版社，2008，第 305~306 页。

③ 叶凡美：《詹姆斯·麦迪逊总统对〈红利法案〉的否决》，《史学月刊》2008 年第 7 期，第 84 页。

④ James Madison, "Veto Message," in Gaillard Hunt, ed., *The Writings of James Madison*, Vol. 8, New York: G. P. Putnam's Sons, 1908, p. 386.

的理由，是宪法没有赋予国会相应的权力。但是他在1816年批准了美国第二银行的建立，而宪法同样没有赋予联邦政府这一权力。麦迪逊在这两件事情上对宪法适用性的宽严不同的解释，让后人不断猜测他行为背后是否存在一些隐秘的动机。叶凡美深究麦迪逊的这一自相矛盾，认为麦迪逊个人同时赞同建立银行和设立基金改进内部交通两项政策，而麦迪逊之所以批准前者，否决后者，是因为前者有先例可以为其提供充足的正当性，而后者并没有先例。① 这一解释令人信服。但如果我们接受这一解释，会立刻面临麦迪逊思想中的另一矛盾：麦迪逊如何从建立银行和干预经济的反对者，转变为支持者？

这一命题自19世纪以来激发了很多争论。如威尔士所指出的，亨利·亚当斯对麦迪逊这一前后矛盾的解释是，麦迪逊的政治思想发生了彻底的转变，从共和主义转变成了联邦主义。② 亚当斯的这一判断是在19世纪政府规模仍然较小，并且政府对经济的干预仍然不多的背景之下做出的，并不能让今天的学者满意。今天的学者们会看到，美国建国初期的共和党和联邦党的分歧，从长期的趋势下看并不重要。如威尔士所言，"在1815年，无论是联邦主义赢了还是共和主义赢了，几乎都没有什么意义。他们其实都没有赢，国家主义赢了。战争逐渐销蚀掉了人们在判断事物时所持有的纯粹的意识形态的标签"③。长期来看，美国如同世界上的其他国家一样，都要经历现代化的过程，都要成为一个拥有强大的常备军和税收系统、提供诸多基本的福利保障、对经济和社会领域的诸多方面进行深度干预的国家。

麦迪逊要面对的，并不是一个共和主义和联邦主义的两难选择，而是在从农业社会到工业社会的变迁中，政治制度如何调整以适应社会发展的全球性问题。在美国建国的时候，美国社会仍然是一个农业社会，而在21世纪的今天，美国的社会已经是一个经过了工业化和信息化浪潮洗礼的社会了。这两种社会对政治制度的要求并非完全相同，但也绝非完全不同。

---

① 叶凡美：《詹姆斯·麦迪逊总统对〈红利法案〉的否决》，《史学月刊》2008年第7期，第86页。

② 〔美〕加利·威尔士：《美国宪法之父：詹姆斯·麦迪逊传》，刘红、冉红英译，安徽教育出版社，2006，第165~166页。

③ 〔美〕加利·威尔士：《美国宪法之父：詹姆斯·麦迪逊传》，刘红、冉红英译，安徽教育出版社，2006，第167页。

事实上，虽然美国的宪法一直保持了稳定，但是今天的美国政治制度，与美国建国早期的政治制度已经极为不同。麦迪逊在担任总统这一职位的时候所面对的新问题，导致他的政治理论进行了一定的调整。这种调整在今天看来意义重大。

（二）麦迪逊论政治制度与经济建设

美国宪法并没有赋予联邦政府深度干预经济的权力，麦迪逊等建国者设计宪法时所设想的是一个典型的小的政府。相应的，美国执行部门早期只有国务院、战争部和财政部这三个部门，而并没有为促进经济建设所设立的部门。因此，美国早期联邦政府既没有正当的权力，也没有可用的机构去干预经济发展。

美国的宪法对经济建设着墨甚少，甚至可以说没有提及。其原因之一，是在 18 世纪之前，全世界都并没有经历过 19 世纪工业革命以后的人们所经历的那种长期稳定高速的经济增长。在 19 世纪之前，经济没有增长，相应的，政府也没有太多手段可以促进这种增长，因此各国政府中都没有设立促进经济建设的部门。

麦迪逊的施政纲领

麦迪逊担任总统是在 19 世纪初，正是西方社会从农业社会到工业社会转型的初期。麦迪逊相应地也感受到了社会转型及其带来的对原初政治制度的挑战。在第一次总统就职演说中，麦迪逊提出了自己的施政纲领，其中就包括一条经济建设方面的内容："要以被许可的方法促进农业、制造业和内部贸易的发展"[①]。这一纲领明确地说明，麦迪逊注意到了促进经济建设已经成为政府需要关注的问题。但是这一纲领最初只是表明了一种态度，而并没有变成实际的政策。

麦迪逊在执政早期，将与英法的外交争端以及因之而导致的战争看作

---

① James Madison，"First Inaugural Address," in Gaillard Hunt, ed., *The Writings of James Madison*, Vol. 8, New York: G. P. Putnam's Sons, 1908, p. 49.

要处理的主要问题，将美国早期的小政府的主要资源都投入其中，并没有出台促进经济发展的实质性重要政策。在致国会的第一次国情咨文中，麦迪逊谈道，美国国内目前到处都能看到"持续的改进"，但是并没有谈到这些持续的改进与美国政府的行为有什么关系。① 事实是，英法两国敌对性的禁运政策，导致美国进口减少，间接促进了美国制造业的发展去填补市场空缺。麦迪逊对此乐见其成，因为它减少了美国对外国产品的依赖，离他理想中的自给自足的美国社会更接近了一步。麦迪逊在致国会的第二次国情咨文中，表现出了与发表第一次国情咨文时大体一致的立场。麦迪逊在此为美国国内的繁荣发展表示高兴，指出美国制造业的产品正在对外国产品造成替代效应。与第一次国情咨文有所不同的是，麦迪逊建议国会考虑建立关税壁垒来保护国内幼稚的制造业。② 考察麦迪逊的这一建议，可以看到，总统对国会的建议权和国会管理贸易的权力都是宪法明文授予的，因此麦迪逊提出这一建议时，是严格地在宪法规定的范围内运行政府的。在当政第三年致国会的第三次国情咨文中，麦迪逊再次赞扬了国内制造业的发展，并且说明这一发展是在"不可持久的原因"亦即禁运造成的贸易壁垒下，而非政府的有计划干预之下取得的。③ 而且麦迪逊再一次从美国制造业对国外产品的替代这一角度来看待这种发展。麦迪逊指出，不论是从满足国防需求还是国内基本需求的角度，"国家利益"都要求"我们不应该不必要地依赖国外的产品供应"④。

因此，麦迪逊在前三次的国情咨文中，并没有将促进国内的经济发展视为政府的主要任务。他是从减少对外国产品的依赖这一视角看待美国国内制造业的发展的，而他建议联邦政府采取的促进制造业的措施，也仅限于设立关税壁垒这合乎宪法的单一手段。在第四次国情咨文中，麦迪逊关于促进国内发展的想法得到了进一步展现。麦迪逊首先表示要感谢神的恩

---

① James Madison, "First Annual Message," in Gaillard Hunt, ed., *The Writings of James Madison*, Vol. 8, New York: G. P. Putnam's Sons, 1908, p. 84.

② James Madison, "Second Annual Message," in Gaillard Hunt, ed., *The Writings of James Madison*, Vol. 8, New York: G. P. Putnam's Sons, 1908, p. 126.

③ James Madison, "Third Annual Message," in Gaillard Hunt, ed., *The Writings of James Madison*, Vol. 8, New York: G. P. Putnam's Sons, 1908, p. 163.

④ James Madison, "Third Annual Message," in Gaillard Hunt, ed., *The Writings of James Madison*, Vol. 8, New York: G. P. Putnam's Sons, 1908, p. 164.

惠，感谢的原因是其居民的健康水平和地球奖励给其耕作者的大量收获。然后麦迪逊表示，对"劳作的其他分支的成功培育"（successful cultivation of other branches of industry），以及"有利于国家繁荣的普遍改进的进步"，也应该表示祝贺与感谢。① 可见，麦迪逊首先看重的是农业，制造业只是处在相对次要的位置上。在第五次国情咨文中，麦迪逊的态度表现得同样明显。在这篇国情咨文中麦迪逊列举了应该感谢的事物，包括遍布美国土地上的富饶，国民的健康，内部和平，自由制度的稳定，以及每一个人的良心和宗教自由。② 显然，麦迪逊更看重的是与土地密切相关的农业生产，而并没有把制造业的大发展看作美国社会中最为重要的因素之一。由于农业的改进与政府关系有限，因此麦迪逊也并没有提出政府介入经济领域的计划。尽管如此，麦迪逊还是谈到了美国国内制造业的改进。不过麦迪逊也只是重复了之前的看法，即与外国特别是英国的争端导致的贸易收缩，促进了美国制造业的发展。③ 麦迪逊发表第六次国情咨文时，战争正在紧张激烈又即将结束的紧要关头，因此对内政方面只字未提。

新计划

麦迪逊的态度在英美战争结束之后发生了变化。麦迪逊在 1814 年结束英美战争之后，立刻在第七次国情咨文中提出了此前没有提出过的一批计划。

第一，战争导致了许多残障军人，这些人需要得到合适的补偿和治疗。为残障军人提供福利保障成为一项此前没有预料到的政府需要涉足的领域，而美国政府的这一新任务将被历史证明是在 20 世纪逐步为全社会提供基本福利保障的开端。④

① James Madison, "Fourth Annual Message," in Gaillard Hunt, ed., *The Writings of James Madison*, Vol. 8, New York: G. P. Putnam's Sons, 1908, p. 221.

② James Madison, "Fifth Annual Message," in Gaillard Hunt, ed., *The Writings of James Madison*, Vol. 8, New York: G. P. Putnam's Sons, 1908, p. 273.

③ James Madison, "Fifth Annual Message," in Gaillard Hunt, ed., *The Writings of James Madison*, Vol. 8, New York: G. P. Putnam's Sons, 1908, p. 273.

④ James Madison, "Seventh Annual Message," in Gaillard Hunt, ed., *The Writings of James Madison*, Vol. 8, New York: G. P. Putnam's Sons, 1908, p. 337.

第二，战争造成的财政负担和州银行造成的金融混乱，导致麦迪逊建议国会考虑新建一个国家银行。① 麦迪逊在此迫于现实的需要，而与过去反对汉密尔顿建立国家银行的立场决裂。②

第三，在战争之后，麦迪逊建议国会建立关税壁垒以保护国内的幼稚制造业。麦迪逊在此的着眼点仍然是减少美国对国外产品的依赖，特别是在与国防有关的产品以及与国民生活必需相关的产品上。③ 麦迪逊是出于安全而非经济利益的角度来建议国会采取这一政策的。

第四，麦迪逊建议了一项具有"极大重要性"的举措，即以国家权威在全国建造道路与运河。麦迪逊为自己的建议给出了一系列的理由：对道路和运河的投资会在经济上得到很高的回报，而且"没有什么比它们的效用在全世界得到更大的肯定和认可"，明智而爱国地进行这些举措的政府在经济领域内也会得到最高的尊敬；在全部国家中，美国的领土最需要人工加以改进；建造道路和运河还有政治上的好处，可以使这一广阔国家的不同部分更紧密地结合在一起。此外，这一举措需要采取全国性的政策与司法权，因此更应该由联邦政府而非州政府来执行。④

麦迪逊在此给出了一条新的原则，即如果一项干预经济的政策能够得到全世界的公认，那么美国政府也应该担任这项职责。在当时，国家对道路和运河的改进确实已经遍布欧洲，其效用得到公认。⑤ 出乎意料的是，麦迪逊认为，为了实现道路和运河的改进，需要修改宪法。他对国会提出建议说，现行的宪法存在"缺陷"，而这一缺陷可以通过"宪法自身明确指出的方式"而得以改进。⑥ 由此可见，只要新权力是公认有益的，那么麦迪逊并不抗拒政府权力的扩张。麦迪逊尊重宪法，但不是一个唯宪法论

---

① James Madison, "Seventh Annual Message," in Gaillard Hunt, ed., *The Writings of James Madison*, Vol. 8, New York: G. P. Putnam's Sons, 1908, pp. 339-340.

② James Madison, "Speech in Congress Opposing the National Bank," in Gaillard Hunt, ed., *The Writings of James Madison*, Vol. 6, New York: G. P. Putnam's Sons, 1906, pp. 19-36.

③ James Madison, "Seventh Annual Message," in Gaillard Hunt, ed., *The Writings of James Madison*, Vol. 8, New York: G. P. Putnam's Sons, 1908, pp. 341-342.

④ James Madison, "Seventh Annual Message," in Gaillard Hunt, ed., *The Writings of James Madison*, Vol. 8, New York: G. P. Putnam's Sons, 1908, p. 342.

⑤ 〔英〕C. W. 克劳利等编《新编剑桥世界近代史（第九卷）：动乱年代的战争与和平》，中国社会科学院世界历史研究所组译，中国社会科学出版社，1992，第51~53页。

⑥ James Madison, "Seventh Annual Message," in Gaillard Hunt, ed., *The Writings of James Madison*, Vol. 8, New York: G. P. Putnam's Sons, 1908, p. 342.

者。麦迪逊接受了启蒙运动的影响，相信人应该遵从理性，而非固定的教条。

理性与进步

麦迪逊对理性的尊重，表现在他建立国立大学的建议之中。在第七次国情咨文中，麦迪逊对国会提议在哥伦比亚特区建立一所国立大学。他对国会说，这样一种制度（institution）将会"成为国会热心于知识发展的纪念碑，而没有知识的发展，自由所带来的幸福是不可能被充分享受，也不可能长久保持的"①。麦迪逊劝导国会说，这样一所大学的形式将成为国内其他大学的榜样，这样一所大学将成为启蒙了的教师（enlightened preceptors）的保育所，这样一所大学将成为全国各地年轻人和天才的圣地，而这些人在返回各地的时候，将带回他们的"民族感情、自由情感和相近举止"，从而加强美国的联盟本身。② 麦迪逊在此相信知识的发展是自由的根本保障，这最好不过地说明了他对启蒙运动的认同。在第八次也是最后一次国情咨文中，麦迪逊在此对国会表达了建立国立大学的建议。③

麦迪逊对建立国立大学以促进知识进步的建议，反过来也说明了他相信知识是不断进步的。这也就意味着，随着知识的进步，这部完全理性的宪法本身是可以不断改进的。麦迪逊相信，美国制定宪法的尝试毕竟只不过是一次政治实验。④ 这项政治实验与其他科学实验一样，其所依据的理论应该根据实验结果来修正。麦迪逊的这一思想，为美国政府的不断改进开启了大门，而麦迪逊所帮助设立的美国宪法中的修宪条款，也使美国政府的改进可以依法进行。

---

① James Madison，"Seventh Annual Message," in Gaillard Hunt, ed., *The Writings of James Madison*, Vol. 8, New York：G. P. Putnam's Sons, 1908, p. 343.
② James Madison，"Seventh Annual Message," in Gaillard Hunt, ed., *The Writings of James Madison*, Vol. 8, New York：G. P. Putnam's Sons, 1908, p. 343.
③ James Madison，"Eighth Annual Message," in Gaillard Hunt, ed., *The Writings of James Madison*, Vol. 8, New York：G. P. Putnam's Sons, 1908, p. 380.
④ James Madison，"To John Adams," in Gaillard Hunt, ed., *The Writings of James Madison*, Vol. 8, New York：G. P. Putnam's Sons, 1908, p. 391.

法治

然而，尽管麦迪逊相信理性，并且相信理性的改进会带来政府行为的改变，但他并不认为当政者可以凭借理性而任意运行政府。麦迪逊在相信理性之外，也相信法治。麦迪逊相信，政府权力的扩大，必须在宪法的框架之下进行。如果政府权力的扩张会超出宪法规定的权力范围，那么必须首先修改宪法本身。麦迪逊的这一坚持，在他对《红利法案》行使宪法赋予总统的立法否决权时充分展现了出来。麦迪逊在致国会的"反对意见"中指出，国会这一法案所意图授予政府的新权力，是宪法无法允许的。[①] 国会也并没有采取无视宪法权威的狂妄态度，而是为政府权力的新扩张找到了两条宪法依据，其一是宪法赋予国会的管理国内贸易的权力，其二是宪法开篇提到的为提供共同防御和普遍福利而制定宪法的说明。但是麦迪逊认为，国会找到的这两条依据都不能证明赋予政府建造道路与运河的新权力是正当的。因此，麦迪逊说明，虽然他完全赞同建造道路与运河的极大重要性，但是在宪法没有明确授予政府从事这种建造的权力的前提下，他只能驳回这一法案。麦迪逊在"反对意见"的最后写道，他希望美国民族能够使用"与制定宪法时所使用的相同的智慧与德性"，以宪法本身所提供的"安全而可操作的方式"改进这一宪法，而这种改进"正是政治实验会使人想到的东西"。[②]

总之，麦迪逊担任总统这一职位时，分别思考了政治制度运行中的保存和改善的方面。他在外交方面力求保存美国的共和制政治制度，而在内政方面则指出了不断改进美国政治制度的必要性和适当方法。

四　麦迪逊论奴隶制与美国的危机

麦迪逊如此尽心保护和改进的政治制度，受到了奴隶制这个制度外因

---

① James Madison, "Veto Message," in Gaillard Hunt, ed., *The Writings of James Madison*, Vol. 8, New York: G. P. Putnam's Sons, 1908, pp. 386-388.

② James Madison, "Veto Message," in Gaillard Hunt, ed., *The Writings of James Madison*, Vol. 8, New York: G. P. Putnam's Sons, 1908, p. 388.

素的严峻挑战。这种挑战，在麦迪逊政治生涯的后期，逐渐演变成了一场全国性的严重政治危机。

合众为一

重视《联邦党人文集》第十篇的研究者，不可避免地会把党派之争视为麦迪逊政治理论的出发点，并且把如何解决党派的有害斗争视为麦迪逊政治理论的中心问题。而如果我们关注作为"建国者"的麦迪逊、关注他推动邦联转型为联邦的整个过程，则不免会把各州的钩心斗角看成麦迪逊的实践出发点，并且把如何使各州能够理性地联合成一体共同行动，视为麦迪逊政治实践的中心问题。又如果我们关注《国民公报》时期的麦迪逊，则会看到联邦党和共和党的斗争变为麦迪逊政治理论和实践的共同出发点，并且将如何处理联邦党和共和党的斗争看作麦迪逊政治理论和实践共同的中心问题。

综合这三种视角，可以看到，麦迪逊政治理论和实践的中心问题，是这个一般性的问题：如何把互相冲突的不同部分组织成一个良好的整体？这个一般性的问题实际上也是现代自由主义的中心问题。洛克可以说是现代自由主义的奠基人，他以及其他许多自由主义者都采用社会契约论来回答这个问题。社会契约论的基本要点是：人与人是互相冲突的，不过只要通过契约就能化解冲突，形成统一的政府或政治制度。这种解释无法处理联邦党和共和党的斗争，对麦迪逊的帮助有限，这也就是把麦迪逊看作一个自由主义者并非完全恰当的原因。把麦迪逊看作一个共和主义者也存在类似的问题。传统共和主义者对此中心问题的解决方案是，将人培养为有德性的公民。如孟德斯鸠所指出的，德性意味着为了整体牺牲私利。所以由有德性的公民组成的整体将是和谐的，不会出现丑陋的党争。但是，麦迪逊在《联邦党人文集》中已经指出，传统的共和国实际上都困于并毁于党争。也就是说，传统共和主义根本无法在实践中解决问题。麦迪逊在继续使用共和主义的部分术语的同时又放弃了共和主义的解决办法，导致许多研究者认为他从共和主义者部分地转变成了自由主义者。然而正如我们所指出的，对麦迪逊来说，自由主义和共和主义的帮助都很有限。自由主义和共和主义都只是处理了一个大问题的有限部分。

如何把互相冲突的不同部分组织成一个良好的整体？这个一般性的根本政治问题可以表现为极为多样的特殊形式。正如休谟所指出的，人类社会中各部分之间的冲突是极为多样的。[①] 也正如麦迪逊所说：

> 党争的潜在原因，就这样深植于人性之中；我们看到这些原因到处根据人类社会的不同情况造成不同程度的行动。热心于有关宗教和政体的不同意见，以及其他许多理论和实践上的见解，依附于各种野心勃勃、争权夺利的领袖或依附于其财产使人们感觉兴趣的人，相继把人们分为各种党派，煽动他们彼此仇恨，使他们更有意于触怒和压迫对方，而无意为公益而合作。人类互相仇恨的倾向是如此强烈，以致在没有充分机会表现出来时，最琐碎、最怪诞的差别就足以激起他们不友善的情感和最强烈的冲突。[②]

由于这种多样性的存在，理论家们无法提出一般性的处理方案，而只能处理它的若干方面。自由主义处理了个人之间的冲突，但错过了集团和党派冲突。共和主义处理了有德性的公民之间的冲突，但无法在实践上对付不那么有德性的人之间的互相冲突。多元主义处理了几个小集团之间的冲突，但不能处理阶级冲突和两个对立政党的冲突。比尔德处理了麦迪逊所称的"有产者和无产者"的冲突，但没能处理共和党和联邦党的斗争，[③]甚至麦迪逊自己，也正如本节开头所总结的，在三处分别处理了三种冲突，而并没有提出一种统一的解决方案。

奴隶制的挑战

事实上，政治问题的本性就是不可能有一劳永逸的永久性统一解决方案。总会不断出现新的问题对政治理论家和实践者提出新的挑战。美国宪

---

① 〔英〕休谟：《休谟政治论文选》，张若衡译，商务印书馆，2010，第38~45页。
② 〔美〕汉密尔顿、〔美〕杰伊、〔美〕麦迪逊：《联邦党人文集》，程逢如、在汉、舒逊译，商务印书馆，1995，第46页。
③ 〔美〕汉密尔顿、〔美〕杰伊、〔美〕麦迪逊：《联邦党人文集》，程逢如、在汉、舒逊译，商务印书馆，1995，第47页；〔美〕查尔斯·A.比尔德：《美国宪法的经济观》，何希齐译，商务印书馆，1989。

法被设计为可修改的，本身就是对这一状况的认可。对麦迪逊来说，建国就是用一部统一的宪法及其确立的统一政治制度，将互相冲突的个人、互相冲突的利益集团以及互相冲突的各邦结合成一个良好的整体。但是这部宪法没能解决另一种同样严重甚至更严重的各部分之间的冲突。麦迪逊清楚地认识到：

> 各邦利益的分野，不在它们的大小不同，而在它们的环境不同；实质性的区别，部分归因于气候，主要因素，还在于各邦是否蓄奴，及奴隶制引起的后果。这两个因素同时发生作用时，构成联邦内最大的利益分野，这个最大的利益分野，不在大邦小邦之间，而在北部南部之间。①

麦迪逊在费城制宪会议期间，"一直在思考，采取什么变通办法，才能解决问题"②。但是，可行的解决方法没有被发现，宪法没有能够解决问题。麦迪逊深刻地认识到，奴隶制将对美国正式政治制度的存在构成挑战。

（一）美国的政治制度与奴隶制

正如麦迪逊在《联邦党人文集》中反复强调的，美国的政治制度是共和制。共和制在古希腊罗马最早出现，通常与奴隶制联系在一起。共和国的公民们能自由地活动，特别是自由地参与公共生活，是因为他们可以把艰辛的生产活动安排给其他人。

这一机制在美国建国早期同样起着重要作用。新英格兰地区最重要的政治领袖之一是汉密尔顿。由于政府薪水太低，他不得不在1795年辞去财政部部长的职务，去市场上当律师赚钱。③ 退职之后，他只能在富余时间

---

① 〔美〕汉密尔顿、〔美〕杰伊、〔美〕麦迪逊：《联邦党人文集》，程逢如、在汉、舒逊译，商务印书馆，1995，第250～251页。
② 〔美〕汉密尔顿、〔美〕杰伊、〔美〕麦迪逊：《联邦党人文集》，程逢如、在汉、舒逊译，商务印书馆，1995，第251页。
③ 〔美〕罗恩·彻诺：《汉密尔顿传》，张向玲、高翔、何皓瑜译，浙江大学出版社，2018，第622页。

通过遥控来操纵政府。可以推想，如果不是汉密尔顿必须离开华盛顿去劳动赚钱，那么麦迪逊和杰斐逊的共和党未必会最终取胜。

与汉密尔顿相反，弗吉尼亚的重要领袖如华盛顿、杰斐逊和麦迪逊都属于奴隶主阶层，他们能先后成为总统、登上权势和荣誉的顶峰，离不开其庄园中奴隶的劳作。而弗吉尼亚精英作为一个集团在美国革命中夺取领袖地位，并随后建立"弗吉尼亚王朝"成为国家的主导者达数十年之久，也离不开由奴隶制而来的闲暇、才能与德性。作为对比，可以看到，约翰·亚当斯总统任期的失败，有一部分要归因于他自己的个性，而他显露出来的暴躁、刻板、不稳定的个性，显然与他缺乏统治经验有关（他的弗吉尼亚竞争对手通过统治奴隶而培养了统治者所需的某些德性和才能）。而由新英格兰地区的精英主导的联邦党的失败，显然也与相对缺乏共同统治的经验有关（作为竞争对手，弗吉尼亚的奴隶主精英集团在殖民地时期的弗吉尼亚议会已经合作统治多年了）。

弗吉尼亚领袖们政治权势的来源，在建国初期人人可见。那些认为华盛顿即将理所当然地成为第一任总统的人、那些钦佩杰斐逊撰写《独立宣言》的才华的人、那些和麦迪逊合作共同推动新联邦成立的人，不会想要正面挑战这些同事背后的奴隶制度。所以在党制宪会议中出现的就是这种法仑德所言的情况："会议中对这个主题，相对来说并未说了多少话"①。法仑德对此得出结论说："在 1787 年，奴隶制还不是重大问题，也可以说，还没有成为像后来那样的道德问题。"②

然而，表面上的平静不等于问题不存在。当时的建国者们，实际上人人都认识到奴隶制是个严重问题。美国宪法第一条第九款规定，"联邦议会不得在 1808 年以前立法，禁止任何一邦现存并认为宜于承认的人口迁徙和人口输入"③。这个条款的实质含义是，美国将在 1808 年，即建国 20 年后，禁止奴隶贸易。如果不是建国者们认为奴隶制是一种不道德的制度，那么他们为什么会禁止奴隶贸易？事实上，宪法谈论奴隶和奴隶制的时候

①〔美〕马克斯·法仑德：《美国宪法的制订》，董成美译，中国人民大学出版社，1987，第68页。
②〔美〕马克斯·法仑德：《美国宪法的制订》，董成美译，中国人民大学出版社，1987，第68页。
③〔美〕麦迪逊：《辩论：美国制宪会议记录》，尹宣译，辽宁教育出版社，2003，第855页。

使用中性的替代词，只可能是因为建国者们认为奴隶制的不道德会玷污美国宪法。[①]

政治奴隶制的废除

奴隶制令人厌恶。麦迪逊在 1774 年的一封信中，表达了他对自由的热爱，以及对"暴政和残酷"的厌恶。[②] 奴隶制扭曲人性，麦迪逊自己一直知道这种制度有多么野蛮。在《联邦党人文集》中，麦迪逊谴责了奴隶贸易，认为它标志着"现代政策的野蛮蒙昧"[③]。追根溯源，奴隶贸易先于美洲奴隶制度的建立。西班牙、葡萄牙和英国等君主制国家允许奴隶贸易的存在，正说明了其政府的野蛮残酷。美国的奴隶制度是旧世界的遗留物，是过去的遗产，是英国政府留给美洲大陆的恶迹。麦迪逊不无遗憾地认为："尽管所有人都生而平等，并且所有民族都应该如此，但是极为真实的是，奴隶制一直都是人类的普遍命运。"[④]

麦迪逊的这一判断背后无疑是孟德斯鸠对世界历史的思考。在孟德斯鸠的思想图景中，整个人类普遍生活在专制主义的政治制度之下，自由的共和制政府只是少有的例外。在孟德斯鸠看来，东方人从未摆脱其专制主义的枷锁，而西方人的自由也随着罗马帝国的毁灭而毁灭了。孟德斯鸠钦佩英国的政府是自由的政府，但是麦迪逊等美国建国者对《独立宣言》中所谴责的英国君主的暴政记忆犹新，仍然将它看成一个专制政府。在专制政府之下，人的生活无异于奴隶。专制主义就是政治上的奴隶制度。在麦迪逊看来，美国的共和政府即使不是当时整个世界仅有的自由政府，也是极少数自由政府之一。美国的新政治制度，是对旧世界通行的专制政体的极大改进。虽然美国没有消除民事奴隶制，但至少消除了其他国家存在的政治奴隶制。

---

① 美国宪法在奴隶制问题上的隐约其词，参见王希《原则与妥协：美国宪法的精神与实践》，北京大学出版社，2000，第 204～205 页。

② James Madison, "To William Bradford, Jr.," in Gaillard Hunt, ed., *The Writings of James Madison*, Vol. 1, New York: G. P. Putnam's Sons, 1900, p. 19.

③ 〔美〕汉密尔顿、〔美〕杰伊、〔美〕麦迪逊：《联邦党人文集》，程逢如、在汉、舒逊译，商务印书馆，1995，第 215 页。

④ James Madison, "Who Are the Best Keepers of the People's Liberties," in Gaillard Hunt, ed., *The Writings of James Madison*, Vol. 6, New York: G. P. Putnam's Sons, 1906, p. 120.

民事的奴隶制

正如古希腊罗马共和国的历史所显示的，民事奴隶制比政治奴隶制更难消除。这种制度的根源何在？孟德斯鸠和其他研究者一样，将奴隶制的根源追溯到一些社会和地理原因。如布林克利所指出的，奴隶大多在南方种植园中工作。造成这种现象的一个原因是地理问题。北方的地理条件较差，殖民者只能开拓小块土地，而南方的地理条件非常适应大规模商业种植的发展。[①] 这种地理条件，加上需求充足的市场，再加上白人殖民者不择手段致富的渴望，导致了南方种植园蓄奴制的形成。布林克利引用罗宾·布莱克本的著作指出，"蓄奴制的真正原因却是雄心勃勃的企业主精明强干的商业抉择，他们很早就认识到在美国南部和加勒比海等劳力型社会里，奴隶劳工制度比自由劳工制度更有利可图"[②]。

正如孟德斯鸠更广泛的研究所得出的结论，古今中外的奴隶制度都可以追溯到自然环境、人类的贪婪和残酷的结合。奴隶制的确是个道德问题，但普遍存在的东西方奴隶制已经说明道德对此影响甚微。布林克利指出，布莱克本"不无忧虑地总结到，蓄奴制是一种引人注目的现代劳工制，不管多么可怕，它在满足着日益兴盛的市场经济的繁荣"[③]。只要蓄奴制还有利可图，那么这种残酷的制度就可能继续存在下去。美国北方之所以废除奴隶制，只是因为当地的自然环境使之无效而已，并不是因为他们道德更高尚。事实上，在后来的争论中，南方人指出，北方一些工厂中的劳动力的生活条件甚至比南方的奴隶还更加恶劣，北方人对待其劳力并不比南方人更慈悲。

奴隶制的废除不能仅仅依靠人类的道德，所以麦迪逊等重要的美国建国者虽然普遍反感奴隶制，但还是接受或容忍了这种制度的存在。可悲的是，他们甚至使奴隶制的存在延长了。在当时，技术的进步、知识的传播

---

① 〔美〕艾伦·布林克利：《美国史（1492—1997）》，邵旭东译，海南出版社，2009，第68~76页。

② 〔美〕艾伦·布林克利：《美国史（1492—1997）》，邵旭东译，海南出版社，2009，第70页。

③ 〔美〕艾伦·布林克利：《美国史（1492—1997）》，邵旭东译，海南出版社，2009，第70页。

和道德水平的提高，对废除奴隶制都是非常有利的。奴隶反感被强迫劳动，不仅消极怠工，而且破坏工具，相对来说是极其低效的劳动力。现代生产力的发展在当时主要依赖工厂的发展，而工厂所需要的高效的纪律性强的劳动力是奴隶无法胜任的。所以为了发展经济，就需要废除奴隶制。19 世纪，全世界的奴隶制度已经基本上废除。因此，美国变成了当时绝无仅有的允许民事奴隶制大规模存在的国家。造成这一结果的原因之一，正是麦迪逊如此推崇的"自由"的美国政治制度。正如当代新制度主义所指出的，制度可以被用于其设计者完全没有料想到的用途。

南部美国

美国的北部在 19 世纪逐渐发展了工商业，而南部一直是农业地区。弗吉尼亚等旧的南方地区一直依赖烟草种植，黑人奴隶也主要在烟草种植园中工作。而西南地区新建各州则主要种植水稻、甘蔗和长绒棉等作物。如布林克利所说，南方旧州烟草业的逐渐衰落，西南地区水稻、甘蔗和长绒棉的固有局限，本来很可能迫使南方将注意力转移到其他非农业领域。[①]在这种可能发生的经济转型中，奴隶制本来可能逐渐消失——随着种植园可能的衰落和消失，奴隶制也会衰落和消失。使这一可能性没有成为现实的首先是短绒棉这一新作物的出现，它使棉花种植主导了南方的经济，使种植园制度维持了下来。但是，在推动经济发展上，农业毕竟无法与工业相比，美国北方工商经济的大规模发展，使南方落后于北方这一事实变得日益明显。如前所说，南方人之所以建立种植园蓄奴制，最重要的原因是追逐经济利益，所以为了追逐经济利益，南方本来还是可能逐渐抛弃其种植园农业，转向更能积累财富的工商业，从而使奴隶制自然消亡。

使这一进程没有实际发生的，正是美国独特的政治制度。美国的正式政治制度，被小心翼翼地与奴隶制隔离开来。奴隶制被设计得无法玷污自由的共和制政府，而政府也被设计得对奴隶制保持沉默。[②]在形式上，两

---

①　〔美〕艾伦·布林克利：《美国史（1492—1997）》，邵旭东译，海南出版社，2009，第308 页。

②　〔美〕约瑟夫·艾利斯：《那一代：可敬的开国元勋》，邓海平、邓友平译，中国社会科学出版社，2003，第 101～108 页。

者基本上被割裂在不同的领域内，各自适用不同的原则：平等与等级，自由与奴役。然而，正如本章前两节所指出的，政府的运行至少与政府的静止形态一样重要。在理想的静态形式上互不影响的政治制度和奴隶制，在运行中逐渐变得无法共存。

西部新州

将政治制度与奴隶制在运转中联系起来的，主要是西部新州是否要建立奴隶制的问题。如王希所说，"引起南北对立的最主要问题仍是密苏里妥协案未能彻底解决的问题，即奴隶制是否能被允许在新增加的联邦领地上发展"①。在美国建国初期，不断加入的新州在奴隶制问题上主要根据地理位置采取立场，南部新州都允许了奴隶制，而北部新州都禁止了奴隶制。是否允许奴隶制被视为各州自己的内部问题，与联邦政府没有关系。最初使奴隶制成为联邦政治制度运行中一个重要问题的，是密苏里地区是否要允许奴隶制的争议。如王希所说，"在1819年2月，当位于路易斯安那购买领土上的密苏里要求以蓄奴州的身份加入联邦时，奴隶制问题便成为南北双方争执的一个重大难题，导致了一场宪政危机"②。当时自由州和蓄奴州的数量恰好相等，均为11个，在参议院代表人数相等，因而在此问题上相持不下。参议院各州代表权相等，本来是小州为了制衡大州而在制宪会议中提出的，没有人预料到它会成为南方制衡北方的手段。

可以想象，如果宪法按照麦迪逊最初的设计，根据平等代表权来设计政治制度，那么北方由于经济发展人口更多，自然会在立法机构中获得更多的代表权，很容易就可以在此类问题上挫败南方，做出一系列的安排禁止奴隶制在西部的进一步发展，最终使奴隶制在经济转型的过程中自然消亡。正是美国独特的参议院政治制度阻碍了这一进程的实现，并使南北方持续冲突，最终导致了整个政治制度的危机。在密苏里的问题上，南北双方最终达成妥协，形成了所谓的"1820年密苏里妥协案"。

---

① 王希：《原则与妥协：美国宪法的精神与实践》，北京大学出版社，2000，第221页。
② 王希：《原则与妥协：美国宪法的精神与实践》，北京大学出版社，2000，第213页。

南北之争

这一妥协使南北双方的冲突，正式上升到了政治制度的层面。在此之前，奴隶制问题主要是一个道德、社会和经济问题，而非重要的政治问题。在此之后，奴隶制问题正式进入了政治议程，并且使南北双方的对立正式成为一个重要的政治问题。

需要指出的是，今天我们很容易将美国南北双方的政治对立和冲突视为理所当然。但这其实是一个后来才出现的新问题。在杰斐逊和麦迪逊当政的时代，美国南北方都是农业社会，在许多方面存在共性，两方并没有发展出强烈的彼此不同的意识。所以，杰斐逊和麦迪逊的共和党可以成为南北双方共同选择的政党，一度形成一党制政府。即使后来共和党分裂，形成的两党也都是全国性而非地方性的政党。正如今天的美国民主党和共和党两党体制下一样，各地区的选民具有偏好，但没有哪一地区（南方或北方、东部或西部）仅仅支持某一政党，也没有哪一政党仅仅代表某一地区。在这种情况下，各地区的经济、社会和文化差别，并不会导致地区之间的严重政治冲突。

使南北双方的政治冲突正式形成并不断加强最终导致联邦解体的，并不仅仅是因为双方的经济、社会、文化或意识形态上存在差异。所以，奴隶制并不一定导致南北双方的政治冲突（麦迪逊等人设计的政治制度力求避免这种冲突，并且一度运行良好），也不一定导致联邦解体和南北内战。

历史学家一度认为奴隶制自然会导致南北内战，但这一认识已经受到了挑战。[①] 当代历史学家探寻南北冲突的原因，在经济因素之外，又加上了文化或意识形态的因素。如布林克利所说："两大地区如此深刻的仇视究竟如何形成？一方面，冲突反映了地区间不同的经济利益和领土利益；另一方面，也反映了南北方各自信念的不断加强。"[②] 此外，还有交通和新闻媒体不断发展的因素："新闻领域的革命——连同伴随出现的交通与通

---

① Robert E. Shalhope, "Race, Class, Slavery, and the Antebellum Southern," *The Journal of Southern History*, Vol. 37, No. 4 (Nov., 1971), pp. 557-574.

② 〔美〕艾伦·布林克利：《美国史（1492—1997）》，邵旭东译，海南出版社，2009，第378页。

信革命——使不同区域更进一步了解到其他地区的社会状况，更进一步意识到南北方日益严重的深刻差异。这些差异最终将发展到几乎无法调和的地步。"①

但是，新制度主义还可以让我们看到南北双方政治冲突的另一个重要因素：密苏里争议这一关键时刻所形成的解决方案所导致的路径依赖效应。使密苏里争议以妥协告终的，是当时自由州与蓄奴州这一极为偶然的现象，以及美国联邦主义政治制度之下各州在参议院拥有平等代表权这一同样偶然的现象（可以设想，如果美国是法国、西班牙而非英国的殖民地，那么政府中就不会形成两院制，也不会有参议院中州权相等的问题）。由这两个完全偶然的现象所导致的，在这一关键时刻形成的偶然解决方案，通过路径依赖效应而极大地塑造了此后的美国政治发展。

这一路径依赖的机制并不一定会导致最后的联邦解体和南北内战。许多学者相信，政治制度的这一崩溃本来可以避免。如布林克利所言，"战争可以避免的观点在1920~1930年代得到广泛认同"②。学者们的主要观点是，当时的蓄奴制在19世纪的大潮下正在逐渐崩溃。即使南方有着联邦主义的政治制度的保护、有着为蓄奴制辩护的意识形态、有着其统治阶级的自满保守，但是正如19~20世纪的整个世界历史所证明的，没有什么东西能顽固到抵抗工业化、城市化等现代化浪潮的冲击，蓄奴制在整个世界上已经大都消亡，美国的蓄奴制也不会成为例外。因此，学者们将战争的起因追溯到战争爆发前政治领导人的不称职，以及领导人在双方各自意识形态的影响下做出了错误选择。但是在新制度主义的视角下，我们还可以看到，使南北冲突不断激化的，是路径依赖的机制与西部扩张的进程的结合。

如果没有美国连续不断的西部扩张，那么密苏里危机这一关键时刻所导致的解决方案造成的路径依赖，只会形成南北双方的和平对立，而这种和平对立由于现代化的进程自然会导致蓄奴制的消亡。但是，在19世纪前期，美国通过战争与外交手段在西部不断取得新的领土。新领土之上形成的每一个新州在加入联邦时都会强化南北双方的对立。此时，美国的联邦

---

① 〔美〕艾伦·布林克利：《美国史（1492—1997）》，邵旭东译，海南出版社，2009，第285页。

② 〔美〕艾伦·布林克利：《美国史（1492—1997）》，邵旭东译，海南出版社，2009，第396页。

主义政治制度又使南部各州可以采取退出联邦这一极端解决方案。

不完美的制度

麦迪逊等人设计的正式政治制度,其主要目标之一是把邦联中开始存在的各州(在英国统治下,各殖民地并不被认为是 state 即州)联合起来成为一个良好的政治共同体。他们在设计这种政治制度的时候没有估计到一些后续新情况和新机制的出现(工业转型、西部扩张、参议院成为南北平衡的重要机构),也就没有设计相应的应对方案。麦迪逊等人清醒地认识到,美国宪法及其所确立的正式政治制度是不完美的,因而设计了修改宪法、使其在实际运行中能够进一步完善的机制,但是他们当时并没有想到,这种政治制度竟然会在运行不过半个多世纪之后就正式解体。如布林克利所说,"到 1860 年底,一度将联邦维系在一起的那根绳索濒临断裂。崇高而神秘的宪法和宪法的缔造者们已无法将国家联合在一起,南北两地的人民(特别是在颇具争议的德雷德·斯科特裁决之后)如今在阐释宪法最初含意上存在着根本分歧"[①]。麦迪逊等人精心设计的联邦主义政治制度在这一刻充分暴露了其内在的不稳定性(见本书上一章)。南部各州此时选择退出联邦成立新邦联,而在一个中央集权的国家中这是不可能发生的(在内战之后,美国政治制度由联邦主义进一步向单一制国家转变,见本书上一章)。甚至包括在宪法中的《权利法案》,在联邦解体的过程中也起到了作用:如果不是《权利法案》确立的民兵制度和公民自由持有武器的权利,那么南方也不会有分裂之后立刻拥有一支相当强大的军队的可能,而分裂也就因此不会发生了。无论如何,南方选择了退出联邦,麦迪逊等人设计的政治制度正式宣告在其主要目标之一之上的完全失败。此刻,时任总统林肯选择让国家浴战火而重生。南北内战及其结果再次证明了麦迪逊和杰斐逊没有理解或有意忽视的事实:美国这一新国家,从来就不仅仅是通过订立契约、建立宪法而建立的,还是通过暴力与战争而建立的。

---

① 〔美〕艾伦·布林克利:《美国史(1492—1997)》,邵旭东译,海南出版社,2009,第391页。

麦迪逊没有能够看到联邦解体和南北内战就去世了，但是他一直关注着奴隶制这一共和国中的非共和因素，并且看到了这一因素是如何逐渐导致了联邦政治制度出现危机的。在危机之下，麦迪逊对奴隶制及其与美国正式政治制度的关系做了新的思考。

（二）麦迪逊论奴隶制

麦迪逊关于奴隶制的思考令人难以理解。艾利斯抓住了关键的难点所在："麦迪逊的思想的中心出现了一个断层——这是一片神秘地带，思想从一个方向进入其中，却从完全相反的方向出来了。"[1] 学者们如艾利斯一样大都认为，麦迪逊继承了洛克等人的自由主义传统，其理论内核是从人性出发推导出社会和政治制度应该是什么样子。所以，如果麦迪逊认为奴隶制在道德层面上是错误的，那么他就应该在政治层面推动废奴法案的通过。以这种视角来看，麦迪逊一方面相信或声称奴隶制在道德上不可接受；另一方面又在国会中打击或摧毁废奴法案，确实是一个无法理解的问题。[2]

这一难题再次凸显了以制度为中心研究麦迪逊政治理论的必要性。

选择

从新的以制度为中心的视角看，以上难题并非真正难以理解。艾利斯所言的"神秘地带"并不神秘，它就是美国宪法及其所确立的正式政治制度。这一制度固然受道德原则的影响，但并不完全是建立在道德原则的基础上。它甚至并不是建立在任何原则的基础上。正如本书之前所论，最早的共和制度的建立先于任何共和主义理论原则的出现。人所能做的并不是凭空将政治制度建立在理论原则或道德原则的基础上——因为如洛克或罗尔斯所设想的那种"自然状态"或"原初状态"在现实中并不存在——而是在仅有的可

---

[1] 〔美〕约瑟夫·艾利斯：《那一代：可敬的开国元勋》，邓海平、邓友平译，中国社会科学出版社，2003，第 142 页。

[2] 〔美〕约瑟夫·艾利斯：《那一代：可敬的开国元勋》，邓海平、邓友平译，中国社会科学出版社，2003，第 142~149 页。

能性之间做出选择。对马基雅维利而言，这就是在君主制和共和制的政治制度之间做出基本的选择。对麦迪逊等美国的建国者而言，最基本的选择首先是要联合还是要分裂，其次是要君主制还是要自由的共和制。对麦迪逊来说，建立一个共和制联邦的考虑，先于对道德原则的考虑。

麦迪逊在其生前的 1834 年所写的、通常被认为是他的政治遗嘱的《致我的国家的建议》中表达了他的上述信念。在这个建议的开头，他首先说明了这个建议的性质："它应该被认为是来自坟墓的建议"（麦迪逊即将在两年后去世，此时已经是风烛残年，"一只脚已经入土"）。① 其含义是，"在坟墓中，只有真理才会受到尊重，只有人类的幸福才会得到考虑"②。这个建议完全出于好意，"而且是来自这样一个人，他有着在四十余年的长时期的不同事态下服务于其国家的丰富经验，他在年轻时就赞美自由的理想，并且一生都坚守这一理想，他在决定其国家之命运的大部分重要事件中都承担了一部分的责任"③。麦迪逊的这一建议是，"各州的联盟（the Union of the States）应该被珍惜并被延续下去"，他说明，"这一建议存在于我心深处，并且是我最深的信念"④。麦迪逊如此郑重建议的，是联邦的保存——当然，也就是他所帮助制定的宪法及其所确立的联邦共和制政治制度的保存。

麦迪逊并不是从任何理论原则出发推出这一结论的——这一结论事实上的确如艾利斯所看出的，与麦迪逊所坚持的理论原则相矛盾：保存联邦意味着容忍奴隶制，而奴隶制与麦迪逊所坚持的自由理想是不相容的。麦迪逊在此处所作的并非推理，而是选择：他所面对的选择是保存还是废弃联邦。麦迪逊所要保存的联邦并非完美，他清楚地认识到，"奴隶制存在的地方，共和理论依然是靠不住的"⑤。但是人所能做的并不是在完美的政治制度，即完美地符合理论原则之要求的政治制度，和其他政治制度之间做出选择，而是

---

① James Madison, "Advice to My Country," in Jack N. Rakove, ed., *Writings*, New York: Library of America, 1999, p. 866.

② James Madison, "Advice to My Country," in Jack N. Rakove, ed., *Writings*, New York: Library of America, 1999, p. 866.

③ James Madison, "Advice to My Country," in Jack N. Rakove, ed., *Writings*, New York: Library of America, 1999, p. 866.

④ See James Madison, "Advice to My Country," in Jack N. Rakove, ed., *Writings*, New York: Library of America, 1999, p. 866.

⑤ 〔美〕麦迪逊：《辩论：美国制宪会议记录》，尹宣译，辽宁教育出版社，2003，第 155 页。

在不完美的有限的几种政治制度之间做出选择。麦迪逊清醒地认识到，共和制的政治制度不可能是完美的。正如他在《联邦党人文集》第十篇所论述的，这种不完美性，首先表现在它无法消除派别斗争。麦迪逊明确地说明他作为主要设计者的宪法的主要目的是缓和派别斗争。对麦迪逊来说，美利坚共和国中最具破坏性的派别斗争是关于奴隶制的派别斗争：

> 各邦利益的分野，不在它们的大小不同，而在它们的环境不同；实质性的区别，部分归因于气候，主要因素，还在于各邦是否蓄奴，及奴隶制引起的后果。这两个因素同时发生作用时，构成联邦内最大的利益分野，这个最大的利益分野，不在大邦小邦之间，而在北部南部之间。①

宪法缓和这一派别斗争的方式就是将它排除在政治议程之外。事实上，如果不这么安排的话，关于奴隶制的斗争很可能（如果不是必然的话）导致联邦解体。

麦迪逊承认共和制联邦在道德上有缺陷，但是他并未试图将政治制度建立在道德原则的基础上。如果人人都是天使，那么就不需要政府了。政府的存在，正是说明了人性中存在着恶的一面。党派斗争的最主要根源，正是公民们为了追逐自身的利益而妄图侵犯他人利益的非道德本性。任何政治制度都无法改变或消除这一本性，而只能对其加以认可，并加以疏导和缓和。正如麦迪逊清楚地认识到的，只想着对其他人好，不想要伤害其他人的，是极其罕见的人，事实上，应该说是一个虚构的人："在坟墓中，只有真理才会受到尊重，只有人类的幸福才会得到考虑。"② 只想要给其他人带来好处，而不想着伤害其他人的人，是一个尊重真理的坟墓中的人，换言之，是一个死去的哲学家。麦迪逊是罕见的具备哲学家天分的人，在1774年，23岁的时候，他曾在致朋友威廉·布拉德福德的信的一个段落

---

① 〔美〕汉密尔顿、〔美〕杰伊、〔美〕麦迪逊：《联邦党人文集》，程逢如、在汉、舒逊译，商务印书馆，1995，第250~251页。

② James Madison, "Advice to My Country," in Jack N. Rakove, ed., *Writings*, New York: Library of America, 1999, p. 866.

中，说："现在，我将以一个学者和哲学家而非爱国者的身份和你说话"[1]。但是，在现实中，他不可能完全按照最高的道德标准来行事。

哲学家可能被期望是最正义的人，但是麦迪逊作为一个政治家可不能以最高的正义标准来行动。在 1791 年，艾利斯所谓的结束奴隶制的机会窗口附近，[2] 麦迪逊在一封信中坦陈了自己作为一个议员和政治家所受到的行动限制："作为我目前享有的地位的源头的那些人，据我所知，在那种类型的财产上享有巨大的利益，并从这个角度来看待这个问题"[3]。也就是说，将麦迪逊选入众议院的弗吉尼亚州的选民，将奴隶视为财产，将使用奴隶视为自身的重要利益。因此，如果麦迪逊按照自己的道德原则在国会提议或赞同废除奴隶制，势必会被他的选民视为对自己的伤害。对麦迪逊来说，这无异于政治自杀。麦迪逊自己也只有真的在马上就要踏入坟墓的时候，才敢于委婉地公开建议其南方同胞，尤其是弗吉尼亚的奴隶主阶层，联邦的保存是最重要的。也就是说，如果废除奴隶制对保存联邦是必要的，那么应该废除的是奴隶制而非联邦。

时机

麦迪逊对公开反对奴隶制的方式和时机的选择，说明了他和艾利斯等现代学者在看待政治事务的方式上的一个重要区别。艾利斯等在二战后写作的学者，深受时代思潮的影响，总是用自由主义或共和主义的透镜去看麦迪逊。[4] 他们大都简单地将理论原则与政治制度的关系视为线性的，后

---

[1]　James Madison，"To William Bradford，Jr.，" in Gaillard Hunt，ed.，*The Writings of James Madison*，Vol. 1，New York：G. P. Putnam's Sons，1900，p. 19.

[2]　〔美〕约瑟夫·艾利斯：《那一代：可敬的开国元勋》，邓海平、邓友平译，中国社会科学出版社，2003，第 148 页。

[3]　James Madison，"James Madison's Attitude Toward the Negro，" *The Journal of Negro History*，Vol. 6，No. 1 （Jan.，1921），p. 76.

[4]　哈茨在二战后出版的影响广泛的著作中树立了美国政治思想的自由主义解释传统，参见〔美〕路易斯·哈茨《美国的自由主义传统》，张敏谦译，中国社会科学出版社，2003 年。戈登·伍德等从共和主义视角看美国政治理论传统的学者，以哈茨的解释为重要的假想敌。对麦迪逊的几种主要解释中，进步主义解释在二战后已经衰落，多元主义解释局限于麦迪逊本人的政治思想（无法应用于杰斐逊、华盛顿、潘恩等同时期重要人物），所以如果将麦迪逊置入美国政治理论传统中，那么他主要被看成自由主义者或共和主义者（至于哪种正确，则是争论焦点）。

者由前者推导出来。但是麦迪逊政治理论的一个核心特征，是对历史因素的重视。在《联邦党人文集》中，他对古今联盟共和国的历史做了详尽研究，并得出了美利坚共和国应该如何设计的重要结论。作为孟德斯鸠的研读者，麦迪逊充分意识到时间和历史在政治事务中的核心地位。孟德斯鸠将自由和奴役的问题置入历史中思考，看到人类有时候生活在自由状态下，有时候生活在政治和民事的奴隶制之下，有时候（如在古希腊罗马共和国）政治自由和民事奴隶制共同存在。

麦迪逊继承孟德斯鸠的视角，看到奴隶制并非永存，但其消除也并非唾手可得。美国革命消除了政治奴隶制，建立了自由的共和制政治制度，麦迪逊对此赞美有加；美国革命没有废除民事奴隶制，麦迪逊对此深表遗憾，等待废除它的时机。这一时机被历史证明将很快到来，在20世纪，虽然不自由的政治制度仍然存在，但是民事奴隶制在整个世界都已经被废除。

在时机到来之前，麦迪逊所做的是保持沉默。从1791年到1819年的近30年间，麦迪逊极少讨论奴隶制问题。直到新州密苏里是否要实行奴隶制的争论爆发，奴隶制变成国家政治中的焦点问题，麦迪逊才开始对这一问题进行比较广泛的讨论。

继承法

在1819年致罗伯特·沃尔什的一封信中，麦迪逊讨论了美国革命和政治制度对弗吉尼亚的奴隶制的影响。[1] 麦迪逊指出，在美国革命之后，奴隶们在弗吉尼亚州所处的条件有了惊人的改善，他们"吃得更好，穿得更好，住得更好，而且在每一个方面都得到了更好的对待；情况已经改进到这种程度：之前被认为是温和的对待，现在会被认为是苛刻的对待，而之前被认为是苛刻的对待，现在会受到公共感情的谴责"[2]。麦迪逊比较说，在吃的方面，美国的奴隶还要好过欧洲所谓的自由工人。麦迪逊指出，奴

---

[1] James Madison, "To Robert Walsh," in Gaillard Hunt, ed., *The Writings of James Madison*, Vol. 8, New York: G. P. Putnam's Sons, 1908, pp. 425-433.

[2] James Madison, "To Robert Walsh," in Gaillard Hunt, ed., *The Writings of James Madison*, Vol. 8, New York: G. P. Putnam's Sons, 1908, p. 427.

隶们的生活条件的改善，主要是由于两个原因：

第一，是由上述讨论过的原因［指欧洲哲学家们的著作］，和从那一事件［指美国独立］中成长起来的那种制度的精神，激起并保持的，人们对人权的感受，以及对人类苦难的同情。第二，是奴隶主平均拥有奴隶的数目不断减少。这是由于对限定继承权的废除和对长子继承权的管理；在法律限制之外，这也是由于将父母从各种偏见下解放出来之后，父母对子女有平等对待的倾向。①

麦迪逊相信，第二个原因是最强有力的。

麦迪逊在此处字斟句酌、极尽谨慎地平静表达的论点，对照托克维尔更为张扬、文采流溢的表达可以得到更好的理解。托克维尔《论美国的民主》的第一句话是："我在合众国逗留期间见到的一些新鲜事物，其中最引我注意的，莫过于身份平等。"② 托克维尔继续解释说，"随着我研究美国社会的逐步深入，我益发认为身份平等是一件根本大事，而所有的个别事物则好像是由它产生的，所以我总是把它视为我的整个考察的集中点"③。

麦迪逊小心翼翼地说明，美国的宪法及其所确立的正式政治制度，是从美国独立这一事件中生长起来的。而确认美国独立的《独立宣言》，开篇就宣称人人生而平等。人与人的平等蕴含在美国的正式政治制度中，美国宪法第一条第九款通过禁止合众国颁发任何贵族爵位，在形式上确保了身份的平等。但是，美国的奴隶制的存在，正说明了人人生而平等，在社会中却可能极度不平等，而正式政治制度也无法立即消除这种不平等。

确保人人平等的，是少有人识的继承法。在托克维尔看来，美国人的身份并非来自宪法对身份平等的保证，而是来自继承权制度，"但在这里，继承法却使平等迈出了决定性的一步"④。托克维尔对继承权问题的重要性

---

① James Madison, "To Robert Walsh," in Gaillard Hunt, ed., *The Writings of James Madison*, Vol. 8, New York: G. P. Putnam's Sons, 1908, p. 427.
② 〔美〕托克维尔：《论美国的民主》，董果良译，商务印书馆，1988，第4页。
③ 〔美〕托克维尔：《论美国的民主》，董果良译，商务印书馆，1988，第4页。
④ 〔美〕托克维尔：《论美国的民主》，董果良译，商务印书馆，1988，第53页。

极力强调：

> 使我感到惊异的是，古代和现代的法学家们，竟没有使继承法对人间事物的发展产生巨大的影响。不错，它属于民法法规，但也是主要的政治措施，因为它对国家的社会情况具有异常重大的影响，而政治方面的法律不过是社会情况的表现形式。而且，继承法是以确切无疑和始终如一的形式对社会发生作用的，甚至可以说它也将影响尚未出生的世世代代。依靠继承法，人可以拥有左右人类未来的一种近乎神赐的权力。立法家一旦把公民的继承法制定出来，他就大可休息了，因为实施这项法律以后，他便无事可做了，即这项法律将像一部机器一样，自行开动，自行导向，朝着预定的目标前进。按照一定的方式制定的这种法律，随即把财产、不久以后又把权力积聚和集中起来，置于某一个人的手中。可以说，它使地上冒出了贵族。按另一种原则制定和按另一条道路发展时，它的作用的速度还会更快，但这时它是分化、分裂和分割财产与权势。有时，它的进展快得使人吃惊，而在人们感到无法制止它的时候，甚至要想法为它设置种种障碍。人们想用种种反措施来抵消它的作用，结果是徒劳无功！它不是把前进途中遇到的一切障碍打得粉身碎骨，就是使它们化为齑粉。它迅速上升，然后又立即落到地上，扬起一阵飘载着民主的游荡风尘。①

所以，当麦迪逊以其惯有的平淡语调谈论美国继承制度有助于奴隶生活条件改善的时候，并不是在谈论一个无关紧要的问题，而是在谈论一个极度重要的问题。

在麦迪逊看来，欧洲哲学家们的著作当然对奴隶生活条件的改善有重要影响，但这种影响看来极为有限。哲学家们无论如何激发人类对其他人遭受苦难的同情，对北美的奴隶和欧洲的自由劳动者的恶劣的生活条件也改善甚微。道德原则无疑会影响人的行为，但人的行为并非完全由道德原则决定，而很大程度上是由自私自利驱动的。欧洲（和废除奴隶制的美国北方地区）的资本家压榨自由的工人，和美国南方的奴隶主压榨奴隶，都

---

① 〔美〕托克维尔：《论美国的民主》，董果良译，商务印书馆，1988，第53~54页。

是出于同样的自利本性。

政治制度无法消除人的这种动机，而只能对其加以引导。自利本性无法改变，但是继承制度可以改变。欧洲盛行的贵族制是建立在长子继承权的基础上的，而废除长子继承权是美国革命的一大成就。正如伍德所说，"革命者们在他们的州宪法和法律中抨击家族势力和世袭的特权。在美国革命后的几十年里，所有新成立的州都通过立法或写进宪法的方式废除了原有的长子继承制和限定继承权的合法权限"[1]。也就是说，在麦迪逊看来，改善奴隶生活条件的，固然有欧洲哲学家的影响，但最重要的还是美国自己的革命成就。不仅如此，弗吉尼亚有这么多奴隶，也全怪欧洲。甚至在革命前，弗吉尼亚人就已经想要禁止奴隶输入，但是被外国势力〔指英国〕所挫败。独立之后，共和国的立法机关才立法永久禁止输入奴隶。[2]因此，麦迪逊是将奴隶制视为一个在英国专制政府下建立的，与欧洲劳工制度一样并非独一无二的丑陋制度，将奴隶制视为一种源自旧欧洲的需要共和制的美国解决和消除的罪恶。

麦迪逊辩护性的口吻并不能说服每个人。而且，在19世纪全世界废除奴隶制的大潮流下，不管奴隶制是源于旧欧洲的专制社会还是源于新大陆移民的贪婪，都无法证明它的现实存在是正当的。麦迪逊并不否认奴隶制应该废除，问题是如何废除。

利比里亚方案

在致罗伯特·伊凡斯的同样写于1819年的一封信中，麦迪逊讨论了如何在美利坚合众国最终彻底废除奴隶制的方案。[3] 他认为对奴隶的全部解放应该建立在三个原则的基础上：第一，应该是渐进的；第二，应该是公平的，应该满足奴隶主当下的关注；第三，应该与这一民族（nation）现存的稳定的偏见（prejudices）相一致。

---

[1] 〔美〕戈登·伍德：《美国革命的激进主义》，傅国英译，北京大学出版社，1997，第187~188页。

[2] James Madison, "To Robert Walsh," in Gaillard Hunt, ed., *The Writings of James Madison*, Vol. 8, New York: G. P. Putnam's Sons, 1908, p. 428.

[3] James Madison, "To Robert J. Evans," in Gaillard Hunt, ed., *The Writings of James Madison*, Vol. 8, New York: G. P. Putnam's Sons, 1908, pp. 439-447.

他对这三项原则逐项做了解释。第一，废除奴隶制之所以应该是渐进的，是因为它是一种"根源很深并且流布广泛的罪恶"①，而这种类型的罪恶公认应该逐步解决。第二，奴隶主们将奴隶视为一种财产，而财产权受到法律保护，并得到宪法的认可。因此，废除奴隶制会剥夺奴隶主的财产，而剥夺奴隶主的财产需要给予其对应的公平的令其满意的补偿。对奴隶来说，在获释之后也不应落入一无所有的状态，而应该得到一定的生产和生活资料，保证其生活不至于比奴役状态下还要糟糕。第三，应该与合众国的现存的而且可能不会无法改变的偏见相一致，这意味着，黑人应该被移出白种人口所占据或所分配的地区。麦迪逊对这一点做了特别详细的解释。麦迪逊指出，将黑人和白人彻底混合起来受到了非常强有力的反对，而这种反对是难以克服的（insuperable）。黑人肤色特别，如果一直生活在白人之中，同时政治或社会权利受到贬低和剥夺，那么他们必定总是对身处状况不满，认为不过是从一种压迫变为另一种压迫，因此难免以行动反抗。当时各州都有一些自由黑人，麦迪逊以这些自由黑人实际所处的情况来证明前一论点。因此，为了防止黑人和白人的社会冲突，有必要使两者分开。麦迪逊和其他弗吉尼亚精英为此提出的应对方案是将自由黑人迁移到非洲海岸（这些自由黑人建立了今天的利比里亚国）。

将自由黑人和即将被释放的黑人奴隶迁移到今天的利比里亚地区，这就是麦迪逊所认可的解决奴隶制度的实际可行的方案。他和弗吉尼亚的其他精英包括杰斐逊和门罗等人已经在1817年组织了"美国殖民协会"，将这一计划付诸实践。麦迪逊认为，这一"实验"，"应该得到任何认为奴隶制是一种罪恶、任何想要看到它通过和平而公正的手段而消失和废除、任何提不出更好办法的人的鼓励"②。实现这一计划需要一笔数额不小的资金。理论上，奴隶主只是将奴隶视为自己的财产，他们主要视奴隶制为一个经济问题，那么只要通过经济手段就可以消除奴隶制。用钱可以解决的问题都不是问题。麦迪逊在此将危及整个联邦政治制度存在的政治问题，转化成了一个可以操作的经济问题。麦迪逊估算了释放奴隶所需要的金

① James Madison, "To Robert J. Evans," in Gaillard Hunt, ed., *The Writings of James Madison*, Vol. 8, New York: G. P. Putnam's Sons, 1908, p. 439.

② James Madison, "To Robert J. Evans," in Gaillard Hunt, ed., *The Writings of James Madison*, Vol. 8, New York: G. P. Putnam's Sons, 1908, p. 441.

额，认为数目不是特别大，因此这一计划是完全可能成功的。

麦迪逊和其他弗吉尼亚精英的这一计划并非没有成效，但是就废奴这一总体目标而言是失败的。这不仅是由于该协会没能筹集到足够的资金，导致"他们十年间'殖民化'的奴隶数目连美国一个月出生的奴隶数目不足"①，而且也是因为他们的计划遭到了非裔美国人本身的抵抗，他们根本不想回到自己已经一无所知的那块非洲的土地。

走向内战

麦迪逊以经济手段解决奴隶制问题的努力无果而终。如果经济手段无法解决奴隶制，那么人们难免要诉诸暴力。当南北双方的对立开始激烈起来之后，麦迪逊在1831年致马修·凯瑞的一封信中满怀忧虑地写道："在贸易管制问题上（特别是影响到内陆和其他非进口州的贸易管制问题上）的缠绕和冲突，以及对逃奴进行保护而非强制遣返，自身就将很快激起作为战争预兆的激情。"② 麦迪逊在19世纪30年代初已经看到了美国内战的征兆。

麦迪逊对奴隶制的论述在此显现出了其全部重要性：它说明，正式政治制度在麦迪逊的政治理论中扮演着一个关键的核心角色，但关于正式政治制度的论述只是麦迪逊政治理论的一部分。麦迪逊试图用宪法及其所确立的正式政治制度解决美国人所共同面临的问题。宪法只是一份"写在羊皮纸上的"字面文件，因此制定宪法只是试图使用语言这种手段解决共同问题。当宪法不起作用、奴隶制问题可能导致联邦解体的时候，麦迪逊开始明智地诉诸经济手段，试图使用经济手段废除奴隶制。当经济手段也失败之后，麦迪逊提到了战争的可能性，而美国奴隶制的废除最终也的确是通过内战而完成的。

---

① 〔美〕艾伦·布林克利：《美国史（1492—1997）》，邵旭东译，海南出版社，2009，第346页。

② James Madison, "To Matthew Carey," in Gaillard Hunt, ed., *The Writings of James Madison*, Vol. 9, New York: G. P. Putnam's Sons, 1910, p. 463.

不完美的宪法

麦迪逊的理论经常给人以一种错觉，即美国的建国是一个单纯的互相协商、订立契约、通过公开写出的宪法而建立国家的过程，与世界上其他国家充斥着阴谋、暴力、战争的建国过程都不相同。美国因而被视为一个例外，美国的建国也被视为世界历史中的一个例外事件，说明了理智可以压倒激情、说明言辞的力量可以压倒刀剑的力量。[①] 相对于欧洲那些其建国（state-building）过程中言辞的力量几乎不起任何重要作用的国家，[②] 美国更适合成为其他国家的建国榜样。即使有了比尔德对美国建国过程中经济因素的强调，[③] 即使有了迈克尔·曼对战争在美国建国过程中所起至关重要作用的解释，[④] 这一印象也并无根本性的改变。一直以来，美国都是"宪政"（constitutional government）的化身，是人类社群可以用言辞而非暴力理性地解决共同面临的政治问题的现实榜样。这部分是因为麦迪逊、汉密尔顿和杰伊的《联邦党人文集》写得太成功了。《联邦党人文集》第二篇到第十三篇论证如何可以使用宪法解决美国人民共同面对的军事和经济问题，第十四篇论证在美国建立代议制的联邦大共和国是可能的，第二十四篇到第三十六篇论证新宪法下的军事和财政安排是正当的，第三十七篇到第四十篇论证新宪法的共和性质，第四十一篇到第八十篇阐释新宪法下的具体的三权分立的权力安排，最后两篇总结全文。因此，这本书给人留

---

① 对美国建国的理想化和榜样化从法国革命时期就已经开始了。正如 R. R. 帕尔默所说，对杜尔哥、马布利、孔多塞、莫尔莱和米拉波等著名法国人士来说，"给他们印象最深的是，美国人已通过合理而详细的计划建立了新的政府。""总之，美国人似乎已实现，从而实现了社会契约的思想。""所有的人都是公民，所有的人都是平等的，所有的人都是自由的。在国内感到不满的法国人把美国人理想化了。"有些人"把美国人经历的变革的规模加以夸大并为之狂喜。他们认为美国人没有历史，没有历史包袱，不受偏见、迷信和中世纪蒙昧时代的影响，是理论上的人类的样板"。R. R. 帕尔默："第十五章 革命时代的社会和心理基础"，南木译，载〔英〕古德温编《新编剑桥世界近代史（第八卷）：美国革命与法国革命（1763—1793 年）》，中国社会科学出版社，1999，第 567 页。

② 〔美〕查尔斯·蒂利：《强制、资本和欧洲国家（公元 990—1992 年）》，魏洪钟译，上海人民出版社，2007，第 16~18 页。

③ 〔美〕查尔斯·A. 比尔德：《美国宪法的经济观》，何希齐译，商务印书馆，1989。

④ 〔英〕迈克尔·曼：《社会权力的来源：第 2 卷》，陈海宏等译，上海人民出版社，2007，第 156~185 页。

下的印象是，宪法已经妥善地解决了美国人民共同面临的军事和经济问题，新宪法所确立的正式政治制度将在不受两者影响的情况下独立运行。这本书的作者们希望通过这样的总体安排，使读者相信宪法已经完美地控制了军事和经济问题，相信人类的理性可以控制追逐利益的经济冲动和使用暴力的野蛮激情。

麦迪逊、汉密尔顿和杰伊所写的杰出的《联邦党人文集》使读者容易相信，美国的建国者们使用言辞和理性解决了他们所面临的政治问题，而政治问题也的确应该这样解决。然而，麦迪逊关于奴隶制的论述说明这一解决并不是完美的，美国共和制的自由宪法无法控制奴隶主通过奴役他人来追求自身利益的经济冲动，也无法控制人们通过战争来解决奴隶制问题的激情。人们不仅可以在种植园中有效地抵制宪法内含的人人平等的原则，也可以在内战期间使用暴力颠覆宪法及其所确立的正式政治制度。《联邦党人文集》给人的总体印象是，美国宪法完美地解决了美国所面临的军事和经济问题，但事实说明这种解决并不完美。美国的经济和军事活动不仅并不在宪法的完美控制之下，而且会反过来影响正式政治制度的运行。宪法这一文本在美国的政治活动中居于关键的核心地位——正如麦迪逊所希望的那样，但是经济和军事问题也同样一直扮演着重要的角色。

第六章 结论

在旧邦联衰弱、新联邦未成的这一关键历史时刻，美国应该建立何种新政治制度？这是麦迪逊政治生涯早期的中心问题。麦迪逊思考这一问题，得出的答案是，美国应该建立一种复合共和制的新政治制度。这一新政治制度在形式上是一部作为规则的宪法，在实体上是一个具有能动性的政府。麦迪逊从未将美国的新宪法与新政府分离开来思考。事实上，麦迪逊所参与设计的美国宪法，其全部条款，都旨在建立一个新的政府。美国宪法第一条旨在确立联邦议会的组织方式及配备权力；第二条旨在确立行政部门的组织方式及配备权力；第三条旨在确立联邦司法机构的组织方式及配备权力。美国的新宪法和新政府是同一个新政治制度密切而不可分的两个方面。

麦迪逊所设计的这种复合共和制政治制度，是通过三次划分和两次合成而确立的。第一，划分政府和人民的界限。宪法通过《权利法案》明确地规定人民所拥有的权利以及政府权力的界限，并明确地规定联邦政府所拥有的总的有限权力。第二，纵向划分政府，将政府划分为州和联邦两级。第三，横向划分两级政府，将政府横向划分为立法、执行和司法三权或三个部门。这三次划分生成的要素又通过两次合成而联系了起来。第一，政府和人民在被划分开之后，又通过选举结合了起来。立法者和首席执行官都由人民定期选举。第二，两级政府的三权被划分开之后，又通过互相制衡这种关系联系在一起。

本书第二章，总结了麦迪逊支持这种复合共和制政治制度的五个论证步骤。第一，君主制令人厌恶，新政府应该是共和制的。共和制意味着权力来自人民，因此要为新政府引入选举的因素。第二，这一新政府，必须实现组织对外防御、保障内部安宁、保障公民自由以及促进普遍福利等现实目的。第三，小共和国（如当时美国的各州），对外无法保障自己的安全，对内也无法抵抗党争的破坏性影响。因此，为了达成这些目的，新宪法必须将各州联合起来建立一个大的联盟共和国。第四，美国各州的旧有联合，由于其中央政府的软弱而具有系统性的缺陷。因此，新宪法将确立一个更强大的联邦政府。第五，这一强大的联邦政府，具有演变成暴政的潜能。因此，需要明确规定政府总体的有限权力，通过《权利法案》限定政府权力的界限，将联邦政府分割为三个政府部门，并使其互相制衡。

麦迪逊的这五步推理，每一步都需要借助强大的理论资源。第一，在共和制与君主制的选择上，麦迪逊必须面对君主制赞同者一方的挑战。这种挑战不容忽视。汉密尔顿在费城制宪会议上公然声称，君主制的"大不列颠政府，是世界上最好的政府"①。汉密尔顿这一主张的背后，是从霍布斯到孟德斯鸠的强大的现代政治理论传统。为了回应这一理论传统的挑战，麦迪逊不可避免地只能借助古典共和主义的理论传统。第二，在政府的目的上，麦迪逊面对着汉密尔顿及其联邦党的理论挑战。本书第二章第二节详细研究了麦迪逊对这种挑战的回应。麦迪逊在回应中借助了现代自由主义的理论。第三，在建立大共和国和小共和国的问题上，麦迪逊受到了反联邦党人的猛烈批评。反联邦党人根据传统看法相信，共和制的政治制度只能存在于小的国家。为了回答这一批评，麦迪逊只能借助休谟的新学说，强调大共和国可以克服小共和国无法克服的内部党争的破坏性影响。此外，麦迪逊还借助孟德斯鸠的理论，强调联盟共和国在对外防御上的优势。同时，在"保障公民自由"的问题上，也存在着古代自由和现代自由两种立场的争论。麦迪逊为此也借助了现代自由主义的新理论。第四，历史已经证明，强大的政府有侵犯公民自由的潜能。麦迪逊为此而吸收了孟德斯鸠的三权分立理论。第五，在《权利法案》所意图确立的宗教自由等权利上，麦迪逊借助了现代自由主义的权利理论。本书第一章研究

---

① 〔美〕麦迪逊：《辩论：美国制宪会议记录》，尹宣译，辽宁教育出版社，2003，第144页。

了麦迪逊所借助的这些主要理论资源以及麦迪逊对这些理论资源的吸纳。

由上可见，麦迪逊政治理论中的几乎所有主要因素，都可以追溯到在他之前的政治理论家和政治理论传统。麦迪逊自己的贡献在于，通过自己的理论思考，使用创新的逻辑，将这些因素捏合成一个完善的整体。

麦迪逊所创造的这一新政治制度的整体，在建立之后立刻表现出了出乎意料的惊人可变性。这种可变性首先产生于麦迪逊所设计的三重划分的第一重，也就是政府与社会的关系上。麦迪逊主导通过的美国宪法，规定了美国政府的权力与结构，但是并没有规定美国社会的状况。这是因为，麦迪逊相信，政府应该与社会分离运行。这首先表现在，政府应该尽量摆脱存在于必然分化为诸多利益集团的现代社会中的党争的有害影响。正如著名美国史学家戈登·伍德所言，麦迪逊"想要这样一个政府，它将像一个无偏私的法官、无感情的裁判那样行动，在社会中多样的利益间进行裁夺"[1]。麦迪逊所设想的这种中立政府，在正式建立之后很快改变了性质。麦迪逊看到，美国新政府在成立之后，立刻遭受银行家和金融利益集团的不公正影响。美国政府的政策并不是中立的，而是偏向金融业和工商业利益集团的。麦迪逊相信，汉密尔顿及其联邦党把持了政府，不仅采取不公正的政策，而且还有颠覆共和制度的潜在倾向。为了对抗联邦党对共和制的破坏，麦迪逊和杰斐逊等人为维护共和制而一起建立了共和党。

新政治制度第一重划分上的这种改变，极大地改变了这一政治制度的其他部分。首先，将新政治制度变成党争场所的对立的联邦党和共和党，使国家分化为工商业发达的东北部和种植园农业发达的南部这两个阵营。美国不再仅仅是各州的联盟（United States），而更是南部和北部的联盟。美国联邦制度含义的这种改变，为联邦制度本身带来了内在的不稳定性。麦迪逊看到，"美国的宪法，将政府的权力在州和联邦之间分割。美国政治制度，将来会演变成一个压迫性的强大的全国政府，还是会演变成各州之间相互独立的无政府状态，是一个只有时间能够决断的问题。"[2] 其次，

---

[1] Gordon S. Wood, "Is There a 'James Madsion Problem'?" in *Liberty and American Experience in the Eighteenth Century*, edited and with an Introduction by David Womersley, Indianapolis: Liberty Fund, 2006, p. 437.

[2] James Madison, "To John G. Jackson," in Gaillard Hunt, ed., *The Writings of James Madison*, Vol. 9, New York: G. P. Putnam's Sons, 1910, p. 75.

联邦党同时执掌联邦政府的立法、执行和司法权，使三权的制衡大为失效。最后，权力的制衡，在一党同时掌握三权下的大为失效，使社会制衡成为必须。这意味着，人民不仅仅需要定期参与选举，而且需要经常性地关注和参与公共事务："他们的眼睛必须永远准备留意，他们的喉嗓必须永远准备去发声，而他们的双臂必须永远准备击退或修复对他们的宪法的权威的侵犯"。①

也就是说，在美国宪法没有发生变化的情况下，美国政府已经与麦迪逊最初设想的大为不同。美国新政治制度的宪法方面和政府方面，在此分别表现出了稳定性和可变性。美国新政治制度表现出来的这种出乎意料的可变性，促使麦迪逊在1790年之后重新构造了自己的政治理论。

本书以1790年为大致的界限，划分了麦迪逊政治理论发展的前两个阶段。麦迪逊政治理论这两个阶段的最重要的变化，发生在三个方面：从希望建立无党争共和国，转向承认党派政治的不可避免，并重新思考了政党的意义；从主张一个更接近单一制国家的联邦，转向强调州拥有自己的主权，可以否决联邦政府的立法；从相信人民是主权者，到强调舆论的真正重要性。麦迪逊不仅根据美国新政治制度的可变性调整了自己的政治理论，而且对美国政治制度的可变性本身也做了思考。本书深入研究了麦迪逊对政治制度的可变性的思考。本书研究表明，麦迪逊并不是一个只关心政治制度的形式与结构的旧制度主义者，而是同时思考了政治制度的稳定方面和可变方面。

1800年之后，麦迪逊从立法者转为执行官，先后担任美国的国务卿和总统，而他的政治理论也随之继续发展，进入了第三个阶段。在这个阶段，对美国新生的政治制度，出现了三个新的外部挑战。第一个重要的外部挑战，是导致美国首都被英军焚毁的1812年战争。第二个重要的外部挑战，是经济发展迫使美国政府突破宪法规定的权力界限。最后一个挑战则来自奴隶制。美国的宪法没有为这三项外部挑战给出既定的解决方案，麦迪逊只能自行去思考新的解决方案。

他的三项新解决方案都为现代世界打上了深刻的印记。他为1812年战

---

① James Madison, "Government of the United States," in Gaillard Hunt, ed., *The Writings of James Madison*, Vol. 6, New York: G. P. Putnam's Sons, 1906, p. 93.

争确立的防御性准则，将最终使美国的"战争部"改称"国防部"；他对美国经济发展的思考，使他拒绝批准美国第一银行延续其存在，并间接使得美国的中央银行最终只能以"美联储"的独特名字出现；他为解决奴隶制而提出的利比里亚方案，是今天存在的利比里亚共和国的起源。

麦迪逊在作为执行官运行美国政府期间所面对的这三重挑战、他所给出的方案及其影响，都大大超越了美国政治制度的最初框架。这些来自军事、经济和社会领域的外部挑战，无法被稳定地纳入政治制度的内部，总是迫使宪法暴露出它不完美的一些侧面，并迫使美国的政治制度不断变形。

面对着美国政治制度的形变，麦迪逊明智地看到，美国建立新政治制度的尝试毕竟只不过是一次政治实验。这项政治实验与其他科学实验一样，其所依据的理论，都应该根据实验结果来修正。麦迪逊的这一思想，为美国政府的不断改进开启了大门，而麦迪逊所帮助设立的美国宪法中的修宪条款，也使美国政府的改进可以依法进行。毕竟，只有一种可以随时代而改进的政治制度，才是能够持续存在的政治制度。

附　录

一　麦迪逊年表[*]

早年生涯（1751~1778）

- 1751 年 3 年 16 日生于弗吉尼亚，乔治国王县的康威港，他外祖父家。

- 1751 年移居奥兰治县的蒙彼利埃。

- 1763 年就学于国王和女王县的唐纳德·罗伯逊的学校。

- 1765~1769 年接受家庭教师托马斯·马丁神父的私人指导。

- 1769 年进普林斯顿大学读书。

- 1771 年 10 月 7 日从普林斯顿大学毕业。

- 1772 年回到蒙彼利埃。

- 1774 年 12 月被选为奥兰治县委员会的成员。

- 1776 年 4 月在美国独立战争爆发之后作为奥兰治县的代表被选入

---

[*]　摘编自格拉德·杭特所编九卷本《麦迪逊文选》中各卷开头所附"编年表"。（The texts below are selected and translated from Gaillard Hunt, "Chronology of James Madison," in James Madison, *The Writings of James Madison*, Vol. 1-9. Gaillard Hunt, ed., New York: G. P. Putnam's Sons, 1900-1910.）

弗吉尼亚大会（convention）。

- 1776 年 5 月 6 日正式就任弗吉尼亚大会成员。

- 1776 年 6 月 10 日为更好保障宗教自由而提交一份修正案。

- 1776 年 10 月 6 日被选入新成立的弗吉尼亚议会（House of Delegates）。

- 1776 年结识托马斯·杰斐逊。

- 1777 年 4 月输掉议会选举。

- 1777 年 11 月 13 日被选入州长资政团（Elected by the General Assembly to the Governor's Council）

邦联政坛新秀（1779~1788）

- 1779 年被选为大陆会议代表。

- 1780 年 3 月 20 日正式就任大陆会议代表。

- 1780 年 11 月提议中止纸币的发行。

- 1781 年 4 月 16 日讨论对各邦实行强制手段的计划。

- 1782 年 2 月 7 日（财政危机迫使）国会创建新银行，（国会发不出工资导致）麦迪逊个人的经济危机。

- 1782 年 9 月关于弗吉尼亚的西部土地问题，他主张妥协。

- 1782 年 11 月 26 日提议国会授权中止纸币发行。

- 1782 年 12 月 7 日发言讨论货币贬值问题。

- 1782 年 2 月 8 日反对依土地价值收税。

- 1783 年 2 月 13 日提议继续向欧洲借债。

- 1783 年 2 月 21 日发言讨论全国财政。

- 1783 年 3 月 27 日倡议偿还独立战争期间各州花费。

- 1783 年 4 月 3 日与汉密尔顿一起加入一个委员会，汇报和平战争结束后的各项安排。

- 1784 年 6 月发言提议修改弗吉尼亚州宪法。

- 1784 年 9 月 1 日与参与美国独立战争并将会参与法国大革命的法国将军、共和主义者拉法耶特同游。

- 1784 年 11 月发言反对为宗教目的收税。

- 1785 年 8 月 25 日致信凯勒布·瓦勒斯，讨论肯塔基的宪法草案。
- 1785 年 10 月写出《反对宗教税收的备忘录》
- 1786 年 2 月 21 日麦迪逊提议召开联邦会议，讨论贸易管理，并且被选为会议代表。
- 1786 年 10 月 5 日会议在安纳波利斯召开。
- 1786 年 10 月 30 日安纳波利斯会议没有达到目的，在费城计划召开新的联邦会议。
- 1786 年 11 月在代表大会发言反对发行纸币。
- 1786 年 12 月提请选举参加费城会议的人选。
- 1786 年 12 月 5 日被选为费城会议代表。
- 1787 年 2 月 15 日在纽约参加会议。
- 1787 年 3 月 19 日致信杰斐逊勾画宪法草案。
- 1787 年 4 月 8 日致信埃德蒙·兰道尔夫勾画宪法草案。
- 1787 年 4 月 16 日致信华盛顿勾画宪法草案。
- 1787 年 5 月 2 日离开纽约赴费城。
- 1787 年 5 月 6~25 日与其他弗吉尼亚代表一起准备"弗吉尼亚方案"。
- 1787 年 5 月 25 日至 6 月 19 日费城制宪会议第一阶段。
- 1787 年 6 月 20 日至 7 月 26 日费城制宪会议第二阶段，围绕全体委员会报告辩论。
- 1787 年 8 月 6 日至 9 月 10 日费城制宪会议第三阶段，围绕细节委员会报告辩论。
- 1787 年 9 月 11~17 日费城制宪会议第四阶段，宪法成稿。
- 1787 年 11 月开始写作《联邦党人文集》。
- 1788 年 4 月被选为弗吉尼亚大会的成员。

联邦政治领袖（1789~1800）

- 1789 年 2 月被选入第一届国会众议院，成为其中的活跃成员。
- 1789 年 6 月 8 日发言讨论宪法的修正案。
- 1789 年 8 月 13 日再次发言讨论宪法的修正案。

- 1790 年 2 月 11 日发言讨论国债。
- 1790 年 2 月 24 日发言讨论偿付州的债务。
- 1790 年 6 月与杰斐逊同游。
- 1792 年 11 月 21 日在弗雷诺主编的《国民公报》（*National Gazette*）上发表第一篇文章。
- 1792 年 2 月与汉密尔顿决裂。
- 1792 年 7 月 21 日提交华盛顿总统告别演说的草稿。
- 1793 年 8 月拜访门罗（共和党人、美国第五任总统）。
- 1793 年 8~9 月化名发表"爱尔维修斯来信"，反驳汉密尔顿化名为"帕西飞库斯"（*Pacifiucs*）发表的论文。
- 1794 年 9 月 14 日与多莉·派恩·托德结婚。
- 1797 年 3 月 4 日退休，回到私人生活。
- 1798 年通过《弗吉尼亚决议案》。
- 1799 年 12 月写出《关于弗吉尼亚决议案的报告》，反驳反对意见。

担任国务卿与总统（1801~1817）

- 1801 年 5 月 2 日就职杰斐逊政府的国务卿。
- 1809 年 3 月 4 日就职总统。
- 1812 年 6 月 1 日对国会发出战争信息。
- 1813 年 3 月 4 日再次就职总统。
- 1814 年 8 月 24 日首都华盛顿被英军攻陷，美国政府逃亡。
- 1815 年 2 月 18 日交和平条约给国会。
- 1817 年 3 月 3 日否决《红利法案》。
- 1817 年 3 月 4 日总统歇任。

退休之后（1819~1836）

- 1824 年 4 月 17 日讨论《红利法案》。

- 1824 年 11 月会见拉法耶特。
- 1826 年 7 月 6 日得知杰斐逊去世。
- 1827 年 2 月为 1812 年战争辩护。
- 1828 年 8 月 2 日讨论联邦解体的流行情绪。
- 1829 年 8 月 10 日讨论 1798 年弗吉尼亚方案的州权理论。
- 1830 年 5 月讨论"共同防御和公共福利"。
- 1831 年 12 月 28 日讨论解放奴隶至非洲。
- 1836 年 6 月 28 日去世。

二　《联邦党人文集》的结构

汉密尔顿在《联邦党人文集》第一篇指明了这一系列文章计划要讨论的系列主题：1. 联邦对你们政治繁荣的裨益；2. 目前的邦联不足以维持联邦；3. 为了维持一个至少需要同所建议的政府同样有力（energetic）的政府；4. 新宪法与共和政体真正原则的一致；5. 新宪法与你们的州宪法是相类似的；6. 通过新宪法对维持那种政府、对自由和财产的进一步保证。然而，由于《联邦党人文集》的作者不止一人，各作者的意图和思路并非全然一致，加之最初是分散在几家纽约报纸上以系列文章的形式随写随发，并且作者们还要针对"反联邦党人"陆续发表的反对意见加以反驳，所以最终形成的结构与汉密尔顿的计划相当不同。

事实上，对现代读者来说，《联邦党人文集》的结构并非一目了然，而是极为暧昧不清的。对初读者来说，这八十五篇论文宛如一座茂密的森林，进入其中，走不了多远就会迷失方向，搞不清自己身在何处。读者往往难以顺利地从头读到尾，而且即使顺序读完也往往不知道自己到底读过一些什么。这种困难，有时导致读者不去通读全书，而是选择性地阅读一些著名篇章，例如第十篇和第五十一篇。这种选择性阅读又会导致对原文的片面理解。

为了克服这种困难，学者们做出了非凡努力。《联邦党人文集》的当代版本往往都附有对其结构的分析，以求有助于读者的阅读和理解。只是这些分析并不一致。由于原文的复杂性，学者们对《联邦党人文集》的结构的理解彼此非常不同。此处无法消除这种分歧，只是结合 Lawrence Goldman 与 Terence Ball 的工作，① 进一步给出笔者自己的理解，并制表如下。

表 1 《联邦党人文集》八十五篇的结构

章节	主题	作者与细目
1.	系列文章的主题与结构	1. 汉密尔顿
2.	联合有利，分裂有害	2. 杰伊。美国人民相信他们的繁荣依赖于继续联合；天意（Providence）安排的自然条件使美国应该联合成为一体；制宪会议推荐了一个更明智的政府或宪法，希望人民认可；分裂有害，将使美国永别伟大（Greatness）
3~5.	联合有利于抵御外部危险，分裂更易导致外敌发起侵略战争	3. 杰伊。有效的联邦政府，比邦更能遵守国际法和国际条约，因此减少外国对美国发起战争的原因
		4. 杰伊。有效的全国政府，不只能防止各邦引起战争，而且能使外国不敢或不愿因利益冲突或其他原因而对美国发起战争
		5. 杰伊。分裂后形成的各主权国家势必互相敌对，并且会进一步召来外部干预
6~8.	分裂导致各邦互相为敌，危害极大	6. 汉密尔顿。众多原因导致战争，邻国自然要彼此为敌
		7. 汉密尔顿。各邦开战的可能原因
		8. 汉密尔顿。各邦相互战争，导致常备军的建立，最终毁灭自由政府
9~10.	可以联合成大共和国	9. 汉密尔顿。反对派误解孟德斯鸠认为共和国只能是小的，实际上小共和国纪录不堪，而且孟德斯鸠主张建立联邦共和国以确保对外和对内安全。联邦特别能够抑制内部派别斗争和叛乱（repress domestic faction and insurrection）
		10. 麦迪逊。联合成大共和国的好处：能控制内部党争
11~13.	联合的经济好处	11. 汉密尔顿。联邦有利于国内外贸易，有利于海军建设
		12. 汉密尔顿。联邦有利于增加税收，打击走私
		13. 汉密尔顿。联邦有利于节省政府开支

---

① Alexander Hamilton, James Madison and John Jay, *The Federalist Papers*, edited with an Introduction and Notes by Lawrence Goldman, New York: Oxford University Press, 2008. Alexander Hamilton, James Madison, and John Jay, *The Federalist with The Letters of "Brutus"*, Terence Ball, ed., Cambridge: Cambridge University Press, 2004.

续表

章节	主题	作者与细目		
14.	对大共和国的进一步辩护	14. 麦迪逊。代议制使大共和国成为可能；其他四种因素也有利于建立新联邦共和国；大共和国是保障公民权利的必要创新		
15~23.	邦联已失败，需要建立一个新政府	15~17. 汉密尔顿。现邦联之失败	15. 邦联备受羞辱，需要加强全国政府	
			16. 邦联正在缓慢死亡，需要加强全国政府	
			17. 新联邦不会剥夺邦的权力	
		18~20. 麦迪逊。联盟政府失败史	18. 希腊联盟	
			19. 德意志、波兰和瑞士的联盟	
			20. 荷兰联盟	
		21~22. 汉密尔顿。当前美国邦联的主要问题	21. 联盟议会没有执行法律的权力；联盟不能介入平定各邦内乱；财政不公平	
			22. 没有统一的商业政策；征兵办法；各邦表决权平等；没有联邦司法体系	
		23. 汉密尔顿。我们需要建立一部新宪法。具体的三个问题：联邦政府要实现的目标；实现目标所必需的权力数量；权力由个人行使		
24~29.	军事问题	24~29. 汉密尔顿。联邦政府建立常备军是必要的		
30~36.	税收问题	30~36. 汉密尔顿。联邦应有权征税		
37~40.	新宪法的共和性质及其立法者	37. 麦迪逊。制宪会议，其面对的难题与解决方案		
		38. 麦迪逊。制宪会议，针对紧迫问题，制定了不完美但可能是最好的实验解决方案		
		39. 麦迪逊。新政府的性质：共和制、单一政府和联邦政府的混合制		
		40. 麦迪逊。制宪会议有权推荐这部新宪法		
41~46.	授予联邦政府的六类权力以及邦权	41~44. 麦迪逊。授予联邦政府的六类权力	41. 第一类权力：防御外来危险	
			42. 第二类权力：管理与外国的交往；第三类权力：保证各邦之间和谐恰当的交往	
			43. 第四类权力：实现普遍福利所要求的若干目标	
			44. 第五类权力：限制邦不得进行某些有害行动；第六类权力：使上述权力生效的条件	
		45~46. 麦迪逊。联邦政府不会侵犯邦权		

章节	主题	作者与细目	
47~51.	三权分立	47. 麦迪逊。政府三部门不可能彻底分离（totally separate and distinct from each other）。麦迪逊的理论和美国各邦的实践	
		48. 麦迪逊。政府三部门必须互相联系并混合起来（connected and blended），并使其互相平衡	
		49~50. 麦迪逊。防止强势政府部门侵犯弱势部门，不能依赖诉诸民意。批评杰斐逊	
		51. 维持三权分立的办法	
52~61.	众议院	52~58. 麦迪逊。反驳对众议院的指责 59~61. 汉密尔顿。解释宪法中关于众议院的条款	
62~66.	参议院	62~63. 麦迪逊。参议院的用处和组织 64. 杰伊。参议院缔结对外条约的权力 65~66. 汉密尔顿。参议院审核弹劾案的权力	
67~77.	执行机构	67~69. 汉密尔顿。总统的设置是恰当的	67. 执行分支受到最多攻击，反对者指责总统继承了君主的权力和威严，但指责缺乏根据
			68. 任命总统的方式很少受批评，本身也极好
			69. 行政部门的真实性质。与英国国王的不同之处，总统权力更小
		70~73. 汉密尔顿。强执行权的三要素	70. 共和政府需要对人民负责任的强有力的执行权，行政首脑应为一人
			71. 强有力执行权的第二个要素，任期长
			72. 应当允许总统连任
			73. 强有力执行权的第三个要素，恰当规定的薪酬
		74~77. 汉密尔顿。总统的各项权力	74. 军事权和赦免权
			75. 与参议院共享缔结条约权
			76. 与国会共享人事任命权
			77. 人事任命权与其他权力
78~83.	法院	78~83. 汉密尔顿	78. 司法机构的组成方式
			79. 薪酬
			80. 司法权限之审判对象
			81. 各级法院的分工及彼此间关系
			82. 一些争议问题
			83. 陪审团
84~85.	补论和结论	84. 汉密尔顿。一些补论	
		85. 汉密尔顿。结论	

参考文献

一 麦迪逊原著

〔美〕汉密尔顿、杰伊、麦迪逊：《联邦党人文集》，程逢如、在汉、舒逊译，商务印书馆，1995。

〔美〕麦迪逊：《辩论：美国制宪会议记录》，尹宣译，辽宁教育出版社，2003。

James Madison, *The Writings of James Madison*, Gaillard Hunt（ed.）, New York: G. P. Putnam's Sons, 1900-1910, 9 Vols.

James Madison, "James Madison's Attitude Toward the Negro," *The Journal of Negro History*, Vol. 6, No. 1（Jan., 1921）.

James Madison, *Writings*, Jack N. Rakove（ed.）, New York: Library of America, 1999.

Alexander Hamilton, James Madison and John Jay, *The Federalist Papers*, edited with an Introduction and Notes by Lawrence Goldman, New York: Oxford University Press, 2008.

二 中文著作

〔美〕布鲁斯·阿克曼：《我们人民：宪法的根基》，孙力、张朝霞译，法律出版社，2004。

〔美〕布鲁斯·阿克曼：《我们人民：宪法的变革（修订版）》，孙文恺译，法律出版社，2009。

〔美〕布鲁斯·阿克曼：《建国之父的失败：杰斐逊、马歇尔与总统制民主的兴起》，江照信译，中国政法大学出版社，2013。

〔美〕汉娜·阿伦特：《论革命》，陈周旺译，译林出版社，2007。

〔美〕斯蒂芬·L.埃尔金、卡罗尔·爱德华·索乌坦编《新宪政论》，周叶谦译，三联出版社，1997。

〔美〕约瑟夫·艾利斯：《那一代：可敬的开国元勋》，邓海平、邓友平译，中国社会科学出版社，2003。

〔美〕彼得·埃文斯、迪特里希·鲁施迈耶、西达·斯考克波编著《找回国家》，方力维、莫宜瑞、黄琪轩等译，三联书店，2009。

〔美〕巴拉克·奥巴马：《无畏的希望：重申美国梦》，罗选民、王璟、尹音译，法律出版社，2008。

〔美〕文森特·奥斯特罗姆：《美国联邦主义》，王建勋译，上海三联书店，1993。

〔美〕文森特·奥斯特罗姆：《复合共和制的政治理论》，毛寿龙译，上海三联书店，1999。

〔美〕伯纳德·贝林：《美国革命的思想意识渊源（原书增订版）》，涂永前译，中国政法大学出版社，2007。

〔美〕盖伊·彼得斯：《政治科学中的"新制度主义"》，王向民、段红伟译，上海人民出版社，2011。

〔美〕查尔斯·A.比尔德：《美国宪法的经济观》，何希齐译，商务印书馆，1989。

〔美〕查尔斯·比尔德：《共和对话录》，杨日旭译，东方出版社，2008。

〔美〕亚历山大·M.比克尔：《最小危险部门》，姚中秋译，北京大学出版社，2007。

〔美〕弗格斯·M.博德维奇：《首届国会：美国政府的创造，1789—1791》，濮阳荣译，上海社会科学院出版社，2018。

〔美〕詹姆斯·麦格雷戈·伯恩斯等：《民治政府：美国政府与政治

（第二十版）》，吴爱明、李亚梅等译，夏宏图、陈爱明校，中国人民大学出版社，2007。

〔英〕J. G. A. 波考克：《马基雅维里时刻：佛罗伦萨政治思想和大西洋共和主义传统》，冯克利、傅乾译，译林出版社，2013。

〔英〕柏克：《法国革命论》，何兆武、许振洲、彭刚译，商务印书馆，1998。

〔古希腊〕柏拉图：《政治家》，洪涛译，上海人民出版社，2006。

〔美〕艾伦·布林克利：《美国史（1492—1997）》，邵旭东译，海南出版社，2009。

〔美〕罗恩·彻诺：《汉密尔顿传》，张向玲、高翔、何皓瑜译，浙江大学出版社，2018。

〔美〕达尔：《民主理论的前言》，顾昕、朱丹译，三联书店，1999。

〔美〕罗伯特·A. 达尔：《民主及其批评者》，曹海军、佟德志译，吉林人民出版社，2006。

〔美〕罗纳德·德沃金：《认真对待权利》，信春鹰、吴玉章译，中国大百科全书出版社，1998。

〔美〕查尔斯·蒂利：《强制、资本和欧洲国家（公元990—1992年）》，魏洪钟译，上海人民出版社，2007。

〔美〕马克斯·法仑德：《美国宪法的制订》，董成美译，马清文校，中国人民大学出版社，1987。

〔美〕约翰·菲尔林：《美利坚是怎样炼成的：杰斐逊与汉密尔顿》，王晓平、赵燕、黑黟译，商务印书馆，2015。

〔美〕哈罗德·F. 戈斯内尔、理查德·G. 斯莫尔卡：《美国政党和选举》，复旦大学国际政治系译，上海译文出版社，1980。

〔美〕邦雅曼·贡斯当：《古代人的自由与现代人的自由》，阎克文、刘满贵译，冯克利校，上海人民出版社，2005。

〔美〕F. J. 古德诺：《政治与行政》，王元译，杨百揆校，华夏出版社，1987。

A. 古德温编《新编剑桥世界近代史（第八卷）：美国革命与法国革命（1763—1793）》，中国社会科学院世界历史研究所组译，中国社会科学出版社，1999。

〔英〕C. W. 克劳利等编《新编剑桥世界近代史（第九卷）：动乱年代的战争与和平》，中国社会科学院世界历史研究所组译，中国社会科学出版社，1999。

〔美〕罗伯特·古丁、汉斯-迪特尔·克林格曼主编《政治科学新手册》，钟开斌、王洛忠、任丙强等译，彭宗超、尹宏毅、崔之元校，三联书店，2006。

〔美〕路易斯·哈茨：《美国的自由主义传统》，张敏谦译，中国社会科学出版社，2003。

〔美〕乔治·华盛顿：《华盛顿选集》，聂崇信、吕德本、熊希龄译，商务印书馆，1989。

〔英〕霍布斯：《利维坦》，黎思复、黎廷弼译，杨昌裕校，商务印书馆，1985。

〔美〕理查德·霍夫斯塔特：《美国的政治传统及其缔造者》，崔永禄、王忠和译，周颖如校，商务印书馆，1997。

〔美〕杰斐逊：《杰斐逊集》，彼得斯注释编辑，刘祚昌、邓红风译，三联书店，1993。

〔美〕托马斯·杰斐逊：《杰斐逊自传》，朱曾汶译，商务印书馆，2013。

〔英〕约翰·梅纳德·凯恩斯：《和约的经济后果》，张军、贾晓屹译，华夏出版社，2008。

〔美〕克里斯托弗·科利尔、詹姆斯·林肯·科利尔：《费城抉择：美国制宪会议始末》，高玉明译，上海人民出版社，2017。

〔美〕孔华润主编《剑桥美国对外关系史》，王琛等译，新华出版社，2004。

〔美〕杰克·N. 雷克夫：《宪法的原始含义：美国制宪中的政治与理念》，王晔、柏亚琴等译，江苏人民出版社，2008。

李剑鸣：《大转折的年代：美国进步主义运动研究》，天津教育出版社，1992。

〔法〕卢梭：《社会契约论》，何兆武译，商务印书馆，2003。

〔英〕洛克：《政府论》（下篇），叶启芳、瞿菊农译，商务印书馆，1964。

〔美〕米特·罗姆尼：《无可致歉》，白涛译，法律出版社，2012。

〔意〕马基雅维利：《君主论·李维史论》，潘汉典、薛军译，吉林出版集团有限责任公司，2011。

〔美〕詹姆斯·G. 马奇、约翰·奥尔森：《重新发现制度：政治的组织基础》，张伟译，三联书店，2011。

〔美〕C. H. 麦基文：《宪政古今》，翟小波译，贵州人民出版社，2004。

〔美〕戴维·麦卡洛：《1776：美国的诞生》，刘彤译，商务印书馆，2015。

〔英〕迈克尔·曼：《社会权力的来源：第 1 卷》，李少军、刘北成译，上海人民出版社，2002。

〔英〕迈克尔·曼：《社会权力的来源：第 2 卷》，陈海宏等译，上海人民出版社，2007。

〔美〕哈维·C. 曼斯菲尔德：《驯化君主》，冯克利译，译林出版社，2005。

〔美〕梅里亚姆：《美国政治学说史》，朱曾汶译，商务印书馆，1980。

〔美〕梅里亚姆：《美国政治思想》，朱曾汶译，商务印书馆，1984。

〔美〕乔恩·米查姆：《权力的艺术：托马斯·杰斐逊传》，贾冬妮等译，中信出版社，2015。

〔英〕J. S. 密尔：《代议制政府》，汪瑄译，商务印书馆，1984。

〔法〕孟德斯鸠：《论法的精神》（上册），张雁深译，商务印书馆，1959。

〔法〕孟德斯鸠：《论法的精神》（下册），张雁深译，商务印书馆，1963。

〔美〕塞缪尔·莫里森、亨利·康马杰、威廉·洛伊希腾堡：《美利坚合众国的成长》，南开大学历史系美国史研究室译，天津人民出版社，1980。

〔美〕加里·纳什等编著《美国人民：创建一个国家和一种社会（第 6 版）上卷》，刘德斌主译，刘德斌、任东波审校，北京大学出版社，2008。

〔澳〕菲利普·佩迪特：《共和主义：一种关于自由与政府的理论》，刘训练译，江苏人民出版社，2005。

任军锋主编《共和主义：古典与现代》，上海人民出版社，2006。

〔美〕乔治·霍兰·萨拜因：《政治学说史》，托马斯·索尔森修订，盛葵阳、崔妙因译，南木校，商务印书馆，1986。

〔意〕G. 萨托利：《政党与政党体制》，王明进译，商务印书馆，2006。

〔美〕迈克尔·桑德尔：《民主的不满：美国在寻求一种公共哲学》，曾纪茂译，刘训练校，江苏人民出版社，2008。

〔美〕小阿瑟·施莱辛格主编《美国民主党史》，复旦大学国际政治系编译，上海人民出版社，1977。

〔德〕卡尔·施米特：《宪法学说》，刘锋译，上海人民出版社，2005。

〔美〕施密特、谢利、巴迪斯：《美国政府与政治》，梅然译，北京大学出版社，2005。

〔美〕列奥·施特劳斯、约瑟夫·克罗波西主编《政治哲学史》，李天然等译，河北人民出版社，1993。

〔美〕斯蒂芬·斯科夫罗内克：《总统政治：从约翰·亚当斯到比尔·克林顿的领导艺术》，黄云、姚蓉、李宪光译，新华出版社，2003。

〔英〕昆汀·斯金纳：《近代政治思想的基础（上、下卷）》，奚瑞森、亚方译，商务印书馆，2002。

〔美〕约瑟夫·斯托里：《美国宪法评注》，毛国权译，上海三联书店，2006。

〔美〕赫伯特·J. 斯托林：《反联邦党人赞成什么——宪法反对者的政治思想》，汪庆华译，北京大学出版社，2006。

〔美〕小詹姆斯·R. 斯托纳：《普通法与自由主义理论》，姚中秋译，北京大学出版社，2005。

〔德〕卡尔·施米特：《政治的概念》，刘宗坤译，上海人民出版社，2004。

〔美〕肯尼斯·W. 汤普森编《宪法的政治理论》，张志铭译，三联书店，1997。

佟德志：《在民主与法治之间》，人民出版社，2006。

佟德志编《宪政与民主》，江苏人民出版社，2007。

〔法〕托克维尔：《论美国的民主》，董果良译，商务印书馆，1988。

万绍红：《美国宪法中的共和主义》，人民出版社，2009。

王希：《原则与妥协：美国宪法的精神与实践》，北京大学出版社，2000。

〔英〕M. J. C. 维尔：《宪政与分权》，苏力译，三联出版社，1997。

〔美〕加利·威尔士：《美国宪法之父：詹姆斯·麦迪逊传》，刘红、冉红英译，安徽教育出版社，2006。

〔美〕威尔逊：《国会政体——美国政治研究》，熊希玲、吕德本译，商务印书馆，1986。

〔美〕戈登·伍德：《美国革命的激进主义》，傅国英译，北京大学出版社，1997。

〔古罗马〕西塞罗：《论共和国论法律》，王焕生译，中国政法大学出版社，1997。

〔美〕詹姆斯·W. 西瑟：《自由民主与政治学》，竺乾威译，上海人民出版社，1998。

肖滨：《现代政治与传统资源》，中央编译出版社，2004。

〔英〕休谟：《休谟政治论文选》，张若衡译，商务印书馆，2010。

徐大同主编《西方政治思想史》（五卷），天津人民出版社，2006。

〔古希腊〕亚里士多德：《政治学》，颜一、秦典华译，中国人民大学出版社，2003。

〔美〕丹尼尔·J. 伊拉扎：《联邦主义探索》，彭利平译，上海三联书店，2004。

应奇、刘训练等编《公民共和主义》，东方出版社，2006。

应奇、刘训练等编《共和的黄昏》，吉林出版集团有限责任公司，2007。

〔美〕迈克尔·扎科特：《自然权利与新共和主义》，王崇兴译，吉林出版集团有限公司，2008。

詹宁斯：《法与宪法》，龚祥瑞、侯健译，三联书店，1997。

三　中文论文

〔英〕W. Ivor. 张帅：《美国行政权扩张问题研究》，博士学位论文，山东大学，2010。

叶凡美：《"内部改进"与美国早期国家构建（1801—1833）》，博士学位论文，南开大学，2010。

〔美〕道格拉斯·阿代尔：《"政治或可化约为一种科学"：大卫·休谟、詹姆斯·麦迪逊和〈联邦党人文集〉第十篇》，陈舒婕、韩亚栋译，《政治思想史》2010年第4期。

〔英〕马克斯·贝洛夫：《美国革命（1763—1793年）：宪法问题面面观》，张志军译，载古德温编《新编剑桥世界近代史（第八卷）：美国革命与法国革命（1763—1793）》，中国社会科学出版社，1999。

〔丹麦〕莫恩斯·赫尔曼·汉森：《混合宪制与三权分立：现代民主的君主制与贵族制特征》，《经济社会体制比较》2012年第2期。

侯学华：《联邦主义者的立宪共和思想论析》，《理论月刊》2011年第10期。

〔美〕托马斯·H.考克斯：《美国宪法创制史观的演变》，张庆熠译，《南京大学学报》（哲学·人文科学·社会科学版）2011年第4期。

〔英〕克里斯托弗·劳埃德：《海军》，张志军译，载古德温编《新编剑桥世界近代史（第八卷）：美国革命与法国革命（1763—1793年）》，中国社会科学出版社，1999。

刘训练：《当代共和主义的复兴》，载许纪霖主编《公共性与公民观》，江苏人民出版社，2006。

刘训练：《共和主义的复兴——当代西方新共和主义的局限与困境》，《国外社会科学》2007年第6期。

刘祚昌：《杰斐逊麦迪逊与共和党的兴起》，《历史研究》1996年第2期。

〔英〕洛克：《论自然法》，祁晋文等译，载马德普、〔加〕威尔·金里卡主编《中西政治文化论丛》（第六辑），天津人民出版社，2007。

〔美〕斯坦利·罗森：《安乐的美德：启蒙运动评论》，张陀译，载哈佛蓝京学社编《启蒙的反思》，江苏教育出版社，2005。

〔英〕T.H.马歇尔：《公民身份与社会阶级》，刘训练译，载郭忠华、刘训练编《公民身份与社会阶级》，江苏人民出版社，2008。

〔美〕曼斯菲尔德：《近代代议制与中世纪代表制》，刘锋译，载刘小枫编《施米特与政治法学》，上海三联书店，2002。

〔美〕H.C.J. 曼斯菲尔德：《社会科学与美国宪法》，汪庆华译，载赵晓力编《宪法与公民》，上海人民出版社，2004。

〔英〕R.R. 帕尔默：《第十五章革命时代的社会和心理基础》，南木译，载古德温编《新编剑桥世界近代史（第八卷）：美国革命与法国革命（1763-1793 年）》，中国社会科学出版社，1999。

〔英〕M.A. 琼斯：《从帝国、战略和外交诸方面看美国革命》，陈沫译，载古德温编《新编剑桥世界近代史（第八卷）：美国革命与法国革命（1763-1793 年）》，中国社会科学出版社，1999。

宋腊梅：《麦迪逊的政党思想与实践》，《中央社会主义学院学报》2007 年第 6 期。

〔美〕纳坦·塔科夫：《〈联邦党人文集〉中的战争与和平》，胡兴建译，载赵明主编《法意》（第一辑），商务印书馆，2008。

〔美〕纳坦·塔科夫：《联邦党人和反联邦党人论对外事务》，胡兴建译，载赵明主编《法意》（第二辑），商务印书馆，2008。

〔美〕凯瑟琳、西伦、斯温斯坦默等：《比较政治学中的历史制度主义》，何俊志编译，载《新制度主义政治学译文精选》，何俊志、任军锋、朱德米编译，天津人民出版社，2007。

〔英〕F. 西斯尔恩韦特：《1794—1828 年的美国与旧世界》，张大星译，载 C.W. 克劳利编《新编剑桥世界近代史（第九卷）：动乱年代的战争与和平》，中国社会科学出版社，1992。

叶凡美：《詹姆斯·麦迪逊总统对〈红利法案〉的否决》，《史学月刊》2008 年第 7 期。

张福建：《人民与制宪——马萨诸塞州制宪（1776—1780）的经验及其意义》，载李强主编《宪政与秩序》，北京大学出版社。

张福建：《在自由主义与共和主义之外：麦迪逊早期宪政思想探索》，《政治思想史》2010 年第 1 期。

四　外文著作

Banning, Lance. *The Sacred Fire of Liberty: James Madison and the Founding of the Federal Republic.* Ithaca: Cornell University Press, 1995.

Bloom, Allan. ed. *Confronting the Constitution*: *The Challenge to Locke*, *Montesquieu*, *Jefferson*, *and the Federalists from Utilitarianism*, *Historicism*, *Marxism*, *Freudianism*, *Pragmatism*, *Existentialism*. Washington: AEI Press, 1990.

Burstein, Andrew and Nancy Isenberg, *Madison and Jefferson*. New York: Random House, 2010.

Dryzek, John S., Bonnie Honig and Anne Phillips eds. *The Oxford Handbook of Political Theory*. Oxford: Oxford University Press, 2006.

Edling, Max M. *A Revolution in Favor of Government*: *Origins of the U. S. Constitution and the Making of the American State*. New York: Oxford University Press, 2003.

Epstein, David F. *The Political Theory of The Federalist*. Chicago and London: The University of Chicago Press, 1984.

Grofman, Bernard and Donald Wittman eds. *The Federalist Papers and the New Institutionalism*. New York: Agathon Press, 1989.

Howes, Kelly King. *War of* 1812. Detroit: UXL, 2002.

Kasper, Eric. T. *The Enjoyment of Life and Liberty*: *James Madison's Liberal Design for the Bill of Rights*. Ph. D. Dissertation, University of Wisconsin-Madison, 2007.

Goldwin, Robert A. *Why Blacks*, *Women and Jews Are Not Mentioned in the Constitution*, *and Other Unorthodox Views*. Washington: The AEI Press, 1990.

Kernell, Samuel. ed. *James Madison*: *The Theory and Practice of Republican Government*. Stanford, California: Stanford University Press, 2003.

Leibiger, Stuart. *Founding Friendship*: *George Washington*, *James Madison*, *and the Creation of the American Republic*. Charlottesville and London: University Press of Virginia, 1999.

Mansfield, Harvey C. *America's Constitutional Soul*. Baltimore, MD: The Johns Hopkins University Press, 1991.

Patrick, John J. *The Bill of Rights*: *A History in Documents*. Oxford: Oxford University Press, 2003.

Muñoz, Vincent Phillip. *God and the Founders*: *Madison*, *Washington*, *and Jefferson*. Cambridge University Press, New York, 2009.

Pangle, Thomas. *The Spirit of Modern Republicanism*. Chicago: The University of Chicago Press, 1988.

Pitkin, Hanna F. *The Concept of Representation*. Berkeley and Los Angeles: University of California Press, 1972.

Pocock, J. G. A. *The Machiavellian Moment*: *Florentine Political Thought and the Atlantic Republican Tradition*. Princeton: Princeton University Press, 1975.

Rahe, Paul. *Soft Despotism*, *Democracy Drift*: *Montesquieu*, *Rousseau*, *Tocqueville*, *and the Modern Prospect*. New Haven & London: Yale University Press, 2009.

Rakove, Jack N. *James Madison and the Creation of the American Republic*. Oscar Handlin eds. New York: Longman, 2002.

Samples, John. ed. *James Madison and the Future of Limited Government*. Washinton: Cato Institute, 2002.

Sheehan, Colleen A. *James Madison and the Spirit of Republican Self-Government*. Cambridge: Cambridge University Press, 2009.

Sheehan, Colleen A. *The Mind of James Madison*: *The Legacy of Classical Republicanism*. New York: Cambridge University Press New York, 2015.

Sheldon, Garrett Ward. *The Political Philosophy of James Madison*. Baltimore: The John Hopkins University Press, 2001.

Leibiger, Stuart, ed. *A Companion to James Madison and James Monroe*. John Wiley & Sons, 2012.

Wood, Gordon S. *The Creation of the American Republic*, 1776 – 1787. Chapel Hill: University of North Carolina Press, 1969.

Wood, Gordon S. *The American Revolution*: *A History*. New York: Random House, 2002.

五 外文论文

Adair, Douglass G. "The Tenth Federalist Revisited," *The William and Mary Quarterly*, Vol. 8, No. 1, (1951).

Adair, Douglass G. "The Federalist Papers," *The William and Mary Quarterly*, Vol. 22, No. 1 (1965).

Almond, Gabriel A. "Political Theory and Political Science," *American Political Science Review*, Vol. 60, No. 4 (1966).

Banning, Lance. "Republican Ideology and the Triumph of the Constitution, 1789 to 1793," *The William and Mary Quarterly*, Vol. 31, No. 2 (1974).

Banning, Lance. "James Madison and the Nationalists, 1780-1783," *The William and Mary Quarterly*, Vol. 40, No. 2 (1983).

Banning, Lance. "The Hamiltonian Madison: A Reconsideration," *The Virginia Magazine of History and Biography*, Vol. 92, No. 1 (1984).

Bowling, Kenneth R. "'A Tub to the Whale': The Founding Fathers and Adoption of the Federal Bill of Rights," *Journal of the Early Republic*, Vol. 8, No. 3 (Autumn, 1988).

Brant, Irving. "Madison: On the Separation of Church and State," *The William and Mary Quarterly*, Vol. 8, No. 1, (1951).

Brant, Irving. "James Madison and His Times," *The American Historical Review*, Vol. 57, No. 4 (1952).

Brant, Irving. "Madison, the 'North American,' on Federal Power," *The American Historical Review*, Vol. 60, No. 1 (1954).

Brant, Irving. "Madison and the War of 1812," *The Virginia Magazine of History and Biography*, Vol. 74, No. 1, (1966).

Branson, Roy. "James Madison and the Scottish Enlightenment," *Journal of the History of Ideas*, Vol. 40, No. 2 (1979).

Carey, George W. "Separation of Powers and the Madisonian Model: A Reply to the Critics," *American Political Science Review*, Vol. 72, No. 1

(1978).

Carey, George W. "Publius: A Split Personality?" *The Review of Politics*, Vol. 46, No. 1 (1984).

Dahl, Robert A. "James Madison: Republican or Democrat?" *Perspectives on Politics*, Vol. 3, No. 3 (2005), pp. 439-448.

Diamond, Martin. "Democracy and the Federalist: A Reconsideration of the Framers' Intent," *The American Political Science Review*, Vol. 53, No. 1. (1959).

Diamond, Martin. "The Separation of Powers and the Mixed Regime," *Publius*, Vol. 8, No. 3, (1978).

Frisch, Morton J. "Martin Diamond and Douglass Adair on The Federalist," *Political Science Reviewer*, Vol. 28, 1999.

Gabrielson, Teena. "James Madison's Psychology of Public Opinion," *Political Research Quarterly*, Volume 62, Issue 3 (2008).

Gibson, Alan. "A Reply to Jeffrey Leigh Sedgwick," *Polity*, Vol. 25, No. 4 (1993).

Gibson, Alan. "The Commercial Republic & the Pluralist Critique of Marxism: An Analysis of Martin Diamond's Interpretation of 'Federalist' 10'," *Polity*, Vol. 25, No. 4 (1993).

Gibson, Alan. "The Madisonian Madison and the Question of Consistency: The Significance and Challenge of Recent Research," *The Review of Politics*, Vol. 64, No. 2 (2002).

Gibson, Alan. "Veneration and Vigilance: James Madison and Public Opinion, 1785-1800," *The Review of Politics*, Vol. 67, No. 1 (2005).

Goldwin, Robert A. "Why Blacks, Women and Jews Are Not Mentioned in the Constitution, and Other Unorthodox Views," in *Why Blacks, Women and Jews Are Not Mentioned in the Constitution, and Other Unorthodox Views*. Washington: The AEI Press, 1990.

Howe, Daniel W. "The Political Psychology of the Federalist," *The William and Mary Quarterly*, Vol. 44, No. 3, (1987).

Ferejohn, John. "Madisonian Separation of Powers," in Samuel Kernell

(ed.) *James Madison: The Theory and Practice of Republican Government.* Stanford, California: Stanford University Press, 2003.

Jessop, Bob. "The State and State-building," in R. A. W. Rhodes, Sarah A. Binder and Bert A. Rockman (eds). *The Oxford Handbook of Political Institutions.* Oxford: Oxford University Press, 2006.

Ketcham, Ralph L. "Notes on James Madison's Sources for the Tenth Federalist Paper," *Midwest Journal of Political Science*, Vol. 1, No. 1 (1957).

King, Desmond S. "The Establishment of Work-Welfare Programs in the United States and Britain: Politics, Ideas and Institutions," in Sven Steinmo, Kathleen Thelen and Frank Longstreth (eds.) *Structuring Politics: Historical Institutionalism in Comparative Analysis.* Cambridge: Cambridge University Press, 1992.

Kobylka, Joseph F. and Bradley Kent Carter, "Madison, 'The Federalist', & the Constitutional Order: Human Nature & Institutional Structure," *Polity*, Vol. 20, No. 2 (1987).

Koch, Adrienne. "Hamilton, Adams and the Pursuit of Power," *The Review of Politics*, Vol. 16, No. 1 (1954).

Koch, Adrienne. " Executive Leadership, Citizenship and Good Government," *Presidential Studies Quarterly*, Vol. 17, No. 2 (1987).

Kramer, Larry D. " Madison's Audience," *Harvard Law Review*, Vol. 112, No. 3 (1999).

Kramnick, Isaac. "Republican Revisionism Revisited," *The American Historical Review*, Vol. 87, No. 3 (1982).

Lieberman, Robert C. " Ideas, Institutions, and Political Order: Explaining Political Change," *The American Political Science Review*, Vol. 96, No. 4 (2002).

Iain, McLean, and Arnold B. Urken. " Did Jefferson or Madison Understand Condorcet's Theory of Social Choice?" *Public Choice*, Vol. 73, No. 4 (Jun., 1992).

Morgan, Robert J. "Madison's Theory of Representation in the Tenth

Federalist," *The Journal of Politics*, Vol. 36, No. 4 (1974).

Morgan, Robert J. "Madison's Analysis of the Sources of Political Authority," *The American Political Science Review*, Vol. 75, No. 3 (1981).

Muñoz, Vincent Phillip. "James Madison's Principle of Religious Liberty," *American Political Science Review*, Vol. 97, No. 1 (2003).

Pangle, Thomas. "The Federalist Paper's Vision fo Civic Health and the Tradition out of which That Vision Emerges," *The Western Political Quarterly*, Vol. 39, No. 4 (1986).

Rakove, Jack N., and Susan Zlomke. "James Madison and the Independent Executive," *Presidential Studies Quarterly*, Vol. 17, No. 2, (1987).

Rakove, Jack N. "The Great Compromise: Ideas, Interests, and the Politics of Constitution Making," *The William and Mary Quarterly*, Vol. 44, No. 3, The Constitution of the United States (1987).

Rakove, Jack N. "James Madison and the Bill of Rights: A Broader Context," *Presidential Studies Quarterly*, Vol. 22, No. 4, (Fall, 1992).

Riemer, Neal. "The Republicanism of James Madison," *Political Science Quarterly*, Vol. 69, No. 1 (1954).

Riemer, Neal. "James Madison's Theory of the Self-Destructive Features of Republican Government," "*Ethics*", Vol. 65, No. 1 (1954).

Robertson, David Brian. "Madison's Opponents and Constitutional Design," *American Political Science Review*, Vol. 99, No. 2 (2005).

Rosen, Gary. "James Madison and the Problem of Founding," *The Review of Politics*, Vol. 58, No. 3 (1996).

Rosen, Gary. "James Madison's Princes and Peoples," in *Machiavelli's Liberal Republican Legacy*, Edited by Paul A. Rahe, Cambridge University Press, 2006.

Sedgwick, Jeffrey Leigh. "James Madison & the Problem of Executive Character," *Polity*, Vol. 21, No. 1 (1988).

Shalhope, Robert E. "Race, Class, Slavery, and the Antebellum Southern," *The Journal of Southern History*, Vol. 37, No. 4 (Nov., 1971).

Shalhope, Robert E. "Toward a Republican Synthesis: The Emergence of an Understanding of Republicanism in American Historiography," *The William and Mary Quarterly*, Vol. 29, No. 1 (1972).

Sheehan, Colleen A. "Madison's Party Press Essays," *Interpretation: A Journal of Political Philosophy*. Vol. 17/3 (1990).

Sheehan, Colleen A. "The Politics of Public Opinion: James Madison's 'Notes on Government'," *The William and Mary Quarterly*, Vol. 49, No. 4 (1992).

Sheehan, Colleen A. "Madison v. Hamilton: The Battle over Republicanism and the Role of Public Opinion," *American Political Science Review*, Vol. 98, No. 3 (2004).

Sheehan, Colleen A. "Public Opinion and the Formation of Civic Character in Madison's Republican Theory," *The Review of Politics*, Vol. 67, No. 1 (2005).

Shklar, Judith. "Redeeming American Political Theory," *American Political Science Review* 85 (1991): 1-16.

Skocpol, Theda, "Bringing the State Back In: Strategies of Analysis in Current Reasearch," in Peter Evans, Dietrich Rueschemeyer and Theda Skocpol, eds., *Bringing the State Back In*, Cambridge: Cambridge University Press, 1985.

Smith, Rogers M. "'Our Republican Example': The Significance of the American Experiments in Government in the Twenty-First Century," *American Political Thought*, Vol. 1, No. 1 (Spring 2012).

Smith, Steven D. "Blooming Confusion: Madison's Mixed Legacy," *Indiana Law Journal*, Vol. 75, 2000.

Smith, Troy E. "Divided Publius: Democracy, Federalism, and the Cultivation of Public Sentiment," *The Review of Politics*, 69 (2007).

Sorenson, Leonard R. "The Federalist Papers on the Constitutionality of Executive Prerogative," *Presidential Studies Quarterly*, Vol. 19, No. 2, (1989).

Sorenson, Leonard R. "Madison on the Meaning of the 'General

Welfare,' the 'Purpose' of Enumerated Powers, and the 'Definition' of Constitutional Government," *Publius*, Vol. 22, No. 2 (1992).

Sorenson, Leonard R. "Madison on Sympathy, Virtue, and Ambition in the 'Federalist Papers,' " *Polity*, Vol. 27, No. 3 (1995).

Spencer, Mark G. "Hume and Madison on Faction," *The William and Mary Quarterly*, Vol. 59, No. 4 (2002).

Spruyt, Hendrik. "War, Trade, and State Formation," in Carles Boix and Susan C. Stokes, eds., *The Oxford Handbook of Comparative Politics*, Oxford: Oxford University Press, 2007.

Steinmo, Sven. "Historical Institutionalism," in Donatella Della Porta and Michael Keating, eds., *Approaches in the Social Sciences*, Cambridge: Cambridge University Press, 2008.

Weber, Paul J. "James Madison and Religious Equality: The Perfect Separation," *The Review of Politics*, Vol. 44, No. 2 (1982).

Wilkins, Lee. "Madison and Jefferson: The Making of a Friendship," *Political Psychology*, Vol. 12, No. 4 (1991).

Wood, Gordon S. "Rhetoric and Reality in the American Revolution," *The William and Mary Quarterly*, Vol. 23, No. 1 (1966).

Wood, Gordon S. "Is There a 'James Madsion Problem'?" in *Liberty and American Experience in the Eighteenth Century*, edited and with an Introduction by David Womersley, Indianapolis: Liberty Fund, 2006.

Zinman, M. Richard. "Thinking about the Founding," *Interpretation*. Vol. 39, No. 2 (2009).

Zvesper, John. "The Madisonian Systems," *The Western Political Quarterly*, Vol. 37, No. 2 (1984).

Zuckert, Michael P. " 'The Federalist' at 200-What's It to Us?" *Constitutional Commentary*, Volume 7, Issue 1 (1990).

Zuckert, Michael P. "The Virtuous Polity, the Accountable Polity: Liberty and Responsibility in the Federalist," *Publius*, Vol. 22, No. 1. (1992).

后　记

这本书的最终出版，需要感谢许多师长和朋友。

本书是在我的博士学位论文的基础上补充修改而成的，首先要感谢导师佟德志教授的悉心指导。在漫长的写作过程中，佟老师多次审阅了论文的初稿和修改稿，并且每次都会提出详细的修改意见。正是这些修改意见，使稿件的质量逐渐提高。佟老师严谨的治学态度和科学的工作方法也给了我极大的影响。非常感谢佟老师各方面的指导和帮助。

我有幸于2010年进入天津师范大学政治与行政学院攻读博士学位。感谢徐大同、马德普、高建、吴春华、常士訚和刘训练等教授的言传身教。各位老师对学生都十分友善，为我们这些博士生营造了非常好的学术环境。徐大同、马德普、高建和吴春华教授的博士课程水准极高，让我受益良多。常士訚教授目光敏锐，为论文提出了许多建设性的批评意见。刘训练教授学问深湛而扎实，每次交流都让我受益很多。

博士学位论文的答辩是在2013年。感谢参加答辩组的诸位教授：金安平、沈亚平、孙晓春、杨海蛟和杨龙。诸位教授的批评、指正与鼓励，都令我受益匪浅。

感谢同窗学友何君安、李宇征、鲁冰、牛子宏、宋伟冰、王坚、张力、周明军。与各位同学的友好交往，是笔者在读博的三年间虽然承担着巨大的学业压力，但在很多时间里都过得十分愉快的重要原因。

书中的一些部分已在期刊发表。感谢《华中科技大学学报》（社会科学版）、《政治思想史》和《衡水学院学报》的认可与支持，也感谢多位匿名审稿人的建设性意见。

论文在 2015 年被评为"天津市优秀博士学位论文"。感谢天津市教育委员会的肯定与鼓励，也感谢严汇女士和漆程成博士在评选期间的帮助与支持。

最后，感谢福建江夏学院公共事务学院提供的出版支持和稳定的工作环境。

当然，所有的错误和不足之处，都由本人自负其责。

我的个人网站也欢迎关注：www.zhangguodong.cn。

张国栋

2019 年 1 月于福州

图书在版编目（CIP）数据

麦迪逊政治理论研究／张国栋著． -- 北京：社会
科学文献出版社，2019.7
ISBN 978-7-5201-4476-6

Ⅰ.①麦…　Ⅱ.①张…　Ⅲ.①政治制度-研究-美国
Ⅳ.①D771.221

中国版本图书馆 CIP 数据核字（2019）第 046677 号

麦迪逊政治理论研究

著　　者／张国栋

出 版 人／谢寿光
责任编辑／黄金平

出　　版／社会科学文献出版社·社会政法分社　（010）59367156
　　　　　地址：北京市北三环中路甲 29 号院华龙大厦　邮编：100029
　　　　　网址：www.ssap.com.cn
发　　行／市场营销中心（010）59367081　59367083
印　　装／三河市尚艺印装有限公司

规　　格／开　本：787mm×1092mm　1/16
　　　　　印　张：17.25　字　数：284 千字
版　　次／2019 年 7 月第 1 版　2019 年 7 月第 1 次印刷
书　　号／ISBN 978-7-5201-4476-6
定　　价／89.00 元

本书如有印装质量问题，请与读者服务中心（010-59367028）联系